消防安全技术与监督管理研究

Research on Fire Safety Technology and Supervision Management

康 璐·著

中国矿业大学出版社
China University of Mining and Technology Press
·徐州·

图书在版编目（CIP）数据

消防安全技术与监督管理研究 / 康潞著 . — 徐州：
中国矿业大学出版社，2024. 8. — ISBN 978-7-5646
-6388-9

Ⅰ . D631.6

中国国家版本馆 CIP 数据核字第 2024Q07S11 号

书　　名　消防安全技术与监督管理研究
　　　　　Xiaofang Anquan Jishu yu Jiandu Guanli Yanjiu
著　　者　康　潞
责任编辑　章　毅
出版发行　中国矿业大学出版社有限责任公司
　　　　　（江苏省徐州市解放南路　邮编　221008）
营销热线（0516）83885370　83884103
出版服务（0516）83995789　83884920
网　　址　http://www.cumtp.com　**E-mail**：cumtpvip@cumtp.com
印　　刷　湖南省众鑫印务有限公司
开　　本　710 mm×1000 mm　1/16　印张 18.5　字数 272 千字
版次印次　2024 年 8 月第 1 版　2024 年 8 月第 1 次印刷
定　　价　98.00 元
（图书出现印装质量问题，本社负责调换）

前 言

在我国城镇化改革的深入推进过程中，城市的建筑规模不断扩大，人口数量迅速增长，这无疑加剧了城市消防安全工作的压力。作为城市稳定运行的基础之一，消防安全在实现城市健康有序发展中扮演着至关重要的角色。面对日益严峻的城市消防安全形势，我们必须进一步完善和强化城市消防安全监督管理。这不仅要求我们及时发现和解决消防安全问题，更要求我们构建一套科学、高效、系统的消防安全管理体系。为此，我们需要加强消防安全监督执法队伍建设，提高其执法水平和专业素养，以保障人民群众的生命财产安全。此外，明确消防安全责任的界定也至关重要，要让每个责任主体都清楚自己的职责和义务。消防安全不仅涉及政府部门和企事业单位，还是每一位市民应承担的责任。只有每个人都积极履行自己的消防安全责任，才能共同维护城市的消防安全。公众的参与和支持对城市消防安全工作同样重要。我们应该通过各种途径加强消防安全宣传教育，增强公众的消防安全意识和自救互救能力。只有这样，在火灾事故发生时，才能最大限度地减少人员伤亡和财产损失。火灾事故的频发对人民群众的正常生产生活产生了较大影响，这为我们敲响了警钟。我们必须高度重视消防安全工作，切实加强消防安全监督管理，以确保城市的稳定发展。这不仅是政府的责任，也是我们每一位公民的责任。让我们共同努力，创造一个安全、和谐、美好的城市生活环境。

本书从介绍消防的基础知识出发，明确燃烧、火灾、爆炸、易燃易爆危险品等名词概念，基于此，说明建筑防火检查内容，包括建筑分类和耐火等级检查、总平面布局与平面布置检查、防火防烟分区检查、安全疏散检查、防爆检查、建筑装修和保温系统检查，继而梳理地铁、城市交通隧道、加油加气站、汽车库、修车库与人民防空工程等建筑、场所防火措施，接着重点阐释石油化工防火技术对策，最后分析消防安全管理内容，消防设施质量控制路径，消防产品监督管理流程。

在深入探讨了消防的基础知识后，本书进一步详述了各种建筑和场所的防火措施。无论是地铁、城市交通隧道，还是加油加气站、汽车库、修车库和人民防空工程，都有其独特的防火要求和应对策略。这些场所的防火措施对于保障人民的生命财产安全至关重要，因此需要得到充分的关注和重视。

在阐释了石油化工防火技术对策后，本书还对消防安全管理内容进行了深入的分析。消防安全管理的核心在于预防，而预防的关键在于对消防设施的质量控制。从设计、施工到验收，每个环节都需要严格把关，确保消防设施的质量和可靠性。此外，消防产品的监督管理也是不容忽视的一环，它关乎着消防设施在实际使用中的性能和效果。

总的来说，本书旨在为读者提供全面而深入的消防知识和技术指导，以期增强人们的消防安全意识和应对火灾的能力。通过阅读本书，读者可以更好地理解和掌握消防的基础知识，明确各种建筑和场所的防火要求，了解石油化工防火技术对策，并熟悉消防安全管理和消防产品监督管理的流程和方法。这些知识和技能对于保护自己和他人的生命财产安全至关重要，也是我们每个人应尽的社会责任。

在本书的撰写过程中，笔者参考了众多同行专家的研究成果，从中汲取了宝贵的思想经验。在此，向这些专家表示衷心的感谢，感谢他们的辛勤工作和无私奉献，为本书的研究提供了坚实的基石。同时，我们也向所有在本书撰写、出版过程中给予帮助的人士表示由衷的感激，没有他们的支持与协助，本书无法顺利完成。

尽管我们付出了极大的努力，但由于时间和能力所限，本书仍可能存在疏漏和错误。在此，我们诚恳地邀请同行专家和广大读者批评指正，共同促进学术研究的进步。

目　录

第一章　消防基础知识概述

第一节　燃　烧

一、燃烧条件

（一）燃烧概念

燃烧是指可燃物与氧化剂作用发生的放热反应，通常伴有火焰、发光和（或）发烟现象。

燃烧可分为有焰燃烧和无焰燃烧。能看到明火的都是有焰燃烧；部分固体表面燃烧时发光发热但没有火焰，则是无焰燃烧。

（二）燃烧的必要条件

大部分燃烧的发生和发展需要四个必要条件：可燃物、助燃物（氧化剂）、引火源（温度）和链式反应自由基。

1. 可燃物

凡是能与空气中的氧气或其他氧化剂起化学反应的物质，均称为可燃物，如木材、氢气、汽油、煤炭、纸张、硫等。可燃物按其化学组成，分为无机可燃物和有机可燃物两大类；按其所处的状态，又可分为可燃固体、可燃液体和可燃气体三大类。

2. 助燃物（氧化剂）

凡是与可燃物结合能导致和支持燃烧的物质，称为助燃物，如广泛存在于空气中的氧气。普通意义上，可燃物的燃烧均是指在空气中进行的燃烧。在一定条件下，各种不同的可燃物发生燃烧，均有本身固定的最低氧含量要求，氧含量过低，即使其他必要条件已经具备，燃烧通常也不会发生。

3. 引火源（温度）

凡是能引起物质燃烧的热能源，统称为引火源。在一定条件下，各种不同可燃物只有达到一定能量才能引起燃烧。常见的引火源有下列几种。

（1）明火。明火是指生产生活中的炉火，烛火，焊接火，吸烟火，撞击、摩擦打火，机动车辆排气管火星，飞火等。

（2）电弧、电火花。电弧、电火花是指电气设备、电气线路、电气开关及漏电打火，电话、手机等通信工具火花，静电火花（物体静电放电、人体衣物静电打火、人体积聚静电对物体放电打火）等。

（3）雷击。雷击瞬间高压放电能引燃任何可燃物。

（4）高温。高温是指高温加热、烘烤、积热不散、机械设备故障发热、摩擦发热、聚焦发热等。

（5）自燃引火源。自燃引火源是指在既无明火又无外来热源的情况下，物质本身自行发热、燃烧起火，如白磷、烷基铝在空气中会自行起火；钾、钠等金属遇水着火；易燃、可燃物质与氧化剂、过氧化物接触起火等。

4. 链式反应自由基

链式反应自由基是一种高度活泼的化学基团，能与其他自由基和分子起反应，从而使燃烧按链式反应的形式扩展，也称游离基。研究表明，大部分燃烧的发生和发展除了具备上述三个必要条件以外，其燃烧过程中还存在未受抑制的自由基作中间体。多数燃烧反应不是直接进行的，而是通过自由基团和原子这些中间产物瞬间进行的循环链式反应。自由基的链式反应是这些燃烧反应的实质，光和热是燃烧过程中的物理现象。

二、燃烧类型及其特点

（一）按照燃烧发生瞬间的特点分类

按照燃烧形成的条件和发生瞬间的特点，燃烧可分为着火、爆炸。

着火：点燃（或称强迫着火）、自燃（化学自燃、热自燃）。

爆炸：主要是指化学爆炸。

（二）按燃烧物形态分类

按照燃烧物形态可将燃烧分为气体燃烧、液体燃烧和固体燃烧，其燃烧特点如表1-1所示。

表1-1　各类燃烧的特点一览表

类型	分类	含义及特点
气体燃烧	扩散燃烧	含义：可燃性气体和蒸气分子与气体氧化剂互相扩散，边混合边燃烧
		特点：燃烧比较稳定，火焰温度相对较低。扩散火焰不运动，燃烧过程不回火，不易发生火灾且易扑救
	预混燃烧	含义：可燃气体、蒸气预先同空气（或氧气）混合，遇引火源产生带有冲击力的燃烧
		特点：燃烧反应快，温度高，火焰传播速度快，反应混合气体不扩散，可发生回火，易形成动力燃烧
液体燃烧	闪燃	含义：可燃液体挥发出来的蒸气与空气混合后，达到一定浓度或者可燃性固体加热到一定温度后，遇明火发生一闪即灭的燃烧（固体石蜡、樟脑也发生闪燃）
		闪点是指易燃或可燃液体表面发生闪燃的最低温度
	沸溢	含义：在含有水分、黏度较大的重质石油产品如原油、重油、沥青油等燃烧时，其中的水汽化不易挥发形成膨胀气体使液面沸腾，沸腾的水蒸气带着燃烧的油向空中飞溅。沸溢形成的必备条件： ①原油具有形成热波的特性，即沸程宽，密度相差较大； ②原油中含有乳化水，水遇热波变成蒸气； ③原油黏度较大，使水蒸气不容易从下向上穿过油层

表1-1（续）

类型	分类	含义及特点
	喷溅	一般情况下，发生沸溢要比发生喷溅的时间早得多。喷溅发生的时间与油层厚度热波移动速度、油的燃烧线速度有关
固体燃烧	蒸发燃烧	可燃固体在受到火源加热时，先熔融蒸发，蒸气与氧气发生燃烧反应（如硫、磷、钾、钠、蜡烛、松香、沥青、樟脑、萘等）
	表面燃烧	可燃固体在其表面由氧气和物质直接作用而发生的燃烧。属于无焰燃烧，又称异相燃烧（如木炭、焦炭、铁、铜等）
	分解燃烧	可燃固体在受到火源加热时，先发生热分解，随后分解出的可燃挥发成分与氧气发生燃烧反应（如木材、煤、合成塑料、钙塑材料等）
	熏烟燃烧	可燃固体在空气不流通、加热温度较低、分解出的可燃挥发成分较少或逸散较快、含水分较多等条件下，发生只冒烟而无火焰的燃烧现象，又称阴燃。阴燃所需热源：自燃热源、阴燃本身热源，有焰燃烧熄灭后的阴燃（如纸张、锯末、纤维织物、乳胶、橡胶等）
	动力燃烧	可燃固体或其分解析出的可燃挥发成分遇火源所发生的爆炸式燃烧，主要包括：可燃粉尘爆炸、炸药爆炸、轰燃等（如能析出一氧化碳的赛璐珞、能析出氰化氢的聚氨酯等）

注：木材、棉、麻、纸张等，在适当的外界条件下，明显存在分解燃烧、阴燃、表面燃烧。

（三）闪点、燃点、自燃点的概念

1. 闪点

（1）闪点的定义。在规定的试验条件下，可燃性液体或固体表面产生的蒸气与空气形成的混合物，遇火源能够闪燃的液体或固体的最低温度（采用闭杯法测定）。

（2）闪点的意义。闪点是可燃性液体性质的主要标志之一，是判断液体火灾危险性大小及对可燃性液体进行分类的主要依据。闪点越低，火灾危险性越大；反之则越小。

闪点与可燃性液体的饱和蒸气压有关，饱和蒸气压越高，闪点越低。在一定条件下，当液体的温度高于其闪点时，液体随时有可能被引火源引燃或发生自燃；若液体的温度低于闪点，则液体是不会发生闪燃的，更不会着火。

（3）闪点的应用。根据闪点的高低，可以用来确定生产、加工、储存可燃性液体场所的火灾危险性类别。

2. 燃点

（1）燃点的定义。在规定的试验条件下，应用外部热源使物质表面起火并持续燃烧时所需的最低温度称为燃点。

（2）常见可燃物的燃点。在一定条件下，物质的燃点越低，越易着火。

（3）燃点与闪点的关系。评定易燃液体火灾危险性大小时，一般用闪点；固体的火灾危险性大小一般用燃点来衡量。

3. 自燃点

（1）自燃点的定义。在规定的条件下，可燃物质产生自燃的最低温度称为自燃点。在这一温度时，物质与空气（氧气）接触，不需要明火的作用就能发生燃烧。

（2）常见可燃物的自燃点。自燃点是衡量可燃物质受热升温导致自燃危险的依据。可燃物的自燃点越低，发生自燃的危险性就越大。

（3）影响自燃点变化的规律。液体、气体可燃物的自燃点受压力、氧浓度、催化、容器的材质和表面积与体积比等因素的影响。固体可燃物的自燃点受热熔融、挥发物的数量、固体的颗粒度、受热时间等因素的影响[①]。

第二节　火　　灾

一、火灾的定义、分类

（一）火灾定义

火灾是指在时间上或空间上失去控制的燃烧。

① 张丽娟 . 火灾燃烧概论 [M]. 北京：经济日报出版社，2017：27-28.

（二）火灾分类

1. 按照燃烧对象的性质分类

根据《火灾分类》（GB/T 4968—2008）第2章规定，燃烧对象性质火灾分类如表1-2所示。

表1-2　燃烧对象性质火灾分类表

火灾类别	燃烧对象性质	燃烧对象举例
A	固体物质	木材、棉、毛、麻、纸张
B	液体物质	汽油、煤油、原油、甲醇、乙醇
	可熔化固体	沥青、石蜡
C	气体	煤气、天然气、甲烷、乙烷、氢气、乙炔
D	金属	钾、钠、镁、锂、钛、锆
E	带电物体	变压器设备
F	烹饪器具内的烹饪物	动物油、植物油

2. 按照火灾事故所造成的灾害损失程度分类

根据《生产安全事故报告和调查处理条例》（国务院第493号令）第3条的规定，火灾等级分类如表1-3所示。其中，P 表示死亡人数，Q 表示重伤人数，M 表示直接经济损失。

表1-3　事故造成损失程度火灾分类表

火灾等级	死亡 / 人	重伤 / 人	直接经济损失 / 万元
特别重大	$P \geqslant 30$	$Q \geqslant 100$	$M \geqslant 10\,000$
重大	$10 \leqslant P < 30$	$50 \leqslant Q < 100$	$5\,000 \leqslant M < 10\,000$
较大	$3 \leqslant P < 10$	$10 \leqslant Q < 50$	$1\,000 \leqslant M < 5\,000$
一般	$P < 3$	$Q < 10$	$M < 1\,000$

同一火灾事故中的死亡人数、重伤人数、直接经济损失应分别进行判断，

取其中最高的等级作为火灾事故的火灾等级[①]。

二、防火与灭火的基本原理

（一）防火的基本原理和措施

根据燃烧基本理论，只要防止形成燃烧条件，或避免燃烧条件同时存在并相互作用，就可以达到防火的目的。有关防火的基本原理和措施如表1-4所示。

表1-4　防火基本原理和措施

措施	原理	措施举例
控制可燃物	破坏燃烧爆炸的基础	①限制可燃物质储运量； ②用不燃或难燃材料代替可燃材料； ③加强通风，降低可燃气体或蒸气、粉尘在空间的浓度； ④用阻燃剂对可燃材料进行阻燃处理，以提高防火性能； ⑤及时清除洒漏地面的易燃、可燃物质等
隔绝空气	破坏燃烧爆炸的助燃条件	①充装惰性气体保护生产或储运有爆炸危险物品的容器、设备等； ②密闭有可燃介质的容器、设备； ③采用隔绝空气等特殊方法储运有燃烧爆炸危险的物质； ④隔离与酸、碱、氧化剂等接触能够燃烧爆炸的可燃物和还原剂
消除引火源	破坏燃烧的激发能源	①消除和控制引火源； ②安装避雷、接地设施，防止雷击、静电； ③防止撞击火星和控制摩擦生热； ④防止日光照射和聚光作用； ⑤防止和控制高温物
阻止火势蔓延	不使新的燃烧条件形成	①在建筑之间留足防火间距、设置防火分隔设施； ②在气体管道上安装阻火器、安全水封； ③有压力的容器设备，安装防爆膜（片）、安全阀； ④在能形成爆炸介质的场所，设置泄压门窗、轻质屋盖等

① 孙金华，王青松．火灾风险评估与控制方法学[M]. 北京：机械工业出版社，2020：110-112.

（二）灭火的基本原理和措施

根据燃烧基本理论，只要破坏已经形成的燃烧条件，就可使燃烧熄灭，最大限度地减少火灾危害。有关灭火的基本原理和措施如表1-5所示。

表1-5　灭火基本原理和措施

措施	原理	措施举例
冷却法	降低燃烧物的温度	①用直流水喷射着火物； ②不间断地向着火物附近的未燃烧物喷水降温等
窒息法	消除助燃物	①封闭着火的空间； ②往着火的空间充灌惰性气体、水蒸气； ③用湿棉被、湿麻袋等捂盖已着火的物质； ④向着火物上喷射二氧化碳、干粉、泡沫、喷雾水等
隔离法	使着火物与火源隔离	①将未着火物质搬迁转移到安全处； ②拆除毗连的可燃建（构）筑物； ③关闭燃烧气体（液体）的阀门，切断气体（液体）来源； ④用沙土等堵截流散的燃烧液体； ⑤用难燃或不燃物体遮盖受火势威胁的可燃物质等
抑制法	中断燃烧链式反应	往着火物上直接喷射气体、干粉等灭火剂，覆盖火焰，中断燃烧链式反应

第三节　爆　　炸

一、爆炸的定义及分类

（一）爆炸的定义

由于物质急剧氧化或分解反应产生温度、压力增加或两者同时增加的现象。

（二）爆炸的分类

爆炸的分类如表1-6所示。

粉尘爆炸的条件：粉尘可燃；粉尘悬浮在空气中且浓度处于爆炸范围；引火源能量大于最小点火能。

表1-6　爆炸的分类

分类	特点	种类
物理爆炸	发生前后化学成分不变	蒸汽锅炉爆炸
		压缩气体或液化气钢瓶、油桶受热爆炸
化学爆炸	氧化或分解反应剧烈；温度和（或）压力增加	炸药爆炸
		可燃气体、液体蒸气爆炸
		可燃粉尘爆炸
核爆炸	原子核裂变或核聚变	原子弹、氢弹、中子弹爆炸

二、爆炸危险源

（一）引起爆炸的直接原因

引起爆炸的直接原因有：物料、作业行为、生产设备、生产工艺等。

（二）常见爆炸引火源

常见引发爆炸的引火源如表1-7所示。

表1-7　常见引发爆炸的引火源

火源类别	火源举例
机械火源	撞击、摩擦
热火源	高温热表面、日光照射并聚焦
电火源	电火花、静电火花、雷电
化学火源	明火、化学反应热、发热自燃

（三）最小点火能

最小点火能是指在一定条件下，每一种爆炸混合物的起爆最小点火能量，单位：毫焦（mJ）[①]。

① 吴华杰，孙云厚，郑磊，等．可燃气体爆炸极限的理论预测方法研究 [J]. 山西建筑，2022，48（13）：73-75.

第四节　易燃易爆危险品

一、定义与分类

（一）定义

（1）易燃易爆危险品。容易燃烧爆炸的危险品即为易燃易爆危险品。分为：爆炸品、易燃气体、易燃液体、易燃固体、易于自燃的物质和遇水放出易燃气体的物质、氧化性物质和有机过氧化物。

（2）爆炸品。火药、炸药、爆炸性药品及其制品总称为爆炸品。

（二）分类

根据相关标准，当前的易燃易爆品主要能够划分为五种类型。

（1）爆炸品。对于爆炸品的定义主要有：具有爆炸危险的物品以及相应物质；具有迸射危险，但是不具备整体爆炸危险的物品以及相应物质；具有燃烧危险和局部爆炸危险或者具有局部迸射危险或者共同存在两种危险，但是不具备整体爆炸危险的物品以及相应物质；存在危险较小的物品以及相应物质，该物品或物质的影响范围只局限于其自身，预计射出碎片不大、射程较近，在外部或少条件下不会导致包件中物品直接发生爆炸；为不敏感物质，但是具有整体爆炸危险；不具备整体爆炸危险的不敏感物质。

（2）易燃气体。对易燃气体的定义主要有：在101.3 kPa 标准压力下，与空气混合后，其爆炸下限小于10%（体积比），或爆炸上限与下限之差大于20% 的气体。这类气体在温度为20 ℃、标准大气压为101.3 kPa 时，其爆炸下限≤13%（体积比），或燃烧范围≤12个百分点。

（3）易燃液体。对易燃液体的定义主要有：在达到闪点温度情况下放出易燃蒸气液体，也可以为液体混合物，或者是基于溶液以及悬浮液中存在的含有固体的液体；液态退敏爆炸品。

（4）易燃固体、自燃物品以及遇水易燃物品。对于以上几种类型物品的定义主要有：容易燃烧的固体，或者是通过摩擦可以燃烧以及达到助燃效果的固体。能够产生强烈放热反应的自反应物质；无法进行稀释容易产生爆炸的固态退敏爆炸品；比较容易发生自燃的物质，例如发火物质；和水之间发生反应之后会转化成为自燃物质或者是可以放出大量热量的易燃气体的物质。

（5）氧化性物质。对于氧化性物质的定义主要有：其自身通常不具备自燃性，但是在进行氧化反应之后会促使其他具有自燃性的物质出现；分子组成内拥有过氧基，此类物质为有机物质并且为不稳定物质，容易产生放热自加速分解。容易出现爆炸性分解，燃烧速度非常快，对碰撞以及摩擦较为敏感，和其他物质之间容易出现危险反应[①]。

二、易燃易爆危险品的运输安全

近些年来易燃易爆品运输事故频频发生，在给社会和谐稳定发展造成不利影响的同时，也对人们的生命安全与财产安全造成严重威胁。针对此种情况，加强对科学合理方法的应用为运输管理提供有效辅助已经是迫在眉睫。针对易燃易爆品运输管理而言，其中存在的一项具有较强复杂性的内容就是对于运输路径的选择，除了关系到社会安全以及生态稳定之外，同时也涉及了生产企业、物流企业以及人民群众的利益。选择科学合理运输路径，对于降低事故发生概率、减少事故带来损失、保证人民群众生命安全以及财产安全来说意义重大。所以，针对易燃易爆品道路运输路线的选择问题进行深入研究与探索具有非常重要的现实意义。

（一）易燃易爆品运输流程与特点

1. 易燃易爆品运输流程

实际的道路运输特点表现在点多、线长以及面广等，具有较强的机动性

① 钟起军. 易燃易爆品道路运输路线选择问题研究 [J]. 商品与质量，2023（14）：125-128.

以及灵活性。针对道路运输而言，其在我国危险品运输方面发挥着不容小觑的作用。近些年来我国的社会经济呈现出了良好的发展态势，道路建设进程推进速度也在不断加快，在这样的背景下，道路的易燃易爆品运输量在不断增加，对于推动我国工农业生产，满足人们基础性需求来说具有重要意义。通常来说，对于易燃易爆品的道路运输主要应用的是专用车辆，通过车辆在道路上的移动完成易燃易爆品运输工作。在实际进行易燃易爆品道路运输过程中，为了保证运输安全性，全面清除运输隐患，最大程度避免安全事故的发生，就一定要加强对现代化先进技术的应用，结合实际的易燃易爆品道路运输情况，构建科学完善的易燃易爆品道路运输体系。当前我国对于易燃易爆品的道路运输采用的流程主要如：

（1）相关购买单位向地区相关部门申请相应的运输许可证件，在货物购买完成之后需要到市公安局以及销售地县进行查验，在确认无误之后进行签证，在此基础上才可以进行运输。

（2）对于易燃易爆品的运输所使用车辆一定要满足国家相关运输规范要求，对运输全过程进行专业押运人员的配备，同时保证配置相应的消防器材。

（3）在进行运输之前需要规划运输起点到运输终点的运输路线，保证该路线的安全性以及合理性，同时将该规划上报给当地相关公安部门，在得到批准之后才可以进行运输。

国家对于运输的前两项流程作出了明确的规定，从而为易燃易爆品的运输安全性提供有效保障。运输流程中第三步的重要性同样不容小觑，一定要采用科学方法最大程度降低易燃易爆品道路运输存在的风险。

2. 易燃易爆品道路运输特点

因为易燃易爆品具有的危险系数非常高，若发生安全事故，一定会造成非常严重的损失，其在运输路径的选择方面有着较为严格的要求，所以针对易燃易爆品的道路运输特点来说，主要体现在以下几个方面。

（1）安全性。针对易燃易爆品道路运输的安全性来说，其与普通运输标志之间存在相应差异。此处所指的安全性包括两个层面的含义：首先是在运输进行过程中最大程度避免出现安全事故，而为了达到此目的，就需要做好运输管理工作，因此在易燃易爆品的运输设备方面给予足够投入，保证所选择运输设备的安全性，从而全面消除该项工作的各方面隐患；第二是在发生安全事故之后，对事故进行相应的处置，需要在进行易燃易爆品运输之前就对事故发生所产生影响进行评估以及考虑，并且保证在发生安全事故时救援队伍能够及时到达现场。

（2）专营性。我国相关法律在危险货物运输方面有着专门规定，所有申请从事营业性道路危险货物运输的单位，都需要根据相关规定采用书面申请方式向地区相关道路运政管理机关进行申请，在通过机关审核之后，满足相关规定条件的，发放相关道路危险货物运输许可证，在此基础上才能够正常开展道路危险货物运输经营工作。

（3）专业性。所有从事道路危险货物运输的单位都一定要配置完善的、可以保证货物运输安全的设施设备。并且易燃易爆品运输单位需要拥有至少十辆的专用货物运输车辆以及超过五年的货物运输管理经验，并且拥有高专业水平的技术管理人员，构建完善合理的易燃易爆品运输操作规程，落实岗位责任制，并且在运输车辆以及设备的保养维修方面拥有专门的规章制度。

（二）易燃易爆品道路运输路线选择

针对实际的易燃易爆品路径选择而言，主要是将本有的运输网络作为依据，结合当前阶段的经济社会环境进行综合性考虑，在此基础上通过对相关定性以及定量分析方法的应用，保证最终所选择的易燃易爆品运输路径能够有效满足客户实际需求，创造更为可观的经济效益。运输路径选择是物流系统的重要组成部分，此方面工作开展的有效性会对物流运输的成功性产生较为深远的影响。并且其与物流企业的经济效益之间也存在着密不可分的联系，在供应链效率提高方面所表现的意义重大。所以，针对易燃易爆品运输路径选择方面进行深入探究是非常有必要的。

1. 常见道路运输路径选择问题

（1）最短路径问题。在易燃易爆品道路运输路径的选择方面所涉及的最短路径问题具体来说就是在明确具体运输道路长度的基础上，结合所给定的路网进行全面计算以及分析，从而确定其中基于起点到终点最为有效合理的路径。该问题在实际中不仅关系到易燃易爆品道路运输方面，同样适用于一些生产问题的解决，包括管道铺设以及线路安排等。除此之外，运价最小以及运行时间最短等相关问题，都能够向最短路径问题方向进行有效转化。

（2）运输车辆路径问题。对于运输车辆路径问题，其主要指货物运输车辆基于一个运输地点到另一个运输地点，该地点数量既可以是一个也可以是多个，需要对车辆的流动运输路径进行合理确定以及优化，并且保证其能够满足相应的约束条件。运输车辆路径问题解决需要明确道路情况、客户点位置以及设施位置，在此基础上进行车辆运输路径的选择以及确定，进而充分保证货物运输效益。

（3）定位运输路径问题。此方面问题给出和实际相符的一些潜在设施点，通过对这些潜在设施点进行深入分析，从而明确相应的设施位置，并且进行每个设施点到每个客户点之间路径的计算，在此基础上进行最佳易燃易爆品运输路径的确定，实现对运输费用的有效控制。

2. 道路运输路径选择方法

（1）动态规划法。该方法在实际中的应用主要是对目标问题从整体上进行分解，使其转化成多个子问题，接下来针对子问题进行求解，在所有子问题解决之后，综合子问题的结果，从而使原问题得到解决。首先，明确易燃易爆品运输路径选择最优解的性质；其次，通过对合理方式的应用对最优解进行定义；最后，遵循自下而上原则展开最优解的计算，并且将最优解计算过程中所获取的相关信息作为依据，进行最优解的构造。

（2）禁忌搜索算法。通过对该方法的应用能够对本有信息进行系统化应用，将此类信息作为依据在领域中进行搜索，从而衍生出可以有效解决问题的方法。禁忌搜索算法具备较为良好的记忆功能，所以在进行搜索期间能够接受劣解，从而促进其在搜索期间可以脱离局部最优，从一个领域到另一个领域展开搜索，进而能够很大程度提高最优解获取概率。

（3）模拟退火法。该方法应用的主要依据是对实际的金属退火过程进行模拟。针对一个物体来说，其内能会伴随着温度的变化而呈现正比例变化。在退火过程中，首先对金属进行加热，在其温度达到一定程度之后，对其进行降温处理。在此期间，如果金属温度降低速度非常缓慢，那么说明金属物体在当前已经拥有了较强稳定性。若将易燃易爆物品选择组合优化状态看作金属内部所含有的粒子，而将目标函数视为粒子当前表现的态能，在算法中进行一个参数的设置，在该参数值较大时，目标函数值会更有可能从低向高进行变化。在该参数值减小时，目标函数值从低向高的变化可能性也会随之减小，这里所说的参数和退火过程中所涉及的温度是较为相似的。如果实际该参数值降低到了一定程度，那么此时的目标函数便会收敛于极小值。

（4）遗传算法。遗传算法应用以及发展的主要依据是对自然生物进化机制进行模仿，是目前的一种关键的全局搜索以及优化方法，其特点主要表现在高效性以及并行性方面，在进行搜索期间可以对目标空间中的知识进行自动化收集以及积累，同时能够具有较强适应性地进行搜索过程的控制，最终获取最优解。该方法的实际应用遵循适者生存原则，从一些潜在方案中逐渐产生与最优解最为接近的方案。对于遗传算法各代，其都会结合个体问题域中适应度值与所借鉴的相关再造方法展开个体选择，在此基础上能够生成新的近似解。在此期间可以促进种群个体的进化，从而获取新个体，新个体和原个体相比，前者对环境更加具有适应性。

3. 道路运输路径选择求解

为了深入展开对易燃易爆品运输路径选择方法的探索，相关专家在此方面花费了多年时间研究求解方法。到现在为止，对于易燃易爆品运输路径选择问题已经拥有了较为丰富的描述。粒子群算法以及模糊神经网络等方法的应用对于易燃易爆品运输路径的优化来说具有重要意义，然而实际对于道路运输路径相关问题的解决，常常会陷入局部最优。针对此种情况，通过对多目标遗传算法的应用能够有效协调运输路径不同目标之间存在的关系，从而达到每个目标值全局最优的目的。多目标遗传算法当前在非线性问题方面的应用较为常见，该方法具有较为良好的适用性。通过对该方法的应用能够自动搜集以及积累搜索空间的一些知识，同时也可以实现对搜索过程的控制，从而获得最优解。实际在进行单个目标的复杂系统优化问题解决过程中，通过对遗传算法的合理应用能够发挥非常明显的优势。但是从实际角度来说，一般情况下的优化问题都具有多属性特点，通常是针对多个目标共同进行优化，与此同时，在多个目标中部分目标之间存在一定冲突。以易燃易爆品道路运输路径选择问题为例，对于运输风险的降低和运输成本的降低两者之间便存在一定冲突，为了实现整体目标的最优化，一般都会针对存在冲突的子目标展开多个方面的考虑，具体来说就是针对每个子目标进行折中处理。所以，对于多目标优化问题的解决，通过对多目标遗传算法的应用通常可以发挥良好效果，该方法在当前也常被称为多目标进化法。

4. 编码和种群初始化

编码是进行多目标遗传算法应用过程中应该重点解决的一个问题，同时也是对多目标遗传算法设置的一项重要内容。对于多目标遗传算法的执行，需要针对多个问题作出编码处理，在完成编码之后，将其直接应用到算法变异以及算法交叉等运算过程中。针对遗传算法编码而言，其主要作为解的遗传表示，是遗传算法求解方法应用过程中的首要步骤。因为针对易燃易爆品道路运输路径选择问题中涉及较多的决策变量。所以该问题是涉及多个变量的个体，针对其进行的编码需要加强对多参数编码方法的应用。而多参数编码当前应用较为广泛的方法就是针对每个参数采用合理的编码方法进行编码处理，在此基础上对其编码根据相应顺序进行连接，以此便能构成可以对所有参数进行表示的个体编码。该编码方法称作多参数级编码方法。开展参数级编码过程中，各个参数都有其相应的上下界，同时也可以拥有其自身独特的编码长度以及编码精度。以上所开展的易燃易爆品运输路径选择对路网的各个接点视为了相应的决策变量，通过对二进制编码形式的应用开展变量编码工作，在运输车辆通过其中的一个节点时，那么此时该节点变量便会赋值为1，在初始状态下为0。遗传算法能够结合不同个体自身的适应度值进行遗传群体当中个体的选择，通常情况下，适应度较高的个体会被遗传，反之，适应度相对较低的个体不容易被遗传。通过此种方式便能够不断促使遗传群体每个个体适应度值和最优解的接近，从而从整体上提高全局收敛性。

综上所述，实际开展的易燃易爆品道路运输工作，若出现安全事故，一定会对人民群众的生命安全以及财产安全造成严重威胁。因此针对运输路径风险进行全面分析与评估，从而选择最优路径是非常有必要的。以上主要对易燃易爆品道路运输路线选择相关问题进行研究，在此基础上分析了当前阶段应用较为常见的几种道路货物运输路径选择方法，最终通过对遗传算法的应用进行求解，对运输路网的环境以及相关条件进行假设，从而开展算例分析。通过研究得出了道路运输路线会对易燃易爆品运输路径产生直接性影响的结论，并且证实了遗传算法在易燃易爆品运输路径选择方面的应用具有较强的适用性以及合理性，该方法在实际中的应用效率较高，通过对其的合理应用有利于满足运输企业即时配送需求①。

三、易燃易爆危险品场所的消防监督管理

随着时代的不断发展，人们逐渐形成了较强的消防安全意识，市面上易燃易爆化学危险品的消防监督工作便成了人民群众关注的重点内容。易燃易爆

---

① 钟起军.易燃易爆品道路运输路线选择问题研究[J].商品与质量，2023（14）：125-128.

化学危险品从其品类划分便能够明确其化学特性，对于社会和人民群众的影响是极大的。而当前随着经济和科学技术的发展，易燃易爆产品类型更加多样化，经营场所数量也呈现出逐年上升的趋势。针对这种情况，我国相关部门制定了相应的消防监督管理制度，同时也对从事该行业的企业或人员提出了更高的要求，以期规范行业标准、明确责任主体、提高消防监督管理水平。

易燃易爆化学危险品具有显著的特殊性，其物理化学性质决定了其对相关场所的经营、管理和储存有着特别严格的要求。如果此类危险品场所不符合相应的标准或要求，极有可能导致不同程度的火灾或爆炸，后果不堪设想。通过实际调查可以看出，许多易燃易爆危险化学品场所发生重大安全事故或恶性事件，是由于实践中缺乏有效的消防监督管理或管理不力造成的。因此，要充分认识消防监督管理的重要性和深远意义，抓住重点难点，有效落实，才能显示出应有的管控效果。

（一）易燃易爆化学危险品场所的消防安全事故特点以及直接诱因

1. 消防安全事故特点

（1）危害性大，处理难度高。易燃易爆化学危险品场所储存的危险品具有量大、种类丰富的特点，所以一旦易燃易爆化学危险品场所出现消防安全事故，化学品爆炸产生的冲击波和火灾会让周围的建筑物出现坍塌的情况。若是该场所中储藏的危险品数量庞大，其波及的范围可以达到数公里，对该范围内的建筑造成严重的影响。并且化学危险品发生爆炸之后会形成重大的火灾事故现场，不仅火灾产生的浓烟、高温和明火会对人的生命安全和健康造成不良影响，同时化学品燃烧还会释放有毒有害物质，进一步加重对火灾现场环境和人群的不良影响，例如皮肤腐蚀、呼吸道腐蚀、中毒、晕厥等。

面对化学危险品爆炸后形成的大范围火灾现场，不仅明火波及的范围广，救援现场的温度高，同时浓烟和有毒有害气体较多，消防救援人员即使做好全面准备也会影响灭火救援的效率和质量。同时，化学品燃烧后释放的有毒有害物质会通过水源、空气蔓延到周围的环境当中，扩大不良影响范围，对周边的生态环境造成污染。由于这种污染的影响力极大，所以可能会造成几年甚至数十年周围的生态系统都无法恢复如初，并且在此期间受到污染的区域可能会出现动植物灭绝的情况，造成区域内生态系统失衡。

（2）燃烧速度快，发生二次事故的风险高。易燃易爆化学危险品场所若是出现了危险品爆炸的情况，基于化学危险品本身具备的易燃性和可燃性，火灾蔓延的速度会非常迅速并形成大范围的火灾现场。同时因为化学危险品类型多样，若是液态的化学危险品出现了渗漏，极容易形成“地流火”进一步扩大火灾的范围。另外，易燃易爆化学危险品场所发生二次事故的风险较高，例如出现储藏罐爆炸、倾覆，建筑物受到爆炸冲击波的影响而出现建筑物坍塌等情况。化学危险品因为其本身存在的特性，即使救援后已经不存在明火，但是会因为火灾现场的高温或者火源而不可避免地出现复燃的情况，因此化学危险品爆炸后的火灾救援难度较高。

2. 易燃易爆化学危险品场所消防安全事故发生的直接诱因

从实际生活中能够发现，造成易燃易爆化学危险品场所出现消防安全事故的因素有很多，通过对实际案例的总结与分析，发现造成化学危险品消防安全事故的因素主要包含了以下几点：

（1）因为电火花造成的火灾。在生产化工产品的过程中，各种生产装置持续作业很容易因为装置摩擦时间较久而出现电火花或者静电火花，继而引起火灾。

（2）因为部分化学反应而出现火灾。易燃易爆化学危险品的主要原料便是各种化学材料，而化学材料之间出现化学反应的情况非常常见，部分化学反应发生之后会产生较多的高温热量，而部分化学材料之间的化学反应会直接引发爆炸。基于此，在化学危险品场所发生消防安全事故的概率极高。

（3）因为工作人员的失误或者违规操作造成消防安全事故。化学危险品场所的工作人员在危险品生产环节没有按照规范的生产程序开展生产工作，从而引发爆炸或者火灾。

（4）化学危险品生产或者储藏的环境温度、压力较高时，也容易让化学危险品出现自燃情况，继而形成火灾或者引发爆炸。

（二）易燃易爆危险化学品场所消防监督管理的主要内容

易燃易爆危险化学品场所主要是指生产、储存、销售易燃易爆危险化学品的场所。这些地方具有极其显著的爆炸或火灾风险特征。因此，重点做好该区域的消防监督检查是关键。要坚决开展各项检查，落实各项监管措施，落实国家有关消防安全规定。以下是对生产、储存、销售三个不同场所消防监督检查内容的分析。

（1）生产现场的消防监督检查。生产现场相应的消防监督检查主要包括现场具体地址和布局是否符合相关法律法规、消防规范、技术标准等相关内容，确保地址处于独立安全地带或城市边缘，与公共设施区域和人员密集区域保持安全距离。严格检查具体生产工艺是否符合消防安全要求，是否有防火分区和安全防火间距。此外，还需要严格检查生产现场是否根据产品的具体特点和类型设置了针对性的消防设施设备，各类设施设备是否符合国家标准和安全要求，是否对其进行了严格的运行维护管理，是否保持了高质量的运行效率和特点。消防系统、灭火和应急疏散预案是否足够健全并在实践中得到落实。

（2）储存场所的消防监督检查。对于这类场所，主要是存放这类危险化学品，并设置相应的独立区域。在消防监督检查过程中，要严格检查这类场所是否完全符合消防规范和技术要求，场所设置和布局是否科学合理，防火距离和消防车通道是否真正符合技术要求和标准，严格检查和规范仓库的耐火等级，还要检查是否设置了消防设施和器材。应充分检查场地的选址和布局，确保防爆安全设备的有效配合，严格测试场地的使用性质和相关物品的应用，并监督检查场地的消防安全责任是否落实到位。

（3）营业场所消防监督检查。这类场所主要是指易燃易爆化学物品相应分布和销售的场所。这些地方比较分散，需要更加重视消防监督检查工作。在监督检查过程中，要重点对各场所选址、防火设计、物品存放等相关方面进行严格检查，进一步检查是否符合国家相关规定和要求，是否严格遵守消防安全标准的规章制度等。是否有应急疏散预案、火源管理和电气防火管理制度，制度是否落实到位，相关档案是否齐全，销售记录是否详细等。

（三）易燃易爆危险化学品场所消防监督管理的主要问题

（1）相关管理部门缺乏主动管理意识。在实际的消防监督检查过程中，相关管理部门往往不重视消防监督管理，在实践过程中缺乏主动管理意识，在具体操作过程中未能全面落实《危险化学品安全管理条例》的规定和要求，在质检部门、环保部门、公共安全管理部门等相关方面往往未能形成系统完善的管理职责和任务要求，相关监管部门较多，职能分散、范围广，导致很多相关部门存在一定程度的推诿。这种情况严重影响了易燃易爆危险化学品场所消防监督检查的功能和有效性，存在重大安全隐患。

（2）监督管理有待进一步加强。易燃易爆危险化学品场所消防监督检查过程涉及多个方面。对每个环节和相关方面都要进行严格的监督管理，加强监督管理，确保相关方密切配合，体现应有的监督效果。但从具体情况来看，相关方面往往存在一定程度的碎片化情况，未能实现对全过程各要素的监督管理，在生产阶段、运输阶段、储存阶段、使用阶段等相关环节存在一些漏洞，未能有效衔接，缺乏监管，监管工作往往流于形式，缺乏严格的监管意识和监管行动，导致危险货物生产、运输、储存等相关环节存在一些漏洞。

（3）消防监督管理制度不健全。为从根本上保证危险物品场所消防监督管理工作能够取得应有的成效，使各项工作得到有效推进，需要构建系统完善的管理体制机制。但从具体情况来看，相关制度内容往往缺乏有效性和可行性，不够完善，在实践过程中没有得到有效落实，没有充分明确《危险化学品安全管理条例》的实施细则等。相关部门未履行日常监管职责，对生产、储存、经营易燃易爆危险物品的场所未制定并实施有针对性的管理制度，或相关内容不够明确。因此，缺乏指导导致相关环节存在一定的安全隐患，无法形成规范的管理氛围，从而导致爆炸事故或火灾风险普遍存在。

（4）易燃易爆物品的储存不规范。由于化工企业生产过程中涉及各种化学品，如果储存不当或受到外界因素的影响，会发生爆炸甚至火灾等。同时，如果一些液体和气体物品泄漏，也会有爆炸危险。这些化学品的使用和保存过程对化工企业的稳定运行至关重要，对企业的生产环节能否持续运行起着重要作用。由于这类化学品在使用过程中会随着时间的推移而发生不同的变化，如果这类化学品没有明确的标识且并未存放在特定的位置，会给工作人员在日常的收集和使用过程中带来很大的困难。一旦发生突发事件，将很难进行应急救援和现场扑救。如果仓库发生火灾，在各类易燃易爆化学品放热反应的作用下，会加速火势蔓延，提高化工企业的危险系数。此外，管理人员对危险化学品管理措施不当，例如在日常工作中忽视化学品的科学储存方法，入库检查失误，或化学品浓度过高，易燃易爆化学品环境温度过高，或与外部危险环境未完全形成屏障，增加了各类危险事故的风险系数。

（5）易燃易爆化学品进出控制有待加强。要提高化工企业的仓储管理水平，不仅要加强易燃易爆化学物品的储存阵地安全管控，还要加强对仓储和入仓环节的安全管控，加强各种化学品的储存安全。在日常管理过程中，入出库环节是管控的重点。首先，管理人员应根据国家有关危险化学品的标准和要求，对各类化学品进行记录，并严格检查其包装、储存数量、生产日期、储存项目等相关内容，避免各种不符合储存要求的化学品混入仓库。首先，危险化学品入库后，仓管员未根据实际货物和入库清单逐一核对，也未对储存条件、包装批号等再次进行验证分级，导致化学品入库过程中存在一定的检验瑕疵。其次，危险化学品在仓储过程中的装卸强度也会影响原料的稳定性，这也是导致各种事故发生的主要因素。仓储工人因为没有意识到危险化学品的特性，安全意识很低。他们误以为只要不碰明火就不会有危险。但他们忽视了危险化学品的不稳定性，气候温度、气体挥发、装卸时用力过大等都会引发各种安全事故。因此，化工企业管理者应加强对危险化学品进出仓库的监管，完善员工安全培训制度，促进企业良性运行[①]。

（四）易燃易爆化学危险品场所的消防监督管理措施

1. 有效提升易燃易爆危险化学品管理部门的消防监督意识

为确保各类场所的消防安全管理能够得到有效加强，展现其应有的效能，需要从思想层面高度重视消防监督，具备应有的消防监督意识，重视危险品的常态化监督管理，落实各项监督内容，以展现其应有的消防监督管理效能。主管部门要建立健全完善的消防监督制度，建立规范制度化的管理机制，明确人员分工，落实岗位责任制和责任追究制，确保有应急预案有效应对和处置突发事件。同时，要以风险防控为重点，确保防控工作能够走在前列，坚决落实，充分体现预防为主的基本原则。

2. 加强对易燃易爆危险化学品企业的监管

企业对易燃易爆危险化学品负有最直接的管理责任，相关监督管理部门应加强对此类企业的监督管理，确保其履行各自的职责，充分体现主体责任的履行情况。要加强各环节的监督管理，确保负责人能够体现主体责任机制，具备相应的知识储备和安全防护技能，同时充分具备与危险化学品储存条件相关的专业知识和管理经验。监管部门要加强检查监督，开展多部门、多方面、多层次的联合检查，形成监督管理合力，不遗漏任何细节。

3. 强化消防设计布局和消防设置监督管理

基于化工企业的盈利性，所以很多化工企业在进行产业园区安排时，都会尽量在有限的空间范围内增加建筑物的数量、储罐数量和废料仓储车间数量等。而想要提升厂区的消防安全，就需要加强对涉及化学危险品的场所进行消防设计和布局优化，提升化学危险品场所的防火、防爆性能。为此可以从以下几个方面入手：首先，从易燃易爆化学危险品场所的选址方面来讲，因为化学

---

① 张泽生．试论易燃易爆化学危险品场所消防监督管理 [J]. 中文科技期刊数据库（全文版）工程技术，2022（1）：192-195.

危险品的破坏性极强，一旦发生爆炸或者火灾会对周围的生态系统造成严重的不良影响，同时对周围居民的生命、财产安全也会造成极大的威胁，所以易燃易爆化学危险品选择的地址需要远离河流、湖泊和居民区。其次，从易燃易爆化学危险品场所的内部环境布置来讲需要注意以下几个方面的内容。

（1）易燃易爆化学危险品场所的建筑物在建设阶段就需要明确建筑的用途，根据国家和行业相关建筑消防设计要求开展工程建设工作，确保厂区内各种建筑位置、层高、消防设计的合理性与科学性。同时，易燃易爆化学危险品场所在构建任何一项建筑、引进任何设施设备时都需要按照规范的流程和手续向有关部门申报，待相关部门审批之后才能开展相应的建设工作。

（2）易燃易爆化学危险品场所之中涵盖的各类建筑物、储罐之间的空间距离需要以国家规定的相关距离为标准。

（3）易燃易爆在化学危险品场所中需要构建完善的消防供水系统和消防水池设施，消防供水系统的供水水压和给水量需要满足消防装置的相关标准。

（4）易燃易爆化学危险品场所中的所有建筑物、储罐都需要达到国家规定的防火等级，并且在生产车间、危险品储存仓库附近不能搭建工作人员休息区或者居住区。

消防监督管理部门在进行易燃易爆化学危险品场所消防安全监督检查工作时需要重点检查以下几方面的内容。

（1）易燃易爆化学危险品场所中的建筑、设施设备实际建设和使用情况与申报、审批文件中的内容是否一致。

（2）场所内部建筑布局、建筑和储罐防火等级、设施配套情况是否符合国家规定或行业标准，若是存在不足，消防监督管理部门有权向易燃易爆化学危险品场所的主体单位下发相应的整改通知书，并在规定的整改时间内对易燃易爆化学危险品场所主体的行为进行监督。

（3）重点检查易燃易爆化学危险品存放区域的消防装置布置情况。例如智能消防装置和系统、逃生疏散通道、救援通道等，并根据化学危险品的储存量、种类、危害性等内容制定完善的消防监督管理方案。

4. 强化消防防火监督管理职能与力度

为了契合时代发展对易燃易爆化学危险品场所的消防防火监督工作的要求，相关部门需要以消防防火监督相关的法律法规为指导，根据易燃易爆化学危险品场所建筑、储罐、生产车间和存储仓库的具体情况，制定相对完善的消防防火监督制度，以此来实现对化学危险品场所内部消防的综合管理。为了保证所制定的监督制度能够发挥其效能，易燃易爆化学危险品生产主体和经营主体需要对消防安全监督的意义有深刻的认知，并落实好消防防火监督的各项工作。在进行消防防火监督工作制度制定时还需要根据不同的内容制定不同的标准，并将其作为消防防火监督工作考核的重要内容之一，以此才能够更好地保证居民的生活环境安全。同时，为了保证消防防火监督工作顺利开展还需要制定规范的消防监督工作流程，在日常的消防防火安全监督工作中按照规范的流程对潜在的安全隐患和各项消防设施、通道等进行检查，从而避免出现监督漏洞或者监督不到位的情况。

消防安全监督管理部门需要在现有的化学危险品场所消防安全监督基础上对监督检查的内容进行细化和完善，并对已经发生过的案例进行研究，从中挖掘出值得借鉴的经验和需要总结的教训，从而不断提升化学危险品场所的消防安全监督管理水平。另外，必须重视安全生产大检查工作，在进行消防安全监督管理工作的过程中，对于生产化学危险品或者经营化学危险品的主体责任单位，若是其违反了行业标准和相关的国家规定，必须对其进行严肃处理，并对部分需要整改的场所进行重点检查，确保其认真落实整改工作，进而消除部分安全隐患。

5. 明确易燃易爆化学危险品主体责任单位权责

易燃易爆化学危险品场所发生消防安全事故与主体责任单位消防安全监督管理工作落实情况有直接的联系。为此，在开展消防监督管理工作时，需要进一步明确危险品生产、储存、使用等场所主体单位需要承担的消防监督责任和义务，在消防监督管理部门的指导下，积极开展自我检查和排查工作，及时发现场所中存在的消防安全隐患，并采取有效的措施规避和消除危险因素。易燃易爆化学危险品场所需要聘请专业的消防人员组成专业的巡查队伍，同时加大资金投入建立微型消防站，根据化学危险品场所的实际情况开展24小时巡查工作，确保应急救援工作能够在发生消防安全事故的第一时间启动，避免消防安全事故范围进一步扩大和发展。易燃易爆化学危险品场所主体责任单位在开展自查工作时，需要做好相应的信息记录工作，能够通过所记录的信息及时了解易燃易爆化学危险品的存放和使用情况。

易燃易爆化学危险品场所的经营主体单位需要做好场所内部的消防系统和设施运维管理工作，尤其是智能灭火系统、消防栓、消防水池、冷却防爆系统等重点消防设施设备的安置和检查工作必须落实到位，及时发现消防设施设备存在的问题，对其进行优化处理。部分主体责任单位在接受消防监督管理部门的检查之后需要针对场所中存在的消防问题及时开展整改工作，并需要确保整改工作的及时性和有效性，在完成整改工作之后需要及时向消防监督管理部门进行整改工作汇报并接受消防监督管理单位的检查，进而为化学危险品场所消防安全提供保障。

6. 开展易燃易爆危险化学品企业制度宣传教育

企业要定期组织学习法律法规，相关人员要全面掌握危险化学品管理要求和消防监督管理工作相关内容，鼓励员工积极学习，推动知识竞赛等。调动员工的积极性和主动性，参与消防监督管理和安全管控过程，通过高效的宣传教育工作，使全体人员掌握相应的防火技能和风险识别能力，并进行有组织、有计划的灭火和疏散演练，以体现应有的防控效果。

7. 鼓励社会力量参与消防监督

社会力量参与是我国最为显著的优势之一，在易燃易爆化学危险品场所消防监督工作开展过程中也可以充分借助社会力量开展消防监督工作。易燃易爆化学危险品场所消防防火监督工作的有序开展受益的是所有的人员，所以每一位群众都应该承担起消防监督工作的重任，为此需要消防监督管理部门通过电视、广播、视频或线下组织消防安全活动等多种方式进行易燃易爆化学危险品知识、消防安全知识和火灾自救措施普及，从而提高人民群众对易燃易爆化学危险品的认识，提升消防安全监督意识，在生产、存放和使用易燃易爆化学危险品时能够清晰地认识到自己或者他人的一些行为是否会增加消防安全隐患，承担起易燃易爆化学危险品场所消防监督者的责任。并且让人民群众掌握易燃易爆化学危险品爆炸或引发火灾后的自救措施，为自己的生命安全和财产安全提供保障。除此之外，消防监督部门还需要建立相应的信息平台，为人民群众提供多种消防监督信息反馈渠道，从而及时了解易燃易爆化学危险品场所存在的消防问题，提高消防监督管理部门工作开展的针对性和实效性。

8. 加强队伍建设

易燃易爆化学危险品的影响是众所周知的，为了有效地防范火灾和爆炸的发生，降低火灾和爆炸带来的损失，就需要加强对易燃易爆化学危险品场所消防监督工作队伍的建设。因此，相关部门需要在招聘该岗位人员时制定较高的标准，以严谨的态度考察工作人员的专业知识和技能，并完善薪酬福利制度，吸引更多的优秀人才投入消防监督管理工作当中，为组建专业的消防监督管理队伍储备优质的人才资源。

为保证各项工作有序进行，关键是要配备相应的监督管理人员。要确保消防监督管理队伍能够有效建设起来，具备应有的风险防范意识、消防技能和监督检查意识，就要进行严格系统的培训，使其具备应有的岗位胜任能力、对突发事件的应急处置能力、消防设备设施的充分应用能力、应有的信息应用能力和安全防护技能，确保此类场所得到应有的消防监督检查，展现应有的人才优势。

在完成易燃易爆化学危险品场所消防监督管理工作队伍建设之后，需要加强对在岗人员的培训和再教育。通过各种培训工作的有序开展，让消防监督人员能够掌握更多先进的易燃易爆化学危险品知识和消防安全知识以及各种消防救援技能。同时建立完善的工作人员绩效考核制度，督促监督人员主动学习，并认真履行自己的监督职责。另外，还需要构建完善的奖惩制度，对于消极怠工的工作人员予以行政处分、调岗等处罚，让其深刻意识到自己的岗位职责和自己在执行岗位工作中存在的不足，对于积极投入易燃易爆化学危险品场所消防监督管理工作中的人员予以物质和精神双重奖励，让其保持积极的工作态度和严谨的工作作风，为易燃易爆化学危险品场所消防安全隐患的排除提供强有力的支持。

9. 细化危险品消防安全监督管理细则

易燃易爆化学危险品场所中涵盖的危险品种类具有多样化的特点，例如易燃液体、固体和气体，爆炸类物质等。不同的化学危险品对存放的环境会有不同的要求，所以易燃易爆化学危险品场所经营主体在开展经营活动时需要根据不同化学危险品的特性选择合理的位置进行堆放，避免将容易发生化学反应的化学危险品存放在同一区域内，同时对每个存放化学危险品的空间与数量进行合理规划。消防监督管理部门在开展相应的检查工作时需要重点核对化学危险品的数量，并对其质量进行检查评估，避免出现化学危险品大量集中堆放和长期堆放废弃化学危险品的情况，针对出现以上情况的主体责任单位需要给予其严厉的处罚，让其明确自己存在的问题，并进行针对性的改进。

10. 整合危险化学品储存网点

（1）为了避免化学危险品储存的隐患，城市在设计化工企业化学危险品储存网点时，应充分考虑危险品的运输路线、供应地点和化学性质，并根据这些实际情况提出科学的储存网点设计，以提高网点的科学性和实用性。在生产经营中，合理的网点设计可以促进集约化、规模化生产，适用于各种性质危险化学品的储存，有助于提高企业的集中管控和科学指导。一些液态挥发性化学品可以结合其危险性质进行科学储存，实现城市区域储存网点间的集中调配，提升企业效益。

（2）化工企业在设计仓储网点的过程中，要遵循远离人员集中的活动区域的原则，在原有仓储网点的基础上进一步优化，使仓储网点在城市的分布更加合理，推进化工企业仓储管理部门的集中管理。按照国家对化工企业的要求，不断完善危险化学品的仓储管理制度，推动化工产业链成熟稳定发展，畅通多元化供给渠道，实现良性运行，保障化工企业所在城市人民生命财产安全。

（3）为提高仓储网点安全系数，化工企业还应对化学危险品仓储网点的确定和建设进行实时监督管理，对各类安全隐患进行零容忍排查，促进化工企业安全高效运行，促进社会和谐稳定。

11. 加强危险化学品进出库管理

危险化学品在入仓和入库过程中容易产生风险，这也是日常工作中的管理重点。为提高各工作流程的效率，降低风险因素，应加强化学危险品进出库管理。

（1）仓库管理人员要以饱满的工作状态投入工作，对不同类别的危险化学品进行分类存放，对相关设备的操作有明确的规定，明确收货程序和固定人员，促进出库环节的高效运转。

（2）危险化学品出库环节也要检查外包装是否完好，相关出库记录填写是否完整，是否符合公司制定的化学品出库标准，确保每个环节都符合化工企业的生产要求，高标准完成出库入库工作。

为了适应当前的发展形势，化工企业应不断提高自身的仓储标准。加强仓库建筑结构消防设计，促进机械化发展，提高作业安全指标。借鉴当前行业先进的物流管理经验，正向网络化、智能化、信息化方向发展。这种大型仓储系统可以降低企业的边际成本，增加网络开发的投入，提高生产效率，减少人力成本的投入。同时，根据各大仓储系统的建设，在选址、运输条件、装卸货物等环节突出智能化、数字化的优势。

（1）化工企业需聚焦国家政策，把握现代仓储体系布局，根据当前仓储网络建设，拓展物流枢纽区域，拓展仓储规则和模式，增加货物进出业务量，为网络化、智能化提供基础保障，将原来单一的仓储功能转变为一体化仓储配送功能。

（2）它可以跨行业经营，与物流公司横向结盟。未来化工仓库管理要自动化、机械化，立体仓库要实现电子监控和传感装置，可以参考菜鸟、苏宁等无人仓库。化工仓储企业还应根据危险化学品和物流技术公司的特点，设计更多具有前沿技术的智能仓储系统进行化工仓储。

（3）随着5G时代推动的各个领域的发展，化工企业也要实施产销一体化协调发展，全面提升仓储、物流、产销水平。化工供应链的主要企业已经逐渐意识到智能仓储的未来发展是必然趋势。例如，在青岛古德，企业根据危险化学品的出厂数据，构建了信息数据系统，提高了化学品进出仓库的管理效率。

综上所述，在当前易燃易爆危险品场所消防监督管理过程中，重点监督管理是关键。要充分认识存在的问题，深入分析，妥善落实解决方案，确保此类场所安全稳定运行，避免或减少火灾或安全事故的发生。

随着经济和科学技术的发展，易燃易爆化学危险品的种类呈现出多样化发展的趋势，加上易燃易爆化学危险品的储存场所和经营场所增加，所以对于易燃易爆化学危险品所在场所的消防监督管理工作的落实面临着巨大的挑战。为了让人民群众的生命安全和财产安全得到有效保障，相关部门需要通过完善易燃易爆化学危险品场所消防设计标准、强化消防监督管理职能和力度、明确负责主体的权责、细化相关的消防安全管理细则等手段让易燃易爆化学危险品场所能够得到有效的监督和管理[①]。

① 赵雪峰 . 易燃易爆化学危险品场所的消防监督管理措施 [J]. 电脑采购，2022（41）：162-164.

第二章　建筑防火检查

第一节　建筑分类和耐火等级检查

一、建筑分类

根据《建筑防火通用规范》（GB 55037—2022），建筑分类如下：

（1）工业建筑。包括单层、多层和高层的厂房和仓库。

（2）民用建筑。包括单层、多层和高层的住宅建筑和公共建筑，其中，高层民用建筑的类别分为一类和二类。

二、耐火等级检查

（一）耐火等级概念

建筑耐火等级指建筑物整体的耐火性能，由组成建筑物的墙、柱、梁、楼板等主要构件的燃烧性能和耐火极限决定，分为一、二、三、四级。

（二）检查内容

1. 建筑构件的燃烧性能和耐火极限

一级耐火等级建筑的主要构件都是不燃烧体。

二级耐火等级建筑的主要建筑构件，除吊顶采用难燃烧体外，其余构件都是不燃烧体。

三级耐火等级建筑的建筑构件，除吊顶和隔墙体采用难燃烧体外，其余构件都是不燃烧体。

四级耐火等级建筑的建筑构件，除防火墙体外，其余构件可采用难燃烧体或燃烧体。

以木柱承重且以不燃烧材料作为墙体的建筑物，其耐火等级按四级确定。

建筑物中的防火墙、承重墙、楼梯间的墙、电梯井的墙、疏散走道隔墙、楼板以及上人屋面板等构件，不能采用金属夹芯板材。非承重外墙、房间隔墙不宜采用金属夹芯板材，确需采用时，芯材燃烧性能应为 A 级[①]。

第二节　总平面布局与平面布置检查

一、总平面布局

（一）总平面布局一般规定

（1）建筑的总平面布局应符合减小火灾危害、方便消防救援的要求。

（2）工业与民用建筑应根据建筑使用性质、建筑高度、耐火等级及火灾危险性等合理确定防火间距。建筑之间的防火间距应保证任意一侧建筑外墙受到相邻建筑火灾辐射热强度均低于其临界引燃辐射热强度。

（3）甲、乙类物品运输车的汽车库、修车库、停车场与人员密集场所的防火间距不应小于50 m，与其他民用建筑的防火间距不应小于25 m。甲类物品运输车的汽车库、修车库、停车场与明火或散发火花地点的防火间距不应小于30 m。

（二）工业建筑总平面布局

（1）甲类厂房与人员密集场所的防火间距不应小于50 m，与明火或散发火花地点的防火间距不应小于30 m。

---

① 中华人民共和国住房和城乡建设部，国家市场监督管理总局．建筑防火通用规范：GB 55037—2022[S/OL].（2022-12-27）[2024-01-03].https://www.mohurd.gov.cn/file/2023/20230214/7e82080f-7164-42bb-9e94-41b9e4b0d6ba.pdf.

（2）甲类仓库与高层民用建筑和设置人员密集场所的其他民用建筑的防火间距不应小于50 m，甲类仓库之间的防火间距不应小于20 m。

（3）除乙类第5项、第6项物品仓库外，乙类仓库与高层民用建筑和设置人员密集场所的其他民用建筑的防火间距不应小于50 m。

（4）飞机库与甲类仓库的防火间距不应小于20 m，飞机库与喷漆机库贴邻建造时，应采用防火墙分隔。

（三）民用建筑总平面布局

（1）除裙房与相邻建筑的防火间距可按单、多层建筑确定外，建筑高度大于100 m 的民用建筑与相邻建筑的防火间距应符合下列规定：①与高层民用建筑的防火间距不应小于13 m。②与一、二级耐火等级单、多层民用建筑的防火间距不应小于9 m。③与三级耐火等级单、多层民用建筑的防火间距不应小于11 m。④与四级耐火等级单、多层民用建筑和木结构民用建筑的防火间距不应小于14 m。

（2）相邻两座通过连廊、天桥或下部建筑物等连接的建筑，防火间距应按照两座独立建筑确定。

（四）消防车道与消防车登高操作场地

（1）工业与民用建筑周围、工厂厂区内、仓库库区内、城市轨道交通的车辆基地内、其他地下工程的地面出入口附近，均应设置可通行消防车并与外部街道连通的道路。

（2）下列建筑应至少沿建筑的两条长边设置消防车道：①高层厂房：占地面积大于3 000 m^2 的单、多层甲、乙、丙类厂房。②占地面积大于1 500 m^2 的乙、丙类仓库。③飞机库。

（3）除受环境地理条件限制只能设置1条消防车道的公共建筑外，其他高层公共建筑和占地面积大于3 000 m^2 的单、多层公共建筑应至少沿建筑的两条长边设置消防车道。住宅建筑应至少沿建筑的一条长边设置消防车道。当建筑仅设置1条消防车道时，该消防车道应位于该建筑的消防车登高操作场地一侧。

（4）供消防车取水的天然水源和消防水池应设置消防车道，天然水源和消防水池的最低水位应满足消防车可靠取水的要求。

（5）消防车道或兼作消防车道的道路应符合下列规定：①道路的净宽度和净空高度应满足消防车安全、快速通行的要求；②转弯半径应满足消防车转弯的要求；③路面及其下面的建筑结构、管道、管沟等，应满足承受消防车满载时压力的要求；④坡度应满足消防车满载时正常通行的要求，且不应大于10%，兼作消防救援场地的消防车道，坡度尚应满足消防车停靠和消防救援作业的要求；⑤消防车道与建筑外墙的水平距离应满足消防车安全通行的要求，位于建筑消防扑救面一侧兼作消防救援场地的消防车道应满足消防救援作业的要求；⑥长度大于40 m 的尽头式消防车道应设置满足消防车回转要求的场地或道路；⑦消防车道与建筑消防扑救面之间不应有妨碍消防车操作的障碍物，不应有影响消防车安全作业的架空高压电线。

（6）高层建筑应至少沿其一条长边设置消防车登高操作场地。未连续布置的消防车登高操作场地，应保证消防车的救援作业范围能覆盖该建筑的全部消防扑救面。

（7）消防车登高操作场地应符合下列规定：①场地与建筑之间不应有进深大于4 m 的裙房及其他妨碍消防车操作的障碍物或影响消防车作业的架空高压电线；②场地及其下面的建筑结构、管道、管沟等应满足承受消防车满载时压力的要求；③场地的坡度应满足消防车安全停靠和消防救援作业的要求。

二、平面布置

（一）平面布置一般规定

（1）建筑的平面布置应便于建筑发生火灾时的人员疏散和避难，有利于减小火灾危害、控制火势和烟气蔓延。同一建筑内的不同使用功能区域之间应进行防火分隔。

（2）工业与民用建筑、地铁车站、平时使用的人民防空工程应综合其高度（埋深）、使用功能和火灾危险性等因素，根据有利于消防救援、控制火灾及降低火灾危害的原则划分防火分区。防火分区的划分应符合下列规定：①建筑内横向应采用防火墙等划分防火分区，且防火分隔应保证火灾不会蔓延至相邻防火分区；②建筑内竖向按自然楼层划分防火分区时，除允许设置敞开楼梯间的建筑外，防火分区的建筑面积应按上、下楼层中在火灾时未封闭的开口所连通区域的建筑面积之和计算；③高层建筑主体与裙房之间未采用防火墙和甲级防火门分隔时，裙房的防火分区应按高层建筑主体的相应要求划分；④除建筑内游泳池、消防水池等的水面、冰面或雪面面积，射击场的靶道面积，污水沉降池面积，开敞式的外走廊或阳台面积等可不计入防火分区的建筑面积外，其他建筑面积均应计入所在防火分区的建筑面积。

（3）下列场所应采用防火门、防火窗、耐火极限不低于2.00 h的防火隔墙和耐火极限不低于1.00 h的楼板与其他区域分隔：①住宅建筑中的汽车库和锅炉房；②除居住建筑中的套内自用厨房可不分隔外，建筑内的厨房；③医疗建筑中的手术室或手术部、产房、重症监护室、贵重精密医疗装备用房、储藏间、实验室、胶片室等；④建筑中的儿童活动场所、老年人照料设施；⑤除消防水泵房的防火分隔应符合《建筑防火通用规范》（GB 55037—2022）第4.1.7条的规定，消防控制室的防火分隔应符合《建筑防火通用规范》（GB 55037—2022）第4.1.8条的规定外，其他消防设备或器材用房。

（4）燃油或燃气锅炉、可燃油油浸变压器、充有可燃油的高压电容器和多油开关、柴油发电机房等独立建造的设备用房与民用建筑贴邻时，应采用防火墙分隔，且不应贴邻建筑中人员密集的场所。上述设备用房附设在建筑内时，应符合下列规定：①当位于人员密集的场所的上一层、下一层或贴邻时，应采取防止设备用房的爆炸作用危及上一层、下一层或相邻场所的措施；②设备用房的疏散门应直通室外或安全出口；③设备用房应采用耐火极限不低于2.00 h的防火隔墙和耐火极限不低于1.50 h的不燃性楼板与其他部位分隔，防火隔墙上的门、窗应为甲级防火门、窗。

（5）附设在建筑内的燃油或燃气锅炉房、柴油发电机房，除应符合《建筑防火通用规范》（GB 55037—2022）第4.1.4条的规定外，尚应符合下列规定：①常（负）压燃油或燃气锅炉房不应位于地下二层及以下，位于屋顶的常（负）压燃气锅炉房与通向屋面的安全出口的最小水平距离不应小于6 m。其他燃油或燃气锅炉房应位于建筑首层的靠外墙部位或地下一层的靠外侧部位，不应贴邻消防救援专用出入口、疏散楼梯（间）或人员的主要疏散通道。②建筑内单间储油间的燃油储存量不应大于1 m^3。油箱的通气管设置应满足防火要求，油箱的下部应设置防止油品流散的设施。储油间应采用耐火极限不低于3.00 h的防火隔墙与发电机间、锅炉间分隔。③柴油机的排烟管、柴油机房的通风管、与储油间无关的电气线路等，不应穿过储油间。④燃油或燃气管道在设备间内及进入建筑物前，应分别设置具有自动和手动关闭功能的切断阀。

（6）附设在建筑内的可燃油油浸变压器、充有可燃油的高压电容器和多油开关等的设备用房，除应符合《建筑防火通用规范》（GB 55037—2022）第4.1.4条的规定外，尚应符合下列规定：①油浸变压器室、多油开关室、高压电容器室均应设置防止油品流散的设施；②变压器室应位于建筑的靠外侧部位，不应设置在地下二层及以下楼层；③变压器室之间、变压器室与配电室之间应采用防火门和耐火极限不低于2.00 h 的防火隔墙分隔。

（7）消防水泵房的布置和防火分隔应符合下列规定：①单独建造的消防水泵房，耐火等级不应低于二级；②附设在建筑内的消防水泵房应采用防火门、防火窗、耐火极限不低于2.00 h 的防火隔墙和耐火极限不低于1.50 h 的楼板与其他部位分隔；③除地铁工程、水利水电工程和其他特殊工程中的地下消防水泵房可根据工程要求确定其设置楼层外，其他建筑中的消防水泵房不应设置在建筑的地下三层及以下楼层；④消防水泵房的疏散门应直通室外或安全出口；⑤消防水泵房的室内环境温度不应低于5℃；⑥消防水泵房应采取防水淹等措施。

（8）消防控制室的布置和防火分隔应符合下列规定：①单独建造的消防控制室，耐火等级不应低于二级；②附设在建筑内的消防控制室应采用防火门、防火窗、耐火极限不低于2.00 h 的防火隔墙和耐火极限不低于1.50 h 的楼板与其他部位分隔；③消防控制室应位于建筑的首层或地下一层，疏散门应直通室外或安全出口；④消防控制室的环境条件不应干扰或影响消防控制室内火灾报警与控制设备的正常运行；⑤消防控制室内不应敷设或穿过与消防控制室无关的管线；⑥消防控制室应采取防水淹、防潮、防啮齿动物等措施。

（9）汽车库不应与甲、乙类生产场所或库房贴邻或组合建造。

（二）工业建筑平面布置

（1）除特殊工艺要求外，下列场所不应设置在地下或半地下：①甲、乙类生产场所；②甲、乙类仓库；③有粉尘爆炸危险的生产场所、滤尘设备间；④邮袋库、丝麻棉毛类物质库。

（2）厂房内不应设置宿舍。直接服务于生产的办公室、休息室等辅助用房的设置，应符合下列规定：①不应设置在甲、乙类厂房内；②与甲、乙类厂房贴邻的辅助用房的耐火等级不应低于二级，并应采用耐火极限不低于3.00 h 的抗爆墙与厂房中有爆炸危险的区域分隔，安全出口应独立设置；③设置在丙类厂房内的辅助用房应采用防火门、防火窗、耐火极限不低于2.00 h 的防火隔墙和耐火极限不低于1.00 h 的楼板与厂房内的其他部位分隔，并应设置至少1个独立的安全出口。

（3）设置在厂房内的甲、乙、丙类中间仓库，应采用防火墙和耐火极限不低于1.50 h 的不燃性楼板与其他部位分隔。

（4）与甲、乙类厂房贴邻并供该甲、乙类厂房专用的10 kV 及以下的变（配）电站，应采用无开口的防火墙或抗爆墙一面贴邻，与乙类厂房贴邻的防火墙上的开口应为甲级防火窗。其他变（配）电站应设置在甲、乙类厂房以及爆炸危险性区域外，不应与甲、乙类厂房贴邻。

（5）甲、乙类仓库和储存丙类可燃液体的仓库应为单、多层建筑。

（6）仓库内的防火分区或库房之间应采用防火墙分隔，甲、乙类库房内的防火分区或库房之间应采用无任何开口的防火墙分隔。

（7）仓库内不应设置员工宿舍及与库房运行、管理无直接关系的其他用房。甲、乙类仓库内不应设置办公室、休息室等辅助用房，不应与办公室、休息室等辅助用房及其他场所贴邻。丙、丁类仓库内的办公室、休息室等辅助用房，应采用防火门、防火窗、耐火极限不低于2.00 h 的防火隔墙和耐火极限不低于1.00 h 的楼板与其他部位分隔，并应设置独立的安全出口。

（8）使用和生产甲、乙、丙类液体的场所中，管、沟不应与相邻建筑或场所的管、沟相通，下水道应采取防止含可燃液体的污水流入的措施。

（三）民用建筑平面布置

（1）民用建筑内不应设置经营、存放或使用甲、乙类火灾危险性物品的商店、作坊或储藏间等。民用建筑内除可设置满足建筑使用功能的附属库房外，不应设置生产场所或其他库房，不应与工业建筑组合建造。

（2）住宅与非住宅功能合建的建筑应符合下列规定：①除汽车库的疏散出口外，住宅部分与非住宅部分之间应采用耐火极限不低于2.00 h，且无开口的防火隔墙和耐火极限不低于2.00 h 的不燃性楼板完全分隔。②住宅部分与非住宅部分的安全出口和疏散楼梯应分别独立设置。③为住宅服务的地上车库应设置独立的安全出口或疏散楼梯，地下车库的疏散楼梯间应按《建筑防火通用规范》（GB 55037—2022）第7.1.10条的规定分隔。④住宅与商业设施合建的建筑按照住宅建筑的防火要求建造的，应符合下列规定：一是商业设施中每个独立单元之间应采用耐火极限不低于2.00 h 且无开口的防火隔墙分隔；二是每个独立单元的层数不应大于2层，且2层的总建筑面积不应大于300 m^2；三是每个独立单元中建筑面积大于200 m^2 的任一楼层均应设置至少2个疏散出口。

（3）商店营业厅、公共展览厅等的布置应符合下列规定：①对于一、二级耐火等级建筑，应布置在地下二层及以上的楼层；② 对于三级耐火等级建筑，应布置在首层或二层；③ 对于四级耐火等级建筑，应布置在首层。

（4）儿童活动场所的布置应符合下列规定：① 不应布置在地下或半地下；② 对于一、二级耐火等级建筑，应布置在首层、二层或三层；③ 对于三级耐火等级建筑，应布置在首层或二层；④ 对于四级耐火等级建筑，应布置在首层。

（5）老年人照料设施的布置应符合下列规定：① 对于一、二级耐火等级建筑，不应布置在楼地面设计标高大于54 m 的楼层上；② 对于三级耐火等级建筑，应布置在首层或二层；③ 居室和休息室不应布置在地下或半地下；④ 老年人公共活动用房、康复与医疗用房，应布置在地下一层及以上楼层。当布置在半地下或地下一层、地上四层及以上楼层时，每个房间的建筑面积不应大于200 m^2 且使用人数不应大于30人。

（6）医疗建筑中住院病房的布置和分隔应符合下列规定：① 不应布置在地下或半地下；② 对于三级耐火等级建筑，应布置在首层或二层；③ 建筑内相邻护理单元之间应采用耐火极限不低于2.00 h 的防火隔墙和甲级防火门分隔。

（7）歌舞娱乐放映游艺场所的布置和分隔应符合下列规定：① 应布置在地下一层及以上且埋深不大于10 m 的楼层；② 当布置在地下一层或地上四层及以上楼层时，每个房间的建筑面积不应大于200 m^2；③ 相邻房间之间应采用耐火极限不低于2.00 h 的防火隔墙分隔；④ 与建筑的其他部位之间应采用防火门、耐火极限不低于2.00 h 的防火隔墙和耐火极限不低于1.00 h 的不燃性楼板分隔。

（8）Ⅰ级木结构建筑中的下列场所应布置在首层、二层或三层：① 商店营业厅、公共展览厅等；② 儿童活动场所、老年人照料设施；③ 医疗建筑中的住院病房；④ 歌舞娱乐放映游艺场所。

（9）Ⅱ级木结构建筑中的下列场所应布置在首层或二层：① 商店营业厅、公共展览厅等；② 儿童活动场所、老年人照料设施；③ 医疗建筑中的住院病房。

（10）Ⅲ级木结构建筑中的下列场所应布置在首层：①商店营业厅、公共展览厅等；②儿童活动场所。

（11）燃气调压用房、瓶装液化石油气瓶组用房应独立建造，不应与居住建筑、人员密集的场所及其他高层民用建筑贴邻。贴邻其他民用建筑的，应采用防火墙分隔，门、窗应向室外开启。瓶装液化石油气瓶组用房应符合下列规定：①当与所服务建筑贴邻布置时，液化石油气瓶组的总容积不应大于 1 m^3，并应采用自然气化方式供气；②瓶组用房的总出气管道上应设置紧急事故自动切断阀；③瓶组用房内应设置可燃气体探测报警装置。

（12）建筑内使用天然气的部位应便于通风和防爆泄压。

（13）四级生物安全实验室应独立划分防火分区，或与三级生物安全实验室共用一个防火分区。

（14）交通车站、码头和机场的候车（船、机）建筑在乘客公共区、交通换乘区和通道的布置应符合下列规定：①不应设置公共娱乐、演艺或经营性住宿等场所；②乘客通行的区域内不应设置商业设施，用于防火隔离的区域内不应布置任何可燃物体；③商业设施内不应使用明火。

（15）一、二级耐火等级建筑内的商店营业厅，当设置自动灭火系统和火灾自动报警系统并采用不燃或难燃装修材料时，每个防火分区的最大允许建筑面积应符合下列规定：①设置在高层建筑内时，不应大于4 000 m^2；②设置在单层建筑内或仅设置在多层建筑的首层时，不应大于10 000 m^2；③设置在地下或半地下时，不应大于2 000 m^2。

（16）除有特殊要求的建筑、木结构建筑和附建于民用建筑中的汽车库外，其他公共建筑中每个防火分区的最大允许建筑面积应符合下列规定：①对于高层建筑，不应大于1 500 m^2。②对于一、二级耐火等级的单、多层建筑，不应大于2 500 m^2；对于三级耐火等级的单、多层建筑，不应大于1 200 m^2；对于四级耐火等级的单、多层建筑，不应大于600 m^2。③对于地下设备房，不应大于1 000 m^2；对于地下其他区域，不应大于500 m^2。④当防火分区全部设置自动灭火系统时，上述面积可以增加1.0倍；当局部设置自动灭火系统时，可按该局部区域建筑面积的1/2计入所在防火分区的总建筑面积。

（17）总建筑面积大于20 000 m^2 的地下或半地下商店，应分隔为多个建筑面积不大于20 000 m^2 的区域且防火分隔措施应可靠、有效[①]。

第三节 防火防烟分区检查

一、防火分区

（一）防火分区的划分

防火分区的划分主要包括楼板的水平防火分区和垂直防火分区两部分。水平防火分区，就是用防火墙或防火门、防火卷帘等将各楼层在水平方向分隔为两个或几个防火分区。垂直防火分区，就是采用耐火的楼板和窗间墙将上下层隔开。防火检查中，通过对防火分区的面积、防火分隔完整性进行检查，核实防火分区的划分是否符合现行国家工程建设消防技术标准的要求。

（二）检查方法

通过查阅消防设计文件、建筑平面图、防火分区示意图、施工记录等资料，了解建筑分类、耐火等级和建筑平面布局等基本要素，确定防火分区划分的标准后开展现场检查。对于功能复杂的建筑工程，检查时要注意涵盖不同使用功能的楼层，其中歌舞娱乐放映游艺场所必须检查。防火分区建筑面积测量值的允许正偏差不得大于规定值的5%。对有特殊规定或经专家评审确定的，可按其规定，但需要逐条检查专家评审纪要中评审意见是否已落实。

---

① 中华人民共和国住房和城乡建设部，国家市场监督管理总局．建筑防火通用规范：GB 55037—2022[S/OL].（2022-12-27）[2024-01-03].https://www.mohurd.gov.cn/file/2023/20230214/7e82080f-7164-42bb-9e94-41b9e4b0d6ba.pdf.

二、防烟分区

（一）防烟分区设置

防烟分区的设置能较好地保证在一定时间内，火场上产生的高温烟气不致随意扩散，以便蓄积和迅速排除。防火检查中，通过对防烟分区的划分面积等进行检查，核实防烟分区设置是否符合现行国家工程建设消防技术标准的要求。

（二）检查方法

查阅消防设计文件、建筑平面图和剖面图，了解需要设置机械排烟设施的部位及其室内净高，确定建筑排烟平面图，了解防烟分区的具体划分后开展现场检查。测量最大防烟分区的面积，测量值的允许正偏差不得大于设计值的5%。

三、防火分隔设施

防火分隔设施是指能在一定时间内阻止火焰蔓延，把整个建筑内部空间划分成若干个较小防火间的物体。对建筑物进行防火分区必须通过防火分隔设施来实现。防火分隔设施可分为两种：一种是固定式的，如建筑中的内外墙体、楼板、防火墙、防火隔间等；另一种是活动式（可启闭式）的，如防火门、防火窗、防火卷帘等。

（一）防火墙

防火墙是防止火灾蔓延至相邻建筑或相邻水平防火分区且耐火极限不低于3.00 h的不燃性实体墙。防火墙能在火灾初期和扑救火灾过程中，将火灾有效地限制在一定空间内，确保在防火墙一侧而不蔓延到另一侧。防火检查中，通过对防火墙的设置位置、墙体材料、穿越防火墙的管道和防火封堵的严密性等进行检查，核实防火墙的设置是否符合现行国家工程建设消防技术标准的要求。

（二）防火门

防火门是由门板、门框、锁具、闭门器、顺序器、五金件、防火密封件以及电动控制装置等组成的，符合耐火完整性和隔热性等要求的防火分隔物。防火检查中，通过对防火门的选型、外观、安装质量和系统功能等进行检查，核实防火门的设置是否符合现行国家工程建设消防技术标准的要求。

（三）防火窗

防火窗是由窗扇、窗框、五金件、防火密封件以及窗扇启闭控制装置等组成的，符合耐火完整性和隔热性等要求的防火分隔物。常见防火窗有无可开启窗扇的固定式防火窗、有可开启窗扇且装配有窗扇启闭控制装置的活动式防火窗。防火检查中，通过对防火窗的选型、外观、安装质量和控制功能等进行检查，核实防火窗的设置是否符合现行国家工程建设消防技术标准的要求。

（四）防火卷帘

防火卷帘是指由帘面、导轨、座板、门楣、箱体并配以卷门机和控制箱组成的，符合耐火完整性等要求的防火分隔物，它可以有效地阻止火势从门、窗、洞口蔓延。常见的防火卷帘有钢质防火卷帘、无机纤维复合防火卷帘。防火检查中，通过对防火卷帘的设置部位、选型、外观、安装质量和系统功能等进行检查，核实防火卷帘的设置是否符合现行国家工程建设消防技术标准的要求。

（五）防火阀

防火阀是指安装在通风、空调系统的送、回风管路上，平时呈开启状态，火灾时当管道内气体温度达到70 ℃时关闭，在一定时间内满足漏烟量和耐火完整性要求，起隔烟阻火作用的阀门。火灾资料统计表明，在有通风、空气系统的建筑内发生火灾时，穿越楼板、墙体的垂直与水平风道是火势蔓延的主要途径。设置防火阀，可以有效防止火灾通过通风、空调系统管道蔓延扩大。

防火检查中，通过对防火阀的外观、安装位置、公称动作温度、控制功能测试等方面的检查，核实防火阀的设置是否符合现行国家工程建设消防技术标准的要求。

（六）排烟防火阀

排烟防火阀是安装在排烟系统管道上，平时呈开启状态，火灾时当管道内气体温度达到280 ℃时自动关闭，在一定时间内能满足漏烟量和耐火完整要求，起阻火隔烟作用的阀门。排烟防火阀的组成、形状和工作原理与防火阀相似。其不同之处主要是安装管道和动作温度不同，防火阀安装在通风、空调系统的管道上时，公称动作温度为70 ℃；而排烟防火阀安装在排烟系统的管道上时，公称动作温度为280 ℃。防火检查中，可参照防火阀的检查内容和方法对排烟防火阀开展检查。

（七）防火隔间

防火隔间主要用于将大型地下商店分隔为多个相对独立的区域，一旦某个区域着火且不能有效控制时，该空间要能防止火灾蔓延至其他区域。防火检查中，通过对防火隔间的建筑面积、与其他区域防火分隔、内部装修材料等的检查，核实防火隔间的设置是否符合现行国家工程建设消防技术标准的要求[①]。

第四节　安全疏散检查

（1）建筑的疏散出口数量、位置和宽度，疏散楼梯（间）的形式和宽度，以及避难设施的位置和面积等，应与建筑的使用功能、火灾危险性、耐火等级、建筑高度或层数、埋深、建筑面积、人员密度、人员特性等相适应。

（2）建筑中的疏散出口应分散布置，房间疏散门应直接通向安全出口，不应经过其他房间。疏散出口的宽度和数量应满足人员安全疏散的要求。各层疏散楼梯的净宽度应符合下列规定：①对于建筑的地上楼层，各层疏散楼梯

---

① 中华人民共和国住房和城乡建设部，国家市场监督管理总局．建筑防火通用规范：GB 55037—2022[S/OL].（2022-12-27）[2024-01-03].https://www.mohurd.gov.cn/file/2023/20230214/7e82080f-7164-42bb-9e94-41b9e4b0d6ba.pdf.

的净宽度均不应小于其上部各层中要求疏散净宽度的最大值；②对于建筑的地下楼层或地下建筑、平时使用的人民防空工程，各层疏散楼梯的净宽度均不应小于其下部各层中要求疏散净宽度的最大值。

（3）建筑中的最大疏散距离应根据建筑的耐火等级、火灾危险性、空间高度、疏散楼梯（间）的形式和使用人员的特点等因素确定，并应符合下列规定：①疏散距离应满足人员安全疏散的要求；②房间内任一点至房间疏散门的疏散距离，不应大于建筑中位于袋形走道两侧或尽端房间的疏散门至最近安全出口的最大允许疏散距离。

（4）疏散出口门、疏散走道、疏散楼梯等的净宽度应符合下列规定：①疏散出口门、室外疏散楼梯的净宽度均不应小于0.8 m；②住宅建筑中直通室外地面的住宅户门的净宽度不应小于0.8 m，当住宅建筑高度不大于18 m且一边设置栏杆时，室内疏散楼梯的净宽度不应小于1.0 m，其他住宅建筑室内疏散楼梯的净宽度不应小于1.1 m；③疏散走道、首层疏散外门、公共建筑中的室内疏散楼梯的净宽度均不应小于1.1 m；④净宽度大于4.0 m的疏散楼梯、室内疏散台阶或坡道，应设置扶手栏杆分隔且宽度均不大于2.0 m的区段。

（5）在疏散通道、疏散走道、疏散出口处，不应有任何影响人员疏散的物体，并应在疏散通道、疏散走道、疏散出口的显著位置设置明显的指示标志。疏散通道、疏散走道、疏散出口的净高度均不应小于2.1 m。疏散走道在防火分区分隔处应设置疏散门。

（6）除设置在丙、丁、戊类仓库首层靠墙外侧的推拉门或卷帘门可用于疏散门外，疏散出口门应为平开门或在火灾时具有平开功能的门，且下列场所或部位的疏散出口门应向疏散方向开启：①甲、乙类生产场所；②甲、乙类物质的储存场所；③平时使用的人民防空工程中的公共场所；④其他建筑中使用人数大于60人的房间或每樘门的平均疏散人数大于30人的房间；⑤疏散楼梯间及其前室的门；⑥室内通向室外疏散楼梯的门。

（7）疏散出口门应能在关闭后从任何一侧手动开启。开向疏散楼梯（间）

或疏散走道的门在完全开启时，不应减少楼梯平台或疏散走道的有效净宽度。除住宅的户门可不受限制外，建筑中控制人员出入的闸口和设置门禁系统的疏散出口门应具有在火灾时自动释放的功能，且人员不需使用任何工具就能容易地从内部打开，在门内一侧的显著位置应设置明显的指示标识。

（8）室内疏散楼梯间应符合下列规定：①疏散楼梯间内不应设置烧水间、可燃材料储藏室、垃圾道及其他影响人员疏散的凸出物或障碍物。②疏散楼梯间内不应设置或穿过甲、乙、丙类液体管道。③在住宅建筑的疏散楼梯间内设置可燃气体管道和可燃气体计量表时，应采用敞开楼梯间，并应采取防止燃气泄漏的防护措施；其他建筑的疏散楼梯间及其前室不应设置可燃或助燃气体管道。④疏散楼梯间及其前室与其他部位的防火分隔不应使用卷帘。⑤除疏散楼梯间及其前室的出入口、外窗和送风口，以及住宅建筑疏散楼梯间前室或合用前室内的管道井检查门外，疏散楼梯间及其前室或合用前室内的墙上不应设置其他门、窗等开口。⑥自然通风条件不符合防烟要求的封闭楼梯间，应采取机械加压防烟措施或采用防烟楼梯间。⑦防烟楼梯间前室的使用面积规定：公共建筑、高层厂房、高层仓库、平时使用的人民防空工程及其他地下工程，不应小于6.0 m^2；住宅建筑，不应小于4.5 m^2。与消防电梯前室合用的前室的使用面积，公共建筑、高层厂房、高层仓库、平时使用的人民防空工程及其他地下工程，不应小于10.0 m^2；住宅建筑，不应小于6.0 m^2。⑧疏散楼梯间及其前室上的开口与建筑外墙上的其他相邻开口最近边缘之间的水平距离不应小于1.0 m。当距离不符合要求时，应采取防止火势通过相邻开口蔓延的措施。

（9）通向避难层的疏散楼梯应使人员在避难层处必须经过避难区上下。除通向避难层的疏散楼梯外，疏散楼梯（间）在各层的平面位置不应改变或应能使人员的疏散路线保持连续。

（10）除住宅建筑套内的自用楼梯外，建筑的地下或半地下室、平时使用的人民防空工程、其他地下工程的疏散楼梯间应符合下列规定：①当埋深不大于10 m或层数不大于2层时，应为封闭楼梯间；②当埋深大于10 m或层数不小于3层时，应为防烟楼梯间；③地下楼层的疏散楼梯间与地上楼层的疏散楼梯间，应在直通室外地面的楼层采用耐火极限不低于2.00 h且无开口的防火隔墙分隔；④在楼梯的各楼层入口处均应设置明显的指示标识。

（11）室外疏散楼梯应符合下列规定：①室外疏散楼梯的栏杆扶手高度不应小于1.10 m，倾斜角度不应大于45°；②除3层及3层以下建筑的室外疏散楼梯可采用难燃性材料或木结构外，室外疏散楼梯的梯段和平台均应采用不燃材料；③除疏散门外，楼梯周围2.0 m内的墙面上不应设置其他开口，疏散门不应正对梯段。

（12）火灾时用于辅助人员疏散的电梯及其设置应符合下列规定：①应具有在火灾时仅停靠特定楼层和首层的功能；②电梯附近的明显位置应设置标示电梯用途的标志和操作说明；③其他要求应符合《建筑防火通用规范》（GB 55037—2022）有关消防电梯的规定。

（13）设置在消防电梯或疏散楼梯间前室内的非消防电梯，防火性能不应低于消防电梯的防火性能。

（14）建筑高度大于100 m的工业与民用建筑应设置避难层，且第一个避难层的楼面至消防车登高操作场地地面的高度不应大于50 m。

（15）避难层应符合下列规定：①避难区的净面积应满足该避难层与上一避难层之间所有楼层的全部使用人数避难的要求。②除可布置设备用房外，避难层不应用于其他用途。设置在避难层内的可燃液体管道、可燃或助燃气体管道应集中布置，设备管道区应采用耐火极限不低于3.00 h的防火隔墙与避难区及其他公共区分隔。管道井和设备间应采用耐火极限不低于2.00 h的防火隔墙与避难区及其他公共区分隔。设备管道区、管道井和设备间与避难区或疏散走道连通时，应设置防火隔间，防火隔间的门应为甲级防火门。③避难层应设置消防电梯出口、消火栓、消防软管卷盘、灭火器、消防专线电话和应急广播。④在避难层进入楼梯间的入口处和疏散楼梯通向避难层的出口处，均应在明显位置设置标示避难层和楼层位置的灯光指示标识。⑤避难区应采取防止火灾烟气进入或积聚的措施，并应设置可开启外窗。⑥避难区应至少有一边水平投影位于同一侧的消防车登高操作场地范围内。

（16）避难间应符合下列规定：①避难区的净面积应满足避难间所在区域设计避难人数避难的要求；②避难间兼作其他用途时，应采取保证人员安全避难的措施；③避难间应靠近疏散楼梯间，不应在可燃物库房、锅炉房、发电机房、变配电站等火灾危险性大的场所的正下方、正上方或贴邻；④避难间应采用耐火极限不低于2.00 h 的防火隔墙和甲级防火门与其他部位分隔；⑤避难间应采取防止火灾烟气进入或积聚的措施，并应设置可开启外窗，除外窗和疏散门外，避难间不应设置其他开口；⑥避难间内不应敷设或穿过输送可燃液体、可燃或助燃气体的管道；⑦避难间内应设置消防软管卷盘、灭火器、消防专线电话和应急广播；⑧在避难间入口处的明显位置应设置标示避难间的灯光指示标识。

（17）汽车库或修车库的室内疏散楼梯应符合下列规定：①建筑高度大于32 m 的高层汽车库，应为防烟楼梯间；②建筑高度不大于32 m 的汽车库，应为封闭楼梯间；③地上修车库，应为封闭楼梯间；④地下、半地下汽车库，应符合《建筑防火通用规范》（GB 55037—2022）第7.1.10条的规定。

（18）汽车库内任一点至最近人员安全出口的疏散距离应符合下列规定：①单层汽车库、位于建筑首层的汽车库，无论汽车库是否设置自动灭火系统，均不应大于60 m。②其他汽车库，未设置自动灭火系统时，不应大于45 m；设置自动灭火系统时，不应大于60 m[①]。

① 中华人民共和国住房和城乡建设部，国家市场监督管理总局．建筑防火通用规范：GB 55037—2022[S/OL].（2022-12-27）[2024-01-03].https://www.mohurd.gov.cn/file/2023/20230214/7e82080f-7164-42bb-9e94-41b9e4b0d6ba.pdf.

第五节　防爆检查

建筑防爆检查是指对建筑物进行全面的安全漏洞和防爆漏洞的检查和评估，以期发现和排除安全隐患，确保建筑物的安全性和稳定性。

一、建筑防爆

（一）检查内容

1. 有爆炸危险厂房的总体布局

（1）有爆炸危险的甲、乙类厂房宜独立设置，并宜采用敞开或半敞开式。其承重结构宜采用钢筋混凝土或钢框架、排架结构。

（2）有爆炸危险的甲、乙类厂房的总控制室应独立设置。

（3）有爆炸危险的甲、乙类厂房的分控制室宜独立设置，当贴邻外墙设置时，应采用耐火极限不低于3.00 h 的防火隔墙与其他部位分隔。

（4）净化有爆炸危险粉尘的干式除尘器和过滤器宜布置在厂房外的独立建筑内，建筑外墙与所属厂房的防火间距不应小于10 m。具备连续清灰功能，或具有定期清灰功能且风量不大于15 000 m^3/h、集尘斗的储尘量小于60 kg 的干式除尘器和过滤器，可布置在厂房内的单独房间内，但应采用耐火极限不低于3.00 h 的防火隔墙和1.50 h 的楼板与其他部位分隔。

2. 有爆炸危险厂房的平面布置

（1）员工宿舍严禁设置在厂房内。办公室、休息室等不应设置在甲、乙类厂房内，确需贴邻本厂房时，其耐火等级不应低于二级，并应采用耐火极限不低于3.00 h 的防爆墙与厂房分隔，且应设置独立的安全出口。办公室、休息室设置在丙类厂房内时，应采用耐火极限不低于2.50 h 的防火隔墙和1.00 h 的楼板与其他部位分隔，并应至少设置1个独立的安全出口。如隔墙上需开设相互连通的门时，应采用乙级防火门。

（2）有爆炸危险的甲、乙类生产部位，宜布置在单层厂房靠外墙的泄压设施或多层厂房顶层靠外墙的泄压设施附近。

（3）有爆炸危险区域内的楼梯间、室外楼梯或有爆炸危险的区域与相邻区域连通处，应设置门斗等防护措施。门斗的隔墙应为耐火极限不低于2.00 h的防火隔墙，门应采用甲级防火门并应与楼梯间的门错位设置。

（4）排除有燃烧或爆炸危险气体、蒸气和粉尘的排风系统，应符合下列规定：①排风系统应设置导除静电的接地装置。②排风设备不应布置在地下或半地下建筑（室）内。③排风管应采用金属管道，并应直接通向室外安全地点，不应暗设。

3. 采取的防爆措施

（1）散发较空气重的可燃气体、可燃蒸气的甲类厂房和有粉尘、纤维爆炸危险的乙类厂房，应符合下列规定：①应采用不发火花的地面。采用绝缘材料做整体面层时，应采取防静电措施。②散发可燃粉尘、纤维的厂房，其内表面应平整、光滑，并易于清扫。③厂房内不宜设置地沟，确需设置时，其盖板应严密，地沟应采取防止可燃气体、可燃蒸气和粉尘、纤维在地沟积聚的有效措施，且应在与相邻厂房连通处采用防火材料密封。

（2）使用和生产甲、乙、丙类液体的厂房，其管、沟不应与相邻厂房的管、沟相通，下水道应设置隔油设施。

（3）甲、乙、丙类液体仓库应设置防止液体流散的设施。遇湿会发生燃烧爆炸的物品仓库应采取防止水浸渍的措施。

4. 泄压设施的设置

（1）有爆炸危险的厂房或厂房内有爆炸危险的部位应设置泄压设施。

（2）泄压设施宜采用轻质屋面板、轻质墙体和易于泄压的门、窗等，应采用安全玻璃等在爆炸时不产生尖锐碎片的材料。泄压设施的设置应避开人员密集场所和主要交通道路，并宜靠近有爆炸危险的部位。作为泄压设施的轻质屋面板和墙体的质量不宜大于60 kg/m^2。屋顶上的泄压设施应采取防冰雪积聚措施。

（3）散发较空气轻的可燃气体、可燃蒸气的甲类厂房，宜采用轻质屋面板作为泄压面积。顶棚应尽量平整、无死角，厂房上部空间应通风良好。

5. 与爆炸危险场所毗连的变、配电所的布置

（1）爆炸危险场所的正上方或正下方，不得设置变、配电所。必须毗连时，变、配电所尽量靠近楼梯间和外墙布置。

（2）根据爆炸危险场所的危险等级，确定变、配电所与之共用墙面的数量，共用隔墙和楼板为抹灰的实体和非燃烧体。

（3）当变、配电所为正压室且布置在1区、2区内时，室内地面宜高出室外地面0.6 m 左右。

（二）检查方法

通过查阅消防设计文件、总平面图、建筑平面图、建筑剖面图、施工记录、有关产品质量证明文件及相关资料，了解工业建筑火灾危险性、建筑层数、存在爆炸危险的物质、爆炸危险环境类别及区域等级等，确定需要设置的泄压面积后，对照上述检查内容逐项开展现场检查。

二、设施防爆

（一）检查内容

（1）甲、乙类厂房内的空气不应循环使用。丙类厂房内含有燃烧或爆炸危险粉尘、纤维的空气，在循环使用前应经净化处理，并应使空气中的含尘浓度低于其爆炸下限的25%。

（2）为甲、乙类厂房服务的送风设备与排风设备应分别布置在不同通风机房内，且排风设备不应和其他房间的送、排风设备布置在同一通风机房内。

（3）民用建筑内空气中含有容易起火或爆炸危险物质的房间，应设置自

然通风或独立的机械通风设施，且其空气不应循环使用。

（4）可燃气体管道和甲、乙、丙类液体管道不应穿过通风机房和通风管道，且不应紧贴通风管道的外壁敷设。

（5）在散发可燃粉尘、纤维的厂房内，散热器表面平均温度不应超过82.5 ℃。输煤廊的散热器表面平均温度不应超过130 ℃。

（6）甲、乙类厂房（仓库）内严禁采用明火和电热散热器供暖。

（7）下列厂房应采用不循环使用的热风供暖：①生产过程中散发的可燃气体、蒸气、粉尘或纤维与供暖管道、散热器表面接触能引起燃烧的厂房。②生产过程中散发的粉尘受到水、水蒸气的作用能引起自燃、爆炸或产生爆炸性气体的厂房。

（8）供暖管道与可燃物之间应保持一定距离，并应符合下列规定：①当供暖管道的表面温度大于100 ℃时，其间距不应小于100 mm或采用不燃材料隔热。②当供暖管道的表面温度不大于100 ℃时，其间距不应小于50 mm或采用不燃材料隔热。

（9）建筑内供暖管道和设备的绝热材料应符合下列规定：①对于甲、乙类厂房（仓库），应采用不燃材料。②对于其他建筑，宜采用不燃材料，不得采用可燃材料。

（10）通风和空气调节系统，横向宜按防火分区设置，竖向不宜超过5层。当管道设置防止回流设施或防火阀时，管道布置可不受此限制。竖向风管应设置在管井内。

（11）厂房内有爆炸危险场所的排风管道，严禁穿过防火墙和有爆炸危险的房间隔墙。

（12）甲、乙、丙类厂房内的送、排风管道，宜分层设置。当水平或竖向送风管在进入生产车间处设置防火阀时，各层的水平或竖向送风管可合用一个送风系统。

（13）空气中含有易燃、易爆危险物质的房间，其送、排风系统应采用防爆型的通风设备。当送风机布置在单独分隔的通风机房内，且送风干管上设置防止回流设施时，可采用普通型的通风设备。

（14）含有燃烧和爆炸危险粉尘的空气，在进入排风机前应采用不产生火花的除尘器进行处理。对于遇水可能形成爆炸的粉尘，严禁采用湿式除尘器。

（15）净化或输送有爆炸危险粉尘和碎屑的除尘器、过滤器或管道，均应设置泄压装置。净化有爆炸危险粉尘的干式除尘器和过滤器应布置在系统的负压段上。

（16）排除有燃烧或爆炸危险气体、蒸气和粉尘的排风系统，应符合下列规定：①排风系统应设置导除静电的接地装置。②排风设备不应布置在地下或半地下建筑（室）内。③排风管应采用金属管道，并应直接通向室外安全地点，不应暗设。

（17）排除和输送温度超过80 ℃的空气或其他气体以及易燃碎屑的管道，与可燃或难燃物体之间的间隙不应小于150 mm，或采用厚度不小于50 mm 的不燃材料隔热。当管道上下布置时，表面温度较高者应布置在上面。

（18）通风、空气调节系统的风管在下列部位应设置公称动作温度为70 ℃的防火阀：①穿越防火分区处。②穿越通风、空气调节机房的房间隔墙和楼板处。③穿越重要或火灾危险性大的场所的房间隔墙和楼板处。④穿越防火分隔处的变形缝两侧。⑤竖向风管与每层水平风管交接处的水平管段上。（注：当建筑内每个防火分区的通风、空气调节系统均独立设置时，水平风管与竖向总管的交接处可不设置防火阀。）

（19）防火阀的设置应符合下列规定：①防火阀宜靠近防火分隔处设置。②防火阀安装时，应在安装部位设置方便维护的检修口。③在防火阀两侧各2.0 m 范围内的风管及其绝热材料应采用不燃材料。

（20）燃油或燃气锅炉房应采取自然通风或机械通风设施。燃气锅炉房应选用防爆型的事故排风机。当采取机械通风时，机械通风设施应设置导除静电的接地装置，通风量应符合下列规定：①燃油锅炉房的正常通风量应按换气次数不少于3次 /h 确定，事故排风量应按换气次数不少于6次 /h 确定。②燃气锅炉房的正常通风量应按换气次数不少于6次 /h 确定，事故排风量应按换气次数不少于12次 /h 确定。

（二）检查方法

通过查阅消防设计文件、通风空调平面图和设备材料表、隐蔽工程施工记录、通风空调设备有关产品质量证明文件及相关资料，了解建筑的用途、规模、是否有爆炸危险场所或部位后对照上述检查内容逐项开展现场检查，核实风机选型、接地装置等产品质量证明文件与消防设计文件的一致性[①]。

第六节　建筑装修和保温系统检查

一、建筑内部装修

建筑内部装修是建筑投入使用前的重要环节。在民用建筑中，主要包括顶棚、墙面、地面、隔断的装修，以及固定家具、窗帘、帷幕、床罩、家具包布、固定饰物等；在工业厂房中，主要包括顶棚、墙面、地面和隔断的装修。建筑内部装修工程根据装修材料种类，又可划分为纺织织物、高分子合成材料、复合材料和其他材料子分部等四种类型的装修工程。

防火检查中，需要对以下方面进行检查：装修功能与原建筑类别的一致性；装修工程的平面布置情况；装修材料燃烧性能等级；对疏散和消防设施的影响；照明灯具和配电箱的安装和公共场所内阻燃制品标识张贴。核实内部装修是否符合现行国家工程建设消防技术标准的要求。

---

① 中华人民共和国住房和城乡建设部，国家市场监督管理总局．建筑防火通用规范：GB 55037—2022[S/OL].（2022-12-27）[2024-01-03].https://www.mohurd.gov.cn/file/2023/20230214/7e82080f-7164-42bb-9e94-41b9e4b0d6ba.pdf.

（一）检查内容

（1）依据《建筑内部装修防火设计规范》（GB 50222—2017，简称《装修防火》）第3.0.3条，装修材料的燃烧性能等级应按现行国家标准《建筑材料及制品燃烧性能分级》（GB 8624—2012）的有关规定，经检测确定。

（2）安装在金属龙骨上燃烧性能达到B1级的纸面石膏板、矿棉吸声板，可作为A级装修材料使用。

（3）单位面积质量小于300 g/m^2 的纸质、布质壁纸，当直接粘贴在A级基材上时，可作为B1级装修材料使用。

（4）施涂于A级基材上的无机装修涂料，可作为A级装修材料使用；施涂于A级基材上，湿涂覆比小于1.5 kg/m^2，且涂层干膜厚度不大于1.0 mm的有机装修涂料，可作为B1级装修材料使用。

（5）当使用多层装修材料时，各层装修材料的燃烧性能等级均应符合本规范的规定。复合型装修材料的燃烧性能等级应进行整体检测确定。

（6）建筑内部装修不应擅自减少、改动、拆除、遮挡消防设施、疏散指示标志、安全出口、疏散出口、疏散走道和防火分区、防烟分区等。

（7）建筑内部消火栓箱门不应被装饰物遮掩，消火栓箱门四周的装修材料颜色应与消火栓箱门的颜色有明显区别或在消火栓箱门表面设置发光标志。

（8）疏散走道和安全出口的顶棚、墙面不应采用影响人员安全疏散的镜面反光材料。

（9）地上建筑的水平疏散走道和安全出口的门厅，其顶棚应采用A级装修材料，其他部位应采用不低于B1级的装修材料。地下民用建筑的疏散走道和安全出口的门厅，其顶棚、墙面和地面均应采用A级装修材料。

（10）疏散楼梯间和前室的顶棚、墙面和地面均应采用A级装修材料。

（11）建筑物内设有上下层相连通的中庭、走马廊、开敞楼梯、自动扶梯时，其连通部位的顶棚、墙面应采用A级装修材料，其他部位应采用不低于B1级的装修材料。

（12）建筑内部变形缝（包括沉降缝、伸缩缝、抗震缝等）两侧基层的表面装修应采用不低于B1级的装修材料。

（13）无窗房间内部装修材料的燃烧性能等级除A级外，应在规定的基础上提高一级。

（14）消防水泵房、机械加压送风排烟机房、固定灭火系统钢瓶间、配电室、变压器室、发电机房、储油间、通风和空调机房等，其内部所有装修均应采用A级装修材料。

（15）消防控制室等重要房间，其顶棚和墙面应采用A级装修材料，地面及其他装修应采用不低于B1级的装修材料。

（16）建筑物内的厨房，其顶棚、墙面、地面均应采用A级装修材料。

（17）经常使用明火器具的餐厅、科研实验室，其装修材料的燃烧性能等级除A级外，应在规定的基础上提高一级。

（18）民用建筑内的库房或贮藏间，其内部所有装修除应符合相应场所规定外，且应采用不低于B1级的装修材料。

（19）展览性场所装修设计应符合下列规定：①展台材料应采用不低于B1级的装修材料。②在展厅设置电加热设备的餐饮操作区内，与电加热设备贴邻的墙面、操作台均应采用A级装修材料。③展台与卤钨灯等高温照明灯具贴邻部位的材料应采用A级装修材料。

（20）住宅建筑装修设计尚应符合下列规定：①不应改动住宅内部烟道、风道。②厨房内的固定橱柜宜采用不低于B1级的装修材料。③卫生间顶棚宜采用A级装修材料。④阳台装修宜采用不低于B1级的装修材料。

（21）照明灯具及电气设备、线路的高温部位，当靠近非A级装修材料或构件时，应采取隔热、散热等防火保护措施，与窗帘、帷幕、幕布、软包等装修材料的距离不应小于500 mm；灯饰应采用不低于B1级的材料。

（22）建筑内部的配电箱、控制面板、接线盒、开关、插座等不应直接安装在低于B1级的装修材料上。用于顶棚和墙面装修的木质类板材，当内部含有电器、电线等物体时，应采用不低于 B1级的材料。

（23）当室内顶棚、墙面、地面和隔断装修材料内部安装电加热供暖系统时，室内采用的装修材料和绝热材料的燃烧性能等级应为 A 级。当室内顶棚、墙面、地面和隔断装修材料内部安装水暖（或蒸汽）供暖系统时，其顶棚采用的装修材料和绝热材料的燃烧性能应为 A 级，其他部位的装修材料和绝热材料的燃烧性能不应低于 B1级，且尚应符合本规范有关公共场所的规定。

（24）建筑内部不宜设置采用 B3级装饰材料制成的壁挂、布艺等，当需要设置时，不应靠近电气线路、火源、热源，或采取隔离措施。

（25）《建筑内部装修设计防火规范》（GB 50222-2017）未明确规定的场所，其内部装修应按该规范有关规定类比执行。

（26）下列材料进场应进行见证取样检验：①B1、B2级纺织织物。②现场对纺织织物进行阻燃处理所使用的阻燃剂。

（27）下列材料应进行抽样检验：①现场阻燃处理后的纺织织物，每种取2 m^2 检验燃烧性能。②施工过程中受湿浸、燃烧性能可能受影响的纺织织物，每种取2 m^2 检验燃烧性能。

（28）用于建筑内部装修的木质材料可分为天然木材和人造板材。

（29）木质材料施工应检查下列文件和记录：①木质材料燃烧性能等级的设计要求。②木质材料燃烧性能型式检验报告、进场验收记录和抽样检验报告。③现场对木质材料进行阻燃处理的施工记录及隐蔽工程验收记录。

（30）下列材料进场应进行见证取样检验：①B1级木质材料。②现场进行阻燃处理所使用的阻燃剂及防火涂料。

（31）下列材料应进行抽样检验：①现场阻燃处理后的木质材料，每种取4 m^2 检验燃烧性能。②表面进行加工后的 B1级木质材料，每种取4 m^2 检验燃烧性能。

（32）木质材料进行阻燃处理前，表面不得涂刷油漆。

（33）木质材料在进行阻燃处理时，木质材料含水率不大于12%。

（34）现场进行阻燃施工时，应检查阻燃剂的用量、适用范围、操作方法。阻燃施工过程中，应使用计量合格的称量器具，并严格按使用说明书的要求进行施工。

（35）木质材料涂刷或浸渍阻燃剂时，应对木质材料所有表面都进行涂刷或浸渍，涂刷或浸渍后的木材阻燃剂的干含量应符合检验报告或说明书的要求。

（36）木质材料表面粘贴装饰表面或阻燃饰面时，应先对木质材料进行阻燃处理。

（37）木质材料表面进行防火涂料处理时，应对木质材料的所有表面进行均匀涂刷，且不应少于2次，第二次涂刷应在第一次涂层表面干后进行；涂刷防火涂料用量不应少于500 g/m^2。

（38）现场进行阻燃处理时，应保持施工区段的洁净，现场处理的木质材料不应受污染。

（39）木质材料在涂刷防火涂料前应清理表面，且表面不应有水、灰尘或油污。

（40）阻燃处理后的木质材料表面应无明显返潮及颜色异常变化。

（41）下列材料进场应进行见证取样检验：①B1、B2级高分子合成材料。②现场进行阻燃处理所使用的阻燃剂及防火涂料。

（42）现场阻燃处理后的泡沫塑料应进行抽样检验，每种取0.1 m^3 检验燃烧性能。

（43）高分子合成材料燃烧性能等级应符合设计要求。

（44）B1、B2级高分子合成材料，应按设计要求进行施工。

（45）对具有贯穿孔的泡沫塑料进行阻燃处理时，应检查阻燃剂的用量、适用范围、操作方法。阻燃施工过程中，应使用计量合格的称量器具，并按使用说明书的要求进行施工。必须使泡沫塑料被阻燃剂浸透，阻燃剂干含量应符合检验报告或说明书的要求。

（46）顶棚内采用泡沫塑料时，应涂刷防火涂料。防火涂料宜选用耐火极限大于0.50 h 的超薄型钢结构防火涂料或一级饰面型防火涂料，湿涂覆比值应大于500 g/m^2。涂刷应均匀，且涂刷不应少于2次。

（47）塑料电工套管的施工应满足以下要求：①B2级塑料电工套管不得明敷。②B1级塑料电工套管明敷时，应明敷在 A 级材料表面。③塑料电工套管穿过 B1级以下（含 B1级）的装修材料时，应采用 A 级材料或防火封堵密封件严密封堵。

（48）对具有贯穿孔的泡沫塑料进行阻燃处理时，应保持施工区段的洁净，避免其他工种施工可能带来的污染。

（49）泡沫塑料经阻燃处理后，不应降低其使用功能，并且表面不应出现明显的盐析、返潮和变硬等现象。

（50）泡沫塑料进行阻燃处理过程中，应保持施工区段的洁净，现场处理的泡沫塑料不应受污染。

（51）下列材料进场应进行见证取样检验：①B1、B2级复合材料。②现场进行阻燃处理所使用的阻燃剂及防火涂料。

（52）现场阻燃处理后的复合材料应进行抽样检验，每种取4 m^2 检验燃烧性能。

（53）复合材料应按设计要求进行施工，饰面层内的芯材不得暴露。

（54）采用复合保温材料制作的通风管道，复合保温材料的芯材不得暴露。当复合保温材料芯材的燃烧性能不能达到 B1级时，应在复合材料表面包覆玻璃纤维布等不燃性材料，并应在其表面涂刷饰面型防火涂料。防火涂料湿涂覆比值应大于500 g/m^2，且至少涂刷2次。

（55）防火门的表面加装贴面材料或其他装修时，不得减小门框和门的规格尺寸，不得降低防火门的耐火性能，所用贴面材料的燃烧性能等级不应低于 B1级。

（56）建筑隔墙或隔板、楼板的孔洞需要封堵时，应采用防火堵料严密封堵。采用防火堵料封堵孔洞、缝隙及管道井和电缆竖井时，应根据孔洞、缝隙及管道井和电缆竖井所在位置的墙板或楼板的耐火极限要求选用防火堵料。

（57）用于其他部位的防火涂料应根据施工现场情况选用，其施工方式应与检验时的方式一致。防火堵料施工后必须严密填实孔洞、缝隙。

（58）采用阻火圈的部位，不得对阻火圈进行包裹，阻火圈应安装牢固。

（59）电气设备及灯具的施工应满足以下要求：①当有配电箱及电控设备的房间内使用了低于B1级的材料进行装修时，配电箱必须采用不燃材料制作。②配电箱的壳体和底板应采用A级材料制作。配电箱不应直接安装在低于B1级的装修材料上。③动力、照明、电热器等电气设备的高温部位靠近B1级以下（含B1级）材料或导线穿越B1级以下（含B1级）装修材料时，应采用瓷管或防火封堵密封件分隔，并用岩棉、玻璃棉等A级材料隔热。④安装在B1级以下（含B1级）装修材料内的配件，如插座、开关等，必须采用防火封堵密封件或具有良好隔热性能的A级材料隔绝。⑤灯具直接安装在B1级以下（含B1级）的材料上时，应采取隔热、散热等措施。⑥灯具的发热表面不得靠近B1级以下（含B1级）的材料。

（60）《建筑内部装修设计防火规范》（GB 50222-2017）适用于工业与民用建筑内部装修工程的防火施工与验收，不适用于古建筑和木结构建筑的内部装修工程的防火施工与验收。

（二）检查方法

对装修材料燃烧性能判定时，需要注意以下方面。

（1）安装在金属龙骨上燃烧性能达到B1级的纸面石膏板、矿棉吸声板，可作为A级装修材料；单位质量小于300 g/m^{2}的纸质、布质壁纸，当直接粘贴在A级基材上时，可作为B1级装修材料；施涂于A级基材上的无机装饰涂料，可作为A级装修材料；施涂于A级基材上，湿涂覆比小于1.5 kg/m^{2}的有机装饰涂料，可作为B1级装修材料。

（2）当胶合板用于顶棚和墙面装修并且内含有电器、电线等物体时，对隐蔽层检查时需查阅隐蔽工程验收记录，现场核查胶合板的内、外表面以及相应的木龙骨是否涂覆防火涂料，或采用阻燃浸渍处理达到 B1级。

（3）当采用不同装修材料进行分层装修时，各层装修材料的燃烧性能等级均要符合相关规定。对于复合型装修材料，可通过提交专业检测机构进行整体测试后确定其燃烧性能等级。

（4）当顶棚或墙面表面局部采用多孔或泡沫状塑料时，其厚度不得大于15 mm，且面积不得超过该房间顶棚或墙面积的10%。

（5）对现场阻燃处理的木质材料、纺织织物、复合材料等检查时，结合材料的燃烧性能型式检验报告、现场进行阻燃处理的材料和所使用的阻燃剂的见证取样检验报告、现场对材料进行阻燃处理的施工记录及隐蔽工程验收记录等相关资料，对照报告及记录内容开展现场核查，重点核查上述报告或记录内容与实际使用材料的一致性。

（6）对公共场所内使用的阻燃制品，还要检查阻燃制品标识使用证书和现场检验标识加贴的情况。

（三）室内装饰消防安全隐患及防火监督管理

随着生活水平的提高和生活质量的不断改善，人们对于室内装饰的需求也越来越高。然而，满足人们对于室内环境舒适度和美观度的室内装饰也给消防安全带来了一定的风险和隐患。据统计，近年来我国因室内装饰引发的火灾事故逐年增多，成为当前比较突出的社会问题之一。因此，加强室内装饰消防安全隐患的防范与监督管理显得尤为重要。

1. 室内装饰消防安全隐患

（1）室内装饰材料燃烧性能不达标。火灾发生时，燃烧性能不达标的装饰材料会加速火势蔓延，加重火灾的危害程度。比如，塑料材料的燃烧性能较差，会在火灾中产生大量的黑烟和有毒气体，加重火场损坏情况。另外，木质材料也存在较大的燃烧风险，燃烧时容易出现火星，导致火势扩大。

燃烧性能不达标的室内装饰材料还会增加火灾事故的处置难度。由于火势蔓延迅速，消防人员很难在短时间内控制火源，从而导致火灾事故的扩大和危害程度加重。特别是在室内装饰材料多且堆放杂乱的场所，如商场、展览厅等，一旦发生火灾事故，后果将不堪设想。此外，燃烧性能不达标的室内装饰材料还会加重人员伤亡。在火灾事故中，有些人员可能会被火势所阻挡，无法及时逃离现场，而且在燃烧过程中产生的有害气体也会危害人们的生命安全。

（2）室内装饰材料易产生有毒有害气体。当火灾发生时，易产生有毒有害气体的装饰材料会加重火灾的危害程度。比如，在火灾中，塑料材料会产生大量黑烟和有毒气体，对人员的逃生和消防救援造成极大的困难，同时对相关人员的健康产生严重威胁。长期使用易产生有毒有害气体的室内装饰材料还会对人们的健康产生潜在威胁。如甲醛、苯、氨等有毒有害气体会对人体产生严重危害，导致头痛、眼痛、咳嗽、皮肤过敏等症状，并诱发癌症等重大疾病。此外，易产生有毒有害气体的室内装饰材料还会加重环境污染。有毒有害气体不仅会危害人类的健康，还会对环境产生负面影响，污染空气，影响生态平衡。

（3）室内装饰过度会破坏建筑物的结构和防火间隔。室内装饰过度可能会破坏建筑物的结构，降低建筑物的抗震和承载能力。超过建筑物结构设计承载能力的装饰材料会对建筑物的结构造成影响，甚至引发倒塌事故。室内装饰过度还可能破坏建筑物防火间隔，从而加重火灾事故的危害程度。建筑物的防火间隔是消防安全的重要保障措施，但是装饰过度会破坏原有的防火间隔，增加火灾蔓延的速度和范围。此外，室内装饰过度还会增加消防救援难度，部分室内装饰过于复杂，如镶嵌物、雕刻、装饰画等，会影响消防救援人员的行动和视线，使消防救援工作更加困难。

（4）室内装饰设计不合理导致消防设施配备不足。室内装饰设计不合理可能会妨碍消防设施的使用，如过于复杂的装饰造型、障碍物等，会影响消防救援的效率。在室内装饰设计中，应根据建筑物的类型、规模和火灾风险等因素，科学合理地设计消防设施的配备方案。如果装饰设计不合理，可能会导致消防设施配备不足，无法满足实际使用需要。室内装饰设计不合理还可能会加重火灾事故的危害程度，如燃烧性能较差的材料、过于密集的装饰等，可能会加剧火灾事故的危害程度，从而增加人员伤亡和财产损失。

2. 室内装饰消防安全隐患防范与监督管理存在的问题

（1）监管机构职能不够明确，难以形成有效的监督管理体系。在室内装饰消防安全监管中，涉及多个部门的职能，但是监管机构的职责划分不够明确，可能会导致各监管部门的职责交叉、重叠，缺乏协调和配合，从而影响监管工作的效果。各监管机构之间的职责分工不清，可能会导致监管工作效率低下，难以形成有效的监督管理体系，导致监管工作出现漏洞，进一步增加消防安全隐患。在室内装饰消防安全监督管理中，应该建立完善的监督管理机制，如对消防设施的检查和维护、对室内装饰材料的检测和审批等。如果监督管理机制不健全，可能会导致监管工作效果不佳，增加消防安全隐患。监管人员应该具备相关的专业知识和技能，如果监管人员素质不高，可能会导致监管工作出现失误，从而影响消防安全的保障。

（2）部分地区在消防法律法规的实施方面还存在不足。消防法律法规的制定和执行，是保障人民群众生命财产安全的重要举措。然而，消防法律法规的实施方面面临着阻碍，这些阻碍不仅影响消防工作的开展，也给人民群众的生命财产安全带来潜在的风险。

首先，消防法律法规存在滞后性。随着社会的不断发展和进步，新兴的行业和新型的建筑物层出不穷，这些新兴事物带来的消防安全隐患也越来越多。但是，目前我国的消防法律法规制定和修订，往往需要一定的时间，这导致新兴行业和建筑物无法及时适应现有的消防法律法规，从而给消防安全带来隐患。

其次，消防法律法规执行不力也是影响消防工作的重要原因之一。地方政府和企业缺乏对消防工作的重视，对消防法律法规执行不力，给消防工作造成很大压力。部分企业为了追求经济效益，忽视消防安全问题，导致了严重的消防安全事故，从而给社会和人民群众带来了不可估量的损失。

最后，消防法律法规宣传教育不足也是制约消防工作的重要因素。在消防安全问题面前，人们的消防安全意识和知识水平对消防工作的开展起到了至关重要的作用。但是，目前我国部分地区和企业在消防宣传教育方面存在疏漏，人们对消防安全问题的重视程度不够，消防安全知识的普及率也不高，这给消防工作带来了很大的困难。

（3）对于室内装饰的施工过程中的管理不足。在室内装饰的施工过程中，涉及大量的电线电缆、燃气管道等易燃易爆材料，如果在施工中不注意防火防爆，很容易引发火灾事故。施工过程中产生的垃圾、木屑等易燃材料如果没有及时清理，也容易引发火灾事故。在室内装饰的施工过程中，施工人员往往会将材料、工具等物品乱放，严重影响疏散通道的畅通。一旦发生火灾等紧急情况，将会给人们的生命安全带来极大的威胁。

施工人员可能会不慎损坏消防设施，例如灭火器、喷淋系统等，或者在施工过程中堵塞消防通道，导致消防设施失去作用，一旦发生火灾等紧急情况，失效的消防设施将会给人们的生命安全带来极大的威胁。施工人员对防火防烟设施的要求缺乏认识，例如在未安装防火门的情况下进行装修，导致火灾的扩散。施工单位为了缩短工期、降低成本，可能会使用不符合消防标准的材料和设备，这也进一步导致火灾的扩散。

（4）用于室内装饰的材料使用不规范。在室内装饰过程中，很多建设材料存在质量问题，如不合格木材、劣质油漆、不符合标准的电线等。这些材料不仅对施工过程的质量和效率产生影响，也给室内消防安全带来了潜在的隐患。如木材、木质板材、压克力板等材料容易燃烧，在火灾发生后很容易引发火灾蔓延。而塑料、绝缘材料等易燃、难燃材料在室内装饰中的使用也需要特别注意。

建设材料在安装和使用过程中不符合规范也是引发消防安全问题的重要原因。例如，电线的安装不当，很容易引发电线老化、短路、火灾等问题。在室内装饰过程中使用的涂料、油漆等材料如果没有按照标准操作，也很容易导致消防安全问题。室内装饰过程中使用的材料，如涂料、胶水、木材等，如果存在环保问题，会产生有毒有害气体和物质，不仅影响施工人员和业主的健康，也会对消防安全产生影响。

3. 加强室内装饰消防安全隐患防范与监督管理的措施

（1）建立健全室内装饰消防安全隐患监督管理体系。室内装饰消防安全隐患监督管理体系的建立需要多个部门的协同配合，包括消防部门、建设部门、安监部门等，各部门之间需建立信息共享和联动机制，共同推进室内装饰消防安全隐患监督管理体系的建设和完善。信息化建设是室内装饰消防安全隐患监督管理体系建设的重要保障，通过信息化手段可以实现隐患排查、整改通报、督查反馈、评估验收等环节的高效、精准和实时操控。同时，信息化建设也能够实现数据共享和资源共享，提高管理效率和管理水平。责任落实是室内装饰消防安全隐患监督管理体系建设的核心要素之一，各级政府部门和企业需要建立健全责任制，明确责任主体和责任范围，形成责任倒查和问责机制，从而推动室内装饰消防安全隐患监督管理体系的建设和完善。

（2）加大室内装饰消防安全法律法规宣传力度。室内装饰消防安全的法律法规是人民群众生命财产安全的重要保障之一，对于消防安全问题认知程度的不同会对防范室内装饰消防安全隐患带来不同的影响。因此，需要加强对消防安全法律法规的宣传，提高人们对消防安全法律法规的认知程度，增强人们的法律意识，避免因不了解相关法律法规而造成的室内装饰消防安全问题。室内装饰消防安全知识是人们预防和避免室内装饰消防安全问题的重要知识，需要加强对室内装饰消防安全知识的普及，包括室内装饰材料的选择和使用、室内装饰布局的规划和设计、电器的使用和维护、疏散逃生通道和疏散路线的设置等。通过宣传工作，能够让人们了解室内装饰消防安全知识，增强自身的防范意识和自救能力。

室内装饰消防安全隐患的排查、整改和管理是室内装饰消防安全的重要环节。需要加强对室内装饰消防安全隐患排查、整改和管理的宣传，让人们了解隐患排查、整改和管理的重要性和必要性。同时也需要让人们了解隐患排查、整改和管理的方法和流程，引导人们积极参与到隐患排查、整改和管理中来，共同预防和避免室内装饰消防安全隐患的发生。加强对室内装饰消防安全管理责任的宣传，引导企业和个人积极履行室内装饰消防安全管理主体责任，加强对室内装饰消防安全的监管和管理。

（3）完善室内装饰施工过程管理，预防消防隐患。在室内装饰施工过程中，加强施工管理是防范消防隐患的关键。具体来说，可以从以下几方面着手：①所有施工人员必须接受消防安全教育，了解消防安全知识和操作规程，增强消防安全意识。②所有施工人员必须具备相应的职业资格证书，并且参加过消防安全培训，熟悉消防安全规定和操作规程。③在施工现场必须设置消防安全标识和疏散通道，合理布置消防器材，定期组织消防演练和检查，确保施工现场的消防安全。

采用消防安全技术手段也是防范消防隐患的重要方法。具体来说，可以从以下几个方面着手：①在室内装饰施工现场应该安装火灾自动报警系统，及时监测火灾情况，报警并启动自动喷水系统。采用消防排烟系统，及时排除烟气，减少火灾隐患。②定期组织施工人员进行消防安全培训，提高其对消防安全的认识和掌握能力，强化其消防安全意识和提升其消防安全素质。③定期组织消防演习，检验和提高施工人员的应急处置能力，确保施工现场的消防安全。④建立施工现场消防安全档案，记录施工人员的消防安全教育培训情况、消防演习情况等，为消防安全管理提供依据。

（4）合理选用室内装饰的材料。在室内装饰材料的选用中，防火性能是最重要的因素之一。选择石膏板、防火板等材料，能够有效地提高室内墙面的防火性能。选择防火性能较好的地板材料，如石材地板、防火木地板等，能够有效地减小地面火灾的风险。在室内墙面、天花板、地板等装饰中，可以采用防火涂料，提高装饰材料的防火性能。除了防火性能之外，环保无毒也是室内装饰中需要考虑的重要因素。选择环保无毒的墙面装饰材料，如环保涂料、壁纸等，能够保障人们的身体健康。在施工前，应该对材料进行质量检测，确保材料质量符合要求。在室内装饰中，应避免使用易燃材料，如聚氨酯泡沫板、PVC 材料等，以降低火灾发生的风险。

综上所述，通过对室内装饰消防安全隐患的梳理和总结，以及对我国室内装饰消防安全隐患防范与监督管理现状的分析，提出了一系列加强室内装饰消防安全隐患防范与监督管理的具体措施。这些措施有助于提高室内装饰消防安全水平，有效避免室内装饰火灾事故的发生。以上研究对于室内装饰消防安全相关领域的研究和实践也具有一定的参考价值和指导意义[①]。

二、建筑外墙的装饰

（一）检查内容

（1）装饰材料的燃烧性能。建筑外墙的装饰层，除采用涂料外，不得使用可燃材料；当建筑外墙采用可燃保温材料时，不得使用火灾时易脱落的瓷砖材料。

（2）广告牌和条幅的设置。建筑外墙室外大型广告牌和条幅的材质要便于火灾时破拆，并且不得使用可燃材料。广告牌和条幅不得设置在灭火救援窗或自然排烟窗的外侧，消防车登高面一侧外墙上设置凸出的广告牌不得影响消防车登高操作。

（3）楼板外沿墙体的设置。建筑幕墙在每层楼板外沿设置的墙体，耐火极限不低于1.00 h，高度不低于1.2 m，可以是不燃性实体墙或防火玻璃墙。当室内设置自动喷水灭火系统时，该部分墙体的高度可不小于0.8 m。对于设置双层幕墙的建筑，当外墙体耐火极限低于1.00 h 时，幕墙中靠室内一侧的幕墙耐火极限不得低于1.00 h，可开启外窗采用乙级防火窗或耐火极限不低于1.00 h 的 C 类防火窗。

---

① 罗家勇．室内装饰消防安全隐患及防火监督管理探讨 [J]. 新材料·新装饰，2023，5（14）：30-32.

（4）每层缝隙的封堵。建筑幕墙与每层楼板、隔墙处的缝隙，采用防火封堵材料进行严密封堵。

（二）检查方法

通过查阅消防设计文件、建筑剖面图、幕墙大样图、隐蔽工程施工记录等资料，了解建筑幕墙设置位置、设置类型等基本要素后开展现场检查。核查防火窗、内填充材料、防火封堵材料等产品质量证明文件及燃烧性能检测报告与消防设计文件的一致性。测量楼板外沿墙体的高度时，高度测量值的允许负偏差不得大于规定值的5%。

三、建筑保温系统

（一）检查内容

（1）建筑的内、外保温系统，宜采用燃烧性能为 A 级的保温材料，不宜采用 B2级保温材料，严禁采用 B3级保温材料。

（2）建筑外墙采用内保温系统时，保温系统应符合下列规定：①对于人员密集场所，用火、燃油、燃气等具有火灾危险性的场所以及各类建筑内的疏散楼梯间、避难走道、避难间、避难层等场所或部位，应采用燃烧性能为 A 级的保温材料。②对于其他场所，应采用低烟、低毒且燃烧性能不低于 B1级的保温材料。③保温系统应采用不燃材料做防护层。采用燃烧性能为 B1级的保温材料时，防护层的厚度不应小于10 mm。

（3）依据《建筑防火通用规范》（GB 55037—2022）6.6.2条，建筑外墙采用保温材料与两侧墙体构成无空腔复合保温结构体时，该结构体的耐火极限应符合《建筑防火通用规范》的有关规定。当保温材料的燃烧性能为 B1、B2 级时，保温材料两侧的墙体应采用不燃材料且厚度均不应小于50 mm。

（4）依据《建筑防火通用规范》（GB 55037—2022）6.6.5条，设置人员密集场所的建筑，其外墙外保温材料的燃烧性能应为 A 级。

（5）除《建筑防火通用规范》第6.6.2条规定的情况外，下列老年人照料设施的内、外墙体和屋面保温系统应采用燃烧性能为 A 级的保温材料或制品：①独立建造的老年人设施。②与其他功能的建筑组合建造且老年人照料设施部分的总建筑面积大于500 m^2。

（6）与基层墙体、装饰层之间无空腔的建筑外墙外保温系统，其保温材料应符合下列规定。

住宅建筑：①建筑高度大于100 m 时，保温材料的燃烧性能应为 A 级。②建筑高度大于27 m 但不大于100 m 时，保温材料的燃烧性能不应低于 B1级。③建筑高度不大于27 m 时，保温材料的燃烧性能不应低于 B2级。

除住宅建筑和设置人员密集场所的建筑外，其他建筑：①建筑高度大于50 m 时，保温材料的燃烧性能应为 A 级。②建筑高度大于24 m 但不大于50 m 时，保温材料的燃烧性能不应低于 B1级。③建筑高度不大于24 m 时，保温材料的燃烧性能不应低于 B2级。

（7）除设置人员密集场所的建筑外，与基层墙体，装饰层之间有空腔的建筑外墙外保温系统，其保温材料应符合下列规定：①建筑高度大于24 m 时，保温材料的燃烧性能应为 A 级。②建筑高度不大于24 m 时，保温材料的燃烧性能不应低于 B1级。

（8）当建筑的外墙外保温系统按本节规定采用燃烧性能为 B1、B2级的保温材料时，应符合下列规定：①除采用 B1级保温材料且建筑高度不大于24 m 的公共建筑或采用 B1级保温材料且建筑高度不大于27 m 的住宅建筑外，建筑外墙上门、窗的耐火极限不应低于0.50 h。②应在保温系统中每层设置水平防火隔离带。防火隔离带应采用燃烧性能为 A 级的材料，高度不应小于300 mm。

（9）建筑的外墙外保温系统采用不燃材料在其表面设置防护层，防护层应将保温材料完全包覆。当采用 B1、B2保温材料时，防护层厚度首层不应小于15 mm，其他层不应小于5 mm。

（10）建筑外墙外保温系统与基层墙体、装饰层之间的空腔，应在每层楼板处采用防火封堵材料封堵。

（11）建筑的屋面外保温系统：当屋面板的耐火极限不低于1.00 h 时，保温材料的燃烧性能不应低于 B2级；当屋面板的耐火极限低于1.00 h 时，不应低于 B1级。采用 B1、B2级保温材料的外保温系统应采用不燃材料作防护层，且防护层的厚度不应小于10 mm。当建筑的屋面和外墙外保温系统均采用 B1、B2级保温材料时，屋面与外墙之间应采用宽度不小于500 mm 的不燃材料设置防火隔离带进行分隔。

（12）电气线路不应穿越或敷设在燃烧性能为 B1或 B2级的保温材料中。确需穿越或敷设时，应采取穿金属管并在金属管周围采用不燃隔热材料进行防火隔离等防火保护措施。设置开关、插座等电器配件的部位周围应采取不燃隔热材料进行防火隔离等防火保护措施。

（13）建筑外墙的装饰层应采用燃烧性能为 A 级的材料，当建筑高度不大于50 m 时，可采用 B1级材料。

（二）检查方法

通过查阅消防设计文件中节能设计专篇、建筑剖面图、建筑外墙节点大样、施工记录、隐蔽工程验收记录、相关材料（保温材料、防护层、防火隔离带等）质量证明文件和性能检测报告或型式检验报告等资料，了解建筑高度、建筑类别及是否为幕墙式建筑、外保温体系类型等基础数据后开展现场检查。现场采用钢针插入或剖开尺量防护层的厚度、水平防火隔离带的高度或宽度时，不允许有负偏差[①]。

---

① 中华人民共和国住房和城乡建设部，国家市场监督管理总局．建筑防火通用规范：GB 55037—2022[S/OL].（2022-12-27）[2024-01-03].https://www.mohurd.gov.cn/file/2023/20230214/7e82080f-7164-42bb-9e94-41b9e4b0d6ba.pdf.

第三章　其他建筑、场所防火

第一节　地铁防火

一、地铁车站建筑防火设计

事实上，早在地铁车站建筑设计之初，防火需求就被列为相关建筑设计的主要内容之一。地铁车站人流量大且空间相对狭小，一旦出现火灾险情，不论是疏散工作，还是消防救援，都较为困难。因此，必须重视地铁车站建筑设计中的防火设计。总的来说，地铁车站建筑防火设计是降低地铁车站安全隐患的重要手段，也是维持地铁车站稳步运营的有力基础。因此，做好地铁车站建筑防火设计，既是确保人民人身安全的关键举措，也是确保社会稳定、推动地铁车站发展的根本所在。

作为人流量大且空间相对狭小的地方，地铁车站建筑应当做好防火设计，以满足防火、疏散、消防救援等需求，尽可能减小火灾险情带来的损失。根据所分析的地铁车站建筑设计难点可知，防火需求下，地铁车站建筑设计应当关注到四个要点。

（1）在建筑材质方面，应当优先选用不易燃的材质或高耐火等级的材质。

（2）应当采用防火墙或防火门作为分隔材料，分出防火防烟分区，从而应对地铁车站大量人流的需求。

（3）做好疏散区域的设计，在区域中至少要安排两个直通地面的出入口，并在疏散通道中设置单独供电的照明设置和醒目指路标识，确保最多花费 6 min，便可以将全部人员安全送到站厅层的安全处。

（4）要重视消防区域内消防设施设备的安设及消防专用通道的设计。

（一）地铁车站建筑防火设计之难点

相较于其他地点的建筑，地铁车站建筑具备人流量大、内部结构复杂等特点，而这些特点必然会给防火带来一定影响。从防火需求的角度来看，地铁车站建筑设计必须考虑到实际防火的需要，关注到地铁车站建筑设计在防火方面所面临的困难，然后有针对性地予以解决。

1. 内部结构复杂

首先，应当注意的是，地铁车站建筑由于其所处区域的特殊性，必然承担较多的功能，包括商业功能、后勤服务功能、旅游导向功能等，这使得地铁车站建筑的内部结构较为复杂，其间空间规划紧密，且通行道路也较为曲折。在进行防火设计时，倘若不对此予以重视，必然会为之后的防火工作带来不可忽视的阻碍。据此，在基于防火需求来对地铁车站建筑进行设计时，首先就要注意到其内部结构的复杂性，采用按需分区、分区设计的方式，确保建筑内部设计的有序性。

2. 人流量大

其次，应当关注到地铁车站建筑人流量的问题。地铁车站建筑内部人员来往较多，且多为并不了解建筑结构的路人，这就给消防疏散及救援带来了一定难度。因此，必须在此类建筑中安设足够的疏散出口，并加以显著标识，从而应对突发火灾险情。此外，为了便于路人快速发现疏散出口，地铁车站建筑的内部设计也应当以简洁明了为主，按照规定设置足够的通风口，为此后应对火灾险情以及相关防火设施设备的维护做好准备。

相关调查结果显示：通常情况下，在早晚高峰期，地铁车站人流量将达到最大。为了确保乘客都能顺利进出站，通常会设置限流栏杆，以避免出现安检、刷卡的缺漏之处。而限流栏杆属于人为切割了原本较为宽大的车站活动空间的工具，导致车站消防逃生空间受到挤压和侵占，一旦发生火灾，限流栏杆的存在不仅影响了疏散及消防救援的速度，还可能引起次生灾害。因此，在进行建筑内部设计时，应当关注到车站人流量大的问题，利用疏散楼梯、通道安全出入口等处搭建起较为完备的疏散网络，形成疏散流动模式化。

3. 可燃物集中

实际上，地铁车站建筑内的可燃物是非常多的，例如商店常常悬挂的活动横幅、装饰用的各类装饰品等，多属于易燃物品，倘若发生火灾，这些可燃物无疑是加快火灾蔓延的重要推手，将极大放大火灾带来的损失及社会影响。据此，除了要做分区防火管理以外，在建筑装修设计选择方面，也要尽可能选用绝缘材料，以便有效遏制火灾的扩大，减小人员伤亡和财产的损失。

可燃物集中带来的另一个严重后果是排烟困难。集中的可燃物突然燃烧以后，将产生大量烟雾，而仅仅依靠现有的地铁车站机械排烟法，很难快速将烟雾排出。这些烟雾滞留在车站内，不仅会影响疏散及消防救援工作的效率与质量，还可能导致人们的生命健康受到威胁。基于此，在进行地铁车站建筑设计时，应当关注到防烟排烟问题，保障地铁车站建筑具备良好的防烟排烟效果。

（二）地铁车站建筑防火设计之要点

通常来说，地铁建筑包括五项基本内容：一是车站，二是车站区间，三是主变电所，四是控制中心，五是停车场，此外还包括一些车站特色建筑以及商业建筑等。而基于《建筑设计防火规范》（GB 50016—2014）可知，应当着重注意地铁出入口、消防安全出口等附属建筑的设计，并确保防火间距符合相关规定。结合所分析的地铁车站建筑设计难点可知，防火需求下，地铁车站建筑设计应当关注到四个要点，即选择适当的建筑材质，做好分区设计以及安排专门的疏散区域及消防区域。

1. 建筑材质的选择

由前文可知，地铁车站建筑的选材应当优先选用不易燃的材质，即高耐火等级的材质。在相关规范文件中，对地铁商业空间的防火等级做了明确要求，即需要达到 A 级，这就意味着地铁车站建筑的耐火等级必须达到一级，方可满足规定。目前，多采用钢筋混凝土来修建地铁车站建筑，有时候也会在其中加入适量的砖墙。

除了基础建筑材料的选择以外，还应当关注到施工材料的检测工作，在施工过程中，倘若发现材料存在老化问题，必须立即予以更换，确保材料始终保持在较高品质，能够起到应有的耐火防火功效。一般而言，地面、墙壁等处采用一级耐火等级材料，而卫生间、广告牌等处由于起火可能性较低，且离易燃处较远，基于节约成本的考虑，则可以采用 B1级材料。

此外，建筑材质遇热是否会产生有毒有害气体，同样是考察该材质是否能够用于地铁车站建筑建设的重要因素。通常来说，在选择地铁车站建筑材料时，应当避开石棉、塑料等材料，这类材料不仅耐热性不好，且遇热便会产生对人们身体健康极为不利的有毒有害气体。目前，地铁车站建筑已经开始尝试采用环保型创新材料，成效颇为不错。

2. 防火防烟的分区

防火防烟分区的设置主要基于应对地铁车站大量人流的需求。因此，防火防烟分区主要包括站厅、车站出入口等人员来往较为密切的区域。对于防火防烟区域来说，最重要的便是防火分隔材料的选择，这也是防火防烟区域同其他区域得以区别开的最显著的标志。一般来说，防火防烟区域应当采用耐火极限至少达到3.00 h 的防火墙作为分隔材料，而倘若需要设置相应的通行门，那么该门也应当为甲级防火门。此外，车控室作为玻璃材料占比较大的区域，应当尤其注意该处玻璃及门的选择，玻璃最好选用 C 类甲级防火玻璃，而门同样应当选用甲级防火门，切不可选择任何可燃材料。值得一提的是，在防火防烟区域所用到的电气管线也应当做好防火措施，即在外部涂抹防火涂料，并采用防火泥来填补管线穿过墙、板所造成的缝隙，确保防火防烟分区的高效防火性能。

针对防烟工作，目前主要依靠多数地铁车站均已采用的自动控制启动火灾排烟系统，但需要保障防火防烟区域的大小，最大不可超过750 m^2。而针对相连的防火防烟区域，例如从站厅到出入口，则可以利用挡烟垂壁来进一步强化防火防烟效果，但挡烟垂壁的顶板高度应适当，至少要达到风口下500 cm处。当然，一切数据都是动态的，需要根据车站实际情况进行适当调整。除了自动控制启动火灾排烟系统以外，目前各个地铁车站正在根据自身实际需求引入自动喷淋系统、自动火灾报警探测器等先进系统及设备，有的车站甚至还引入 FAS 控制装置，实现了火灾信息在车站内各个建筑间的快速传送及管理。

3. 疏散区域的设计

就目前而言，要想确保火灾现场的疏散工作得到有序安排，则地铁车站至少要安排两个直通地面的出入口，并计算好站台之间自动扶梯的宽度、运输速度等，确保最多花费6 min，便可以将全部人员安全送到站厅层的安全处。一般来说，基于节约成本的原则，可以将防火墙或防火门作为出入口，但墙与墙之间、门与门之间、墙与门之间均应当保持一个适当的疏散距离，最少要达到1.4 m，从而保障疏散效果。作为地上同地下区域连接的重要节点，两个安全出入口最好设计为不同方向，这样既遵循了双向疏散的原则，也能够有效确保疏散工作的高效率与高质量。而在疏散通道中，应当设置单独供电的照明设置和醒目指路标识，帮助人们快速通过疏散通道离开险地。通常情况下，为了保障疏散指示标识足够醒目，应当将疏散指示标识安放在距离地面约0.4 m 处的位置，出入口的标识则较为不同，最好设在离地1～2.5 m 的地方，从而促使人们快速发现标识，并借此快速疏散。值得一提的是，出入口不仅需要为人服务，还要为设备服务。因此，也应当为设备疏散准备好至少两个出入口，并配备1～2个人负责值守，以确保地下车站重要设备能够得到及时转移，减少损失。

考虑到火灾发生时，地铁可能正处于进站时刻，应当为此设计专门的方案，并在疏散区域中加以体现。在地铁进站时若是遇上火灾爆发情况，则最好让地铁继续保持进站状态，从而确保车上乘客能够尽快下车、疏散、出站。倘若由于火灾影响，已经无法维持地铁正常进站，那么就必须进行隧道内疏散。

因此，应当在隧道内提前安设区间联络通道，并在其中安设隧道通风系统，按照与疏散指示方向相反的方向吹风，以此确保顺利排烟，在降低火灾影响的同时，减少大气污染问题。

4. 消防区域的安排

消防区域的安排可谓整个防火设计的重中之重。关于消防区域的安排，首先要重视消防设施设备的安设。就目前而言，地铁车站建筑中较为常见的是传统的消防灭火工具，例如消防栓、灭火器等。其中消防栓多安设在区间隧道内，而水龙头、水龙带等则多安设在站台端等位置，通常情况下，这些工具至少要放两套，以备不时之需。关于消防栓的选择，要尤其注意，由于地铁车站空间狭小，一旦发生火灾，则火势大多较为凶猛，据此，消防栓的用水量至少要达到20 L/s 的喷射标准，最好采用双头 DN65 mm 消火栓。基于节约成本的需要，在选择灭火器时，可用磷酸铵盐干粉灭火器。当然，以上这些都是较为传统的消防手段。随着科技的发展，消防工具也愈加多样化，如前文提到的自动喷淋系统、自动火灾报警探测器、FAS 控制装置等先进系统及设备就可用于消防区域中，在保障最佳消防效果的同时，提升消防效率，最大化减少火灾所造成的损失。

关于消防区域的安排，其次还要关注到消防专用通道的设计。在建筑消防相关规范文件中，对地铁车站消防通道做了明确规定，若是车站长度超过了 220 m，则应当将消防专用通道安设在建筑物中间，且可根据建筑物空间布局的特殊需求，将其设置为环形。相应地，防火线也可同样设置为环形，但一般不推荐做环形设计，因为这样可能会影响到地铁正常的交通功能。

随着全球城镇化进程加速推进，中国的地下交通日益发达，地铁成为中国现代城市的重要交通工具之一。然而，同地铁相关的各类意外事故层出不穷，给人们的生命财产安全带来了巨大的威胁，也使得社会整体稳定性受到影响，而在众多地铁安全隐患中，火灾是最为常见且造成影响较大的一类灾害。地铁车站一般为狭长形建筑，一旦车站出现火灾，大量难以排出的热量便会堆积在车站内部，导致车站内温度陡增，而受到热浮力影响，带着高温的燃烧生成的烟雾便会快速向周边蔓延，致使车站建筑可见度快速下降，影响疏散及救援工作。有的有毒气体还会危害人们的生命安全。所以，在地铁车站建筑设计之初，就应当关注到防火设计问题，从建筑选材、建筑内部构造以及消防工具的安排等方面入手，尽可能降低地铁车站建筑发生火灾的概率，降低火灾带来的损失，减少火灾引发的社会动荡。总的来说，基于防火需求，地铁车站建筑设计应当关注到四个要点：① 建筑材质，应当优先选用不易燃的材质或高耐火等级的材质；② 要安设防火防烟分区，应当采用防火墙或防火门作为分隔材料，分出防火防烟分区，从而应对地铁车站大量人流的需求；③ 应当做好疏散区域的设计，在该区域中除了要安设适量的安全出入口，还要设置单独供电的照明设置，并在适当的位置设好醒目指路标识，确保最多花费6 min，便可以将全部人员安全送到站厅层的安全处，在保证疏散质量的同时，尽可能提升疏散效率；④ 要重视消防区域内消防设施设备的安设及消防专用通道的设计，除了要用到传统的消防工具，例如消防栓、灭火器等，还应当引进先进的消防设施设备，例如自动喷淋系统、自动火灾报警探测器、FAS 控制装置等，在保障最佳消防效果的同时，提升消防效率，最大化减少火灾所造成的损失。

二、地铁车站消防安全风险管控

地铁作为城市主要交通运输方式之一，在推动城市交通事业发展、城市经济建设等方面扮演着重要角色。目前，城市轨道交通已成为人们日常出行的重要方式之一，不仅极大地方便了人们的日常出行，也彰显了一个城市的发展水平。随着我国城市轨道交通的迅速发展，地铁安全问题成为了地铁运行中的重中之重。在地铁车站安全管理体系中，消防安全风险出现概率较高，尤其是地铁车站火灾具有温度上升快，火灾蔓延快，浓烟积聚不易散，人员疏散难，救援难度大等特点。为此，地铁轨道交通运输部门必须高度重视，加大运营管控力度，构建完善的消防安全管控体系，提高城市轨道交通的安全性。

（一）地铁车站消防安全风险特征

基于对地铁车站本身特点的考虑，容易出现消防安全风险的主要原因在于车站机电设备数量较多、人流量大。同时，其他原因也会提高消防安全风险出现的概率，例如地铁车站的密闭性、安全巡查存在疏漏等。但就目前我国地铁车站的实际使用情况来看，在地铁车站工作人员的关注和巡查下，消防安全风险基本能够得到有效控制。随着城市轨道交通覆盖范围的不断拓展，工作人员还需要做好对消防安全风险的全面管控，在实践过程中明确在地铁车站中可能存在的消防安全风险，持续优化地铁车站消防安全风险的管控能力。地铁车站消防安全风险的特征主要包括以下三点。

（1）地铁车站的密闭性较强，且存在大量的机电设备，设备运转过程中会产生较高的热量，但在密闭性较强的地铁车站中很难保证能够在第一时间完成热量的排放，导致机电设备在实际运行过程中需要承担的压力较大，设备损坏、过热的概率较高，进而造成安全事故，影响到城市轨道交通的正常运转。

（2）地铁车站一旦出现火灾，在密闭性较强这一特点的影响下，烟气很难排出，并且烟气会主动寻找排出口，进出站位置作为地铁车站与外界连接的主要位置很容易成为烟气的排出口。同时进出站位置又是乘客逃生的重点位置，在烟气弥散的过程中，乘客很容易吸入烟气，影响到乘客的正常逃生。

（3）在密闭性较强的空间内，火灾会导致有毒有害的烟气大量形成，加上火灾给乘客带来的恐慌情绪，使乘客疏散难度进一步提升，在疏散过程中容易导致乘客的生命安全受到威胁，例如发生踩踏事故。基于对地铁车站消防安全风险的考虑，车站负责人应提前做好应急处理措施的安排，严格按照地铁车站自身的特点来构建完善消防安全风险管控体系，并定期做好安全演练，确保在出现问题的第一时间便能做好相应的应对策略，最大限度地保障乘客、工作人员、救援人员的生命安全。

（二）地铁车站消防安全面临的风险

1. 地铁车站消防安全管理水平滞后

地铁车站的消防安全管理水平直接关系到车站对消防安全风险的应对能力。但就目前来看，还有很大一部分地铁车站的消防安全管理水平无法满足实际工作的需求，导致消防安全风险很难得到有效管控，一旦发生消防安全问题，其造成的损害和损失将会难以控制。结合地铁车站的正常运营情况来看，消防安全管理水平的不足主要体现在以下两个方面。

（1）行业监管力度较低。在目前的城市轨道交通中，对行业监管方面的规定没有清晰准确的界定，加上部分历史遗留问题，导致城市轨道交通在正常运营过程中的安全监管职能并未直接明确到具体的部门、单位，进而在地铁车站消防安全风险管理上容易出现相互推诿的情况。由于城市轨道交通建设的差异，地铁车站中承担安全监管职能的部门、单位可能是轨道交通，也有可能是消防支队，职能划分的不明确会导致资源利用率明显下降，同时也会影响到消防安全风险的处理效率。

（2）地铁车站消防安全负责人对消防安全风险管理工作重视程度不够。结合具体工作的落实效果来看，虽然地铁运营公司在内部实行了全员消防安全责任制，但由于消防安全负责人对自身工作内容的重要性认识不足，导致消防安全风险管理呈现出形式化的特点。

2. 对消防安全设备设施的重视程度不足

在城市轨道交通的正常运转过程中，消防安全设备设施是保障消防安全的关键所在。但实际上，地铁车站并未在消防安全设备设施上投入较多的关注。在城市轨道交通建设过程中，一般都能做好对现实情况的考虑，在各个重要位置做好对消防安全设备设施的安排，从而实现对消防安全的保障。因此，在多个区域都设置了消防安全设备设施。由于地铁车站所占的范围较大，负责对消防安全设备设施进行日常巡检的人员往往需要在整个车站内进行多地巡检，很容易引起负面情绪，加上部分消防安全设备的设置较为隐蔽，比如机电设备房间、高空场所和设备夹层，想要单纯凭借人力来完成日常维护有一定的难度，并且如果发现消防安全设备存在问题，也很难做好对设备的调整。而且在城市轨道交通的正常运转过程中，部分消防安全设备设施维护人员并未直接感受到消防安全风险带来的影响，因此在实际工作活动中容易出现重视程度不足的问题，进而影响到对消防安全设备设施的巡检。此外，消防安全设备设施的巡检、维护对相关工作人员的能力也有一定的要求。但是在负责该项工作的工作人员中，存在部分工作人员能力不达标的情况，这也是当前地下车站消防安全设备设施巡检工作有效性不足的重要原因之一。

3. 消防安全工作人员的专业度有待提升

在目前部分地铁车站负责消防安全管理工作的工作人员中，有部分工作人员存在专业能力水平不足的问题，甚至在部分地铁运营公司中还存在聘用非专业出身工作人员的情况。消防安全管理工作直接关系到全体乘客、工作人员、救援人员的生命安全，在消防安全管理工作中有大量的工作细节都需要由专业技术人员来进行分析、考虑，这种专业水平不足的工作人员很难满足地铁车站的消防安全管理工作需求。就消防安全管理工作落实情况来看，这部分专业水平不足的工作人员往往很难提出具有一定建设性、专业性的意见，导致地下车站消防安全管理方面潜在的风险、问题无法在第一时间明确，进而提高了地下车站消防安全风险、问题出现的概率。

（三）地铁车站消防安全风险的管控策略

1. 提升地铁车站消防安全风险管理水平

地铁车站需要做好对消防安全风险管理工作的安排，针对当前地铁车站消防安全风险管理中容易出现的问题做好明确，结合地铁车站本身的特点来进行消防安全管理水平的提升。为保证该项工作的有效落实，地铁车站需要从以下两个角度开展工作，持续优化消防安全管理水平。

（1）加大行业监督力度，明确主体职能。在我国的城市轨道交通体系中，消防安全管理工作的落实情况直接关系着城市轨道交通的运转状态和乘客、工作人员、救援人员的生命财产安全，因此必须做好对工作专业性的保证。为达成这一目标，可以考虑设立专门的消防安全管理部门，同时需要明确不同地区城市轨道交通在行业监督上存在的差异，尽量保证部门、机构设置的一致性。因此，可以在轨道公安管理机构下进行部门、机构设置，由消防救援局来进行指导、负责，借此改善以往在行业监督上存在的问题，将职能明确到专门的消防安全管理部门上。

（2）重视内部宣传教育力度的提升和工作职责的明确划分。在各地铁车站做好安全教育工作，重点围绕消防安全问题带来的负面影响以及消防安全风险管理的重点作用展开工作，将其与工作人员、管理人员的切身利益联系起来，例如通过考试、考核的形式对安全教育知识掌握程度进行评估，将其纳入工作人员的绩效考核中。从实际出发做好岗位职责和实际工作内容的划分，并将其与绩效考核联系起来，借此提升工作人员、管理人员对消防安全风险管理工作和相关宣传教育的重视程度。还可以考虑借助纸质资料、互联网交流平台来提升工作人员、管理人员对消防安全风险管理的认识，进一步提升地铁车站在该方面工作的专业性。

2. 密切关注地铁车站消防安全设备设施的管理

明确地铁车站中容易带来消防安全风险问题的主要位置，加大对主要风险源点的管控力度，同时做好对其他次要风险源点的关注，全面提升地铁车站对消防安全风险的管控力度。针对上述位置，做好对消防安全设备设施的安排，保证所有消防安全风险源点均有完善的消防安全设备设施，避免源点突发意外状况影响到城市轨道交通的正常运转。

此外，长期以来在地铁车站消防安全设备设施巡检过程中，确实存在部分位置的消防安全设备设施难以实现有效检查、维护等问题，因此需要做好与对应支持单位的沟通交流，协商如何做好对该部分设备设施位置的调整，尽量在保证设备设施能够得到充分利用的前提下，降低设备设施巡检、维护的难度。

结合消防安全设备设施调整完成后的具体情况，重新做好对消防安全设备设施巡检工作的安排，保证所有设备设施均能得到有效的日常维护、检查，保证消防安全设备设施始终具有较强的性能和价值。同时，还需要做好对巡检人员的能力提升工作，通过培训考核的形式，围绕地铁车站的所有消防安全设备设施开展培训考核工作，确保巡检人员的能力水平能够符合设备设施的维护、检查要求。

3. 强化相关工作人员的筛选与培训

消防队伍是地铁安全管理的主体，也是维护地铁车站安全的中坚力量。基于当前地铁车站的实际运营情况来进行考虑，需要针对内部所有负责消防安全管理工作的工作人员做好能力考核工作，明确当前工作人员的能力水平能否达到相应的工作标准，并根据这部分工作人员在实际的消防安全管理工作中做出的具体贡献、价值进行评定，明确工作人员在管理层面上的能力。建立健全人才培养体系，定期针对消防安全管理人员进行能力考核、培训，让地铁车站内部全体消防安全管理人员始终能够满足实际工作活动的现实需求。如果有部分工作人员始终无法达到相应的标准要求，只能考虑调整其工作内容，或者换到其他对专业性要求相对较低的工作中，避免对城市轨道交通的稳定运转状态造成负面影响。

此外，在后续的人才招聘过程中，应高度重视对工作人员专业能力水平的考核，尽量保证应聘者的专业领域与工作要求完全一致。如果工作人员的专业能力出众，也可以考虑将其招聘为消防安全管理人员，从而实现对地铁车站消防安全管理人员整体专业能力水平的有效保障。

在人才招聘完成后，需要对人才进行专业化培训，在保证其能力能够达到工作标准后，才能将其安排到实际工作中。有效降低在工作中出现问题的概率，提升对消防安全风险的管控力度，实现对消防安全管理效果的有力保障。

新时代，我国城市交通事业得到了高质量发展，但是地铁车站消防安全依然存在建设管理、运营管理、人员、应急救援等方面的风险，不利于地铁的安全、稳定运营。

常言道：安全无小事。地铁车站的消防安全风险问题必须引起重视，通过有效措施做好地铁车站消防安全的管控，在建设和管理阶段要切实考虑地铁空间的密闭性、车站建筑结构复杂、人流量大等问题。基于城市地铁车站消防安全的重要性，相关部门和工作人员要强化消防安全管理意识，提高地铁建设标准，构建科学的应急救援体系，确保在出现消防安全问题时能够及时进行合理应对，避免乘客的生命财产安全受到威胁，进而为人们提供安全的乘车环境，确保地铁车站安全、稳定运行①。

第二节　城市交通隧道防火

近年来，经济高速发展，城市经济活跃区已不仅集中于城市核心功能区域；同时，国家、各大城市根据经济发展规划设置如济南新旧动能转换先行区、南京江北新城等城市新增长极。城市边界线扩展、经济增长受到江河湾山岭等“天堑”阻碍。隧道作为穿越地下、山岭等空间阻隔的交通工程，可有效解决城市发展所受到的空间限制、释放交通流量、解决城市交通需求，缩短通行时间。

近年来，随着“节约土地、高效利用”方针的实施，部分城市轨道交通基地设置在地下。现行规定对地下车辆段基地消防问题部分没有明确规定，部分内容不能按照现行规定设计。城市交通隧道比较广泛，为人们出行提供了便利，有效提升了车辆的运营效率，但同时隧道路段在使用期间，车辆排放各种有害气体，由于隧道内空气流通不畅，容易引起交通堵塞和二次灾难等一系列问题。

目前，我国指导城市交通隧道工程（简称“隧道工程”或“隧道”）消防设计的国家规范主要有《建筑设计防火规范》（GB 50016—2014）（简称《建

① 陈哲.地铁车站消防安全风险问题与管控策略探讨[J].中文科技期刊数据库(全文版)社会科学，2023（6）：121-124.

规》)、《消防给水及消火栓系统技术规范》(GB 50974—2014)(简称《消规》)且相关内容涉及较少。随着城市隧道建设工程数量、体量逐渐增多，上海市、河南省、深圳市相继编制地方标准用于指导隧道工程设计，其内容较为一致且对超长、特长隧道给排水及消防系统设计予以规定。

一、城市交通隧道等级分类及消防系统确定

隧道工程建设长度、宽度及埋深受城市规划、道路等级、交通流量、相关市政配套设施、地形地质等多因素影响。隧道火灾及事故的发生概率、规模、救援疏散难度、经济损失量、恢复维修复杂度等与隧道长度、交通量正相关，且受通行车辆类型影响。隧道长度增加将导致隧道排烟、逃生疏散和救援难度增大；交通量增加将导致火灾或事故发生的概率增大；不同的通行车辆类型（危险品类或非危险品类）会对火灾规模及危险性有重大影响。

隧道工程设计阶段主要根据隧道封闭段长度、通行车辆类型（交通情况）以及预测单洞年平均日交通量三个因素确定其类别和等级，进而以此指导隧道消防设施选择，且国家标准与地方标准间略有差异，具体如表3-1所示。

表3-1　城市交通隧道分类 / 等级划分指标对比表

现行相关规范名称	适用范围	隧道分类 / 等级划分指标项		
		封闭段长度	通行车辆类型（交通情况）	预测单洞年平均日交通量
《建筑设计防火规范》(GB 50016—2014)	全国通用	■	■	
《道路隧道设计标准》(DG/TJ 08—2033—2017 J11197—2017)	上海市	■	■	■
《城市地下道路工程设计标准》(DBJ41/T218—2019)	河南省	■	■	■
《地下空间设计标准》(SJG95—2021)	深圳市	■	■	

表3-1（续）

现行相关规范名称	适用范围	隧道分类 / 等级划分指标项		
		封闭段长度	通行车辆类型（交通情况）	预测单洞年平均日交通量
备注		指隧道两端洞口之间暗埋段的长度	指是否通行危险品类机动车	

注：因《消规》遵从于《建规》，本表所列《建规》内容同时含《消规》规定。

《道路隧道设计标准》《城市地下道路工程设计标准》均不考虑装载易燃、易爆及其他危险品车辆通行条件的隧道工程设计。

由表3-1可知，目前国内规范、标准对隧道等级划分所选用的指标项数量主要为2～3项，差别在于是否纳入“预测单洞年平均日交通量”指标，主要形成以下两种形式。

形式一：《建规》《消规》及《地下空间设计标准》按长度和通行车辆类型两项指标划分隧道，形成一种“长度”分类维度，并依据该维度指导隧道消防设施配置及规模确定。

形式二：《道路隧道设计标准》《城市地下道路工程设计标准》综合考虑长度、通行车辆类型及交通量三项指标。首先定义隧道设计不考虑危险品类车辆通行，并依据长度、交通量划分隧道，形成“长度”“等级”两种分类维度，工程首先依据“等级”分类进行消防设施配置，并依据“长度”分类进行各消防系统规模确定。

各规范、标准根据隧道基本参数套用指标项形成以下类别并指导消防系统选型，具体如表3-2所示。

国民经济发展、人民对通行舒适度需求提高都加速了城市汽车保有量增加。据统计，截至2022年3月底，全国机动车保有量达4.02亿辆。笔者认为，隧道工程设计时，设计年限内的“预测单洞年平均交通量”应作为重要指标协同隧道长度及通行车辆类型共同评定隧道等级分类，将一类隧道根据长度进一步细化分级，进而指导设计工作制定更加安全的消防方案[①]。

表3-2 城市交通隧道分类命名及消防系统选配配置

规范	分类 / 分级命名			消防系统选型配置				备注
	一类、二类、三类、四类	超长、特长、长、中、短	一级、二级、三级、四级、五级	水消火栓系统	泡沫消火栓	水喷雾系统 / 泡沫 - 水喷雾联用系统	灭火器系统	
《建筑设计防火规范》（GB 50016—2014）	■			●	●*	●*	●	* 项由《消规》定义
《道路隧道设计标准》（DG/TJ 08—2033—2017 J11197—2017）		■	■	●	●	●	●	
《城市地下道路工程设计标准》（DBJ41/T218—2019）		■	■	●	●	●	●	
《地下空间设计标准》（SJG95—2021）	■	■		●	△	▲	●	

注：1. 因《消规》遵从于《建规》，本表所列《建规》内容同时整合《消规》规定；
2. ●—“应”字类规定、▲—“宜”字类规定、△—未明确规定，但有提及；
3. 水消火栓系统含室内消火栓系统、室外消火栓系统。

二、城市交通隧道火灾特点

一般来说，城市交通隧道火灾事故的发生存在一些明显的特点，这些特点不仅仅是火灾事故的发生，而且往往在火灾发生过程中有特殊的表现。首先，城市交通隧道火灾的影响更为严重。由于城市交通隧道的人口密度比较大，如

① 钱风越. 城市交通隧道水消防系统设计要点探讨 [J]. 中文科技期刊数据库（全文版）工程技术，2023（4）：130-136.

果发生火灾事故，后果很可能比较严重，伤亡人数比较多，因此，消防安全也需要高度重视。城市交通隧道发生火灾后，疏散难度大是造成这一严重后果的重要原因，虽然许多隧道都设有多个出口，用于安全疏散，但由于距离相对较长，人流较大，很难在较短的时间内完成大量人员的疏散，很可能造成大量人员伤亡。其次，城市交通隧道火灾危险性大也是造成严重后果的直接原因。隧道发生火灾事故后，不仅直接伴随高温，还会产生一些有毒有害的烟气，进而对隧道内的人员造成较大的危害，造成更严重的后果。此外，隧道内不仅有大量的电气设施，而且往往还有大量的高分子材料，这些材料极易受到燃烧时有毒有害物质的影响，很难及时扑灭。隧道火灾发生后，其蔓延速度相对较快，尤其是对一些深度较大的地铁隧道而言，更会导致火灾事故的快速蔓延，短期内难以预防和防范。最后，城市交通隧道火灾也呈现出较为复杂的特点，同样会给消防安全带来较大的困难，给相关管理人员带来很大的挑战。城市交通隧道火灾事故的形成往往存在较大的不确定性，不仅受到隧道中原有可燃材料以及电气设施火灾隐患的威胁，还经常与客流量有关，因为大量人员缺乏规范有序的管理，容易导致一些火灾事故，尤其是对于一些消防安全意识不强的工作人员以及乘客，更是可能增大隧道出现火灾事故的概率，要求在消防安全管理中予以积极关注①。

三、城市交通隧道机电设施分析

（1）隧道通风设施。隧道运行后，通风设施主要用于排放通行车辆产生的有害气体和烟尘污染，隧道发生火灾时，方便人员和车辆向上游及时疏散。如果隧道交通量小，往往不需要打开所有风机，当交通拥挤或发生火灾时，风机根据设计要求，通风控制的作用就是要依据洞内的环境情况 [主要是 COVI（一氧化碳和可见度指数）数据] 合理使用隧道内通风设备。

（2）隧道照明设施。根据公路相关设计标准，隧道长度超过100 m 时，

① 易彦 . 城市交通隧道消防设施分析 [J]. 城市周刊，2023（5）：28-30.

应设置照明设施。与其他路段不同，隧道照明包括白天晚上，一般隧道照明系统主要分为7个路段，包含隧道外的照明设施，主要用于改善隧道内的照明环境，为驾驶员提供良好的视觉环境，保证行车安全。

（3）隧道消防设施。隧道消防设施包含室外水泵接合器、室外消火栓、室内消火栓、灭火器、水成膜灭火装置及泡沫水喷雾灭火系统等隧道消防设施。一旦发生火灾，通过火灾报警系统自动联动或手动启动消防设置。

（4）隧道监控设施。隧道监控设施是指通过监控设施实时监控和测量隧道内路面天气状况和设备运行状况等参数，并将数据信息传输至隧道监控中心进行交通指导。

（5）隧道供配电设施。城市交通隧道配电属于低压部分，主要为隧道监控和通风照明等系统提供专业用电，隧道配电包括中心（站）低压配电设施和现场设备电力电缆设施两大分段。

四、城市交通隧道中消防设施的设计要点

（一）消防箱体

箱体主要采用的是冷轧钢板，在其表面还进行了防潮、防锈和防腐蚀处理，使其与隧道壁半径兼容，同时合理运用自动辅助工具，装置消防设备，且有明显的防滑标志，但隧道入口打开后，不得进一步进入隧道区域。箱体必须有足够的刚度和强度，不能出错。

（二）消防控制触发机制

①发生火灾时，隧道内人员直接使用消防水，导致泵房内消防稳压泵连续运行，最终启动主消防泵；②当发生火灾时，隧道内人员触发隧道内火灾报警按钮，隧道监控中心值班人员通过各种监控设备手动确认并判断火灾的发生，从而远程启动主消防泵；③泵房由手动启动；④在火灾时通常设有运行备用状态的情况下，隧道网络的各种原因导致网络水压下降。一是气囊气压罐

稳定进入隧道网络的水压，二是备用给气压补充水的稳压泵如果发生火灾，并由监控人员人工确认（无论现场手动报警按钮或其他传感器如何，信号传送到监控中心后，必须手动确认是否有火灾发生）。对于小的火灾，可以使用相应的灭火器，气囊气压罐，消防罐（其在正常高压下的压差保证消火栓的用水量），也可以针对火灾的发展，隧道内消火栓系统的水可降低气压罐的压力，自动或远程同时启动两台消防总泵，从消防水池向隧道管网补水和加压，相应降低消防水池水位，带动深层泵向罐内补水。

（三）强化隧道结构防火

一是隧道内部应采用高温保护，拱顶建议增加衬砌厚度或在外层涂耐火材料，电缆、光缆等安装在侧墙内并适当保护，保证引风机、照明等电气设备能在高温烟气环境下正常工作。二是隧道内设施设备等建议选用无毒性的材料，并要求燃烧时不容易产生烟雾。三是在隧道内，建议设置水平连接通道和紧急停车避让，万一发生火灾时汽车可以有序疏散。

（四）消防设施配置和维护

城市交通隧道的消防安全应注重消防设施的运行，要求确保所有消防设施都能保持理想的运行状态，从而形成理想的火灾防控效果。技术人员在城市交通隧道内布置消防设施时，应努力保证配置完整合理，将相应的消防设施布置在适当的位置，有利于实现应有的消防安全功能。例如，消火栓、自动报警系统、自动喷淋系统以及消防系统中至关重要的防火分隔装置需要最佳配置、保证数量以及更合适和合理的类型。在此基础上，后续大量消防设施的维护和维修也要正常，组织专家负责，保证所有消防设施在规定的周期内都能详细维护和维修，保证能够准确可靠地工作，缺陷或老化的消防设施及时更换，严禁在此方面出现问题。

（五）设置特殊地下疏散楼梯

行人楼梯疏散是国内外火灾疏散过程中普遍存在的最可靠的疏散形式。但是，研究表明，当深埋隧道的上行疏散垂直高度超过20 m时，由于人员受到长距离、疲劳和恐惧的影响，疏散速度会显著减小。普通隧道中的疏散楼梯已不能满足深埋隧道的疏散需求，因此需要在合适的位置设置休息平台和逃生等候区，以便一些特殊人员（如老、弱、病、残乘客）适当休息，而不影响后续人员的疏散。为了缓解深埋隧道人员的长距离疏散困难，楼梯要专门处理，主要包括两个方面：一是楼梯坡度、扶手尺寸，研究表明最适合疏散的楼梯坡度为25°～27°，长距离上行疏散的最小净梯段宽度应为1.60 m，短梯段宽度应为1.40 m。二是关于楼梯的形状，应在适当的位置进行扩展，在梯段侧面合理经济的工程量的前提下，或与平台相结合，设置宽度不小于楼梯间宽度的扩展休息区，平行于两辆轮椅，面积不小于10 m^2。此外，在扩大的休息区，必须设置通信系统、扶手和必要的消防设施，以营救或帮助特殊人群。

（六）火灾通风

隧道自身结构的半封闭性，除了增加噪声外，空气流通也不畅，一旦发生火灾，还会产生大量的热量和烟雾，这可能会对隧道内的人员造成严重的伤亡，因此，通风和排烟设施非常重要。公路隧道内的防火通风通常由喷射纵向控制，喷射纵向规定射流沿隧道布置很长时间，形成四股射流。风扇启动时应装配在一起，并在风后切换到下一个激活状态。风扇通电，遵循上一组启动风扇，打开下一组风扇电源的原则。选择气流是为了保证气流有效通过隧道，充分利用加压空气的变化，并及时排出危险气体。此外，喷射风扇应配备消音器，以降低隧道噪音，并在高温下至少工作1 h。隧道通常配备可逆鼓风机，因为隧道外部不能确定自然通风方向。如果自然通风方向下降到隧道内部，方向与传输阀的相反，气流不符合期望的标准，这可以通过使用双向喷射设备来减少风扇的能量损失。鼓风机的安装程序还应与隧道内发生火灾的位置相结合。这通常发生在三种情况下：在隧道中央可以设置开口；在疏散通道中形成气流；加速空气流入隧道中央防火门。隧道两侧靠近防火门发生火灾时，不得启动两组风扇。相比之下，区域外风扇的相应行程可能导致隧道内的正压力，阻止烟气扩散。消防通风系统中主要采用的是火灾报警器和手动报警器，并将其作为启动信号，风机在运行过程中直接控制喷水头的模式，在合适的位置打开喷水风扇，并根据预设程序控制其运动，而不考虑火灾报警器的自动或手动设置。如果风扇自动控制模式不起作用，请设置手动控制。手动控制时，气流工具通过专用电路直接切换、反转和调节手动防火盘。空域的切换、翻转和停止必须手动控制。所有控制模式下的喷洒风扇运行信号反馈到消防通信控制器。

（七）消防应急照明和疏散指示系统的联动控制

火灾报警和疏散指示用于照明，并协助将内部人员疏散到火灾后仍需工作的场所。隧道内的消防照明和疏散表明，应使用警报控制器，通过火灾探测器激活中央控制系统，利用火灾探测器系统准确有效地收集火灾探测器信息，建立最近的人员疏散路径，并根据火灾情况在规定的方向自动疏散。火灾确认后，报警区域从火灾开始，启动整个火灾警报和疏散指示系统，并要求系统在不到5 s 内处于完全紧急状态。隧道内的照明设备由中央电源供电，中央电源从火灾报警中启动消防通信控制器。该系统基于需要更多照明的较长隧道。如果灯是独立的照明设备，则后续维护的数量和成本大大高于集中维护的情况。如果电池出现故障，可以快速更换电池。由于气体，灰尘以及危险化学品应用于移动隧道环境中，要求消防灯具具有防爆性能。隧道疏散的时间相对比较长，火灾情况也比较复杂，隧道内人员不能及时确定疏散位置。对于隧道的内部需求，需要预先定义几种疏散方案。要标记隧道的默认疏散，必须考虑发生火灾的区域（出口入口、中间站）和发生火灾的隧道。如果隧道入口通道发生火灾时，应将疏散位置设置在洞口附近；当隧道内发生火灾时，隧道将被上游和上游的源头隔开。纵向通风模式使火源下游人员疏散更加困难，因此，隧道的疏散对于隧道设计的规划至关重要。疏散指示预定的前通道人员直接进入隧道出口或最近的疏散通道。对于从源头上游走的人，应指定人行道进行安全疏散。与通道之间发生的情况不同，在行人穿越道发生火灾时是不允许的，避难指示应该指向相邻的侧通道。对隧道安装应急照明和疏散指示器有严格要求。发生火灾时，隧道顶部聚集大量烟雾，气流移动，因此隧道内灯具的安装高度不能太高，距离也不能过长。

五、城市交通隧道水消防系统设计要点

（一）自动灭火系统设置必要性分析

随着科学技术手段及施工工艺的升级及城市开发空间的日趋紧张，超长、特长隧道建设数量逐渐增多。相比国家规范，地方性标准对“一类”隧道进一步细分提出“超长”“特长”概念，并对疏散救援难度较大、火灾风险较高的超长、特长、一级、二级隧道提出设置自动灭火设施提升其控火灭火能力、保障人员的疏散救援，具体如表3-3所示。日本《道路隧道紧急用设施设置基准》对隧道内自动灭火系统－水喷雾系统明确的设计要求；欧洲的隧道研究中对隧道设置火灾自动灭火系统的认识逐渐统一。

表3-3　国内超长、特长隧道消防系统配置概览表

项目名称	建设情况	长度 / km	隧道主线消防系统
烟台市塔山北路快速路	设计	7.6	水喷雾系统
青岛胶州湾隧道	已建	8.0	水喷雾系统
青岛胶州湾第二隧道	在建	15.8	泡沫－水喷雾联用系统
济南黄河济泺路隧道	已建	3.6	泡沫－水喷雾联用系统
济南黄岗路隧道	设计	4.46	泡沫－水喷雾联用系统
上海北横通道西段	已建	7.6	泡沫－水喷雾联用系统
深圳马峦山隧道	已建	7.9	泡沫－水喷雾联用系统
武汉东湖通道	已建	8.26	泡沫－水喷雾联用系统
武汉南湖隧道	在建	7.91	泡沫－水喷雾联用系统

表3-3（续）

项目名称	建设情况	长度 / km	隧道主线消防系统
南京扬子江隧道	已建	5.34	泡沫 – 水喷雾联用系统
南京和燕路过江隧道	在建	5.74	泡沫 – 水喷雾联用系统
珠海兴业快线（南段）	在建	4.6	泡沫 – 水喷雾联用系统
深圳春风隧道	在建	5.08	泡沫 – 水喷雾联用系统
深圳妈湾隧道	在建	8.05	泡沫 – 水喷雾联用系统
深圳侨城东路北延通道	设计	15.5	泡沫 – 水喷雾联用系统
深圳望海路隧道	设计	8.2	泡沫 – 水喷雾联用系统
深圳沿江高速前海段与南坪快速衔接工程 CD 匝道	设计	5.7	泡沫 – 水喷雾联用系统

注：表中“建设情况”均为文章编写时对应的各隧道的建设状态；表中各隧道均同时设置有室内消火栓系统、室外消火栓系统、灭火器保护。

水喷雾系统、泡沫 – 水喷雾联用系统作为自动灭火设施，协同火灾报警系统可以在火灾初期及时发现 / 识别火灾，联动喷洒灭火介质，实现控灾、灭火功能。现行地方标准要求水喷雾系统应在300 s 内响应，泡沫 – 水喷雾联用系统应在45 s 内响应，均能实现火灾发展初期控火功能，两系统特点对比如表3-4所示。

表3-4　水喷雾系统、泡沫 – 水喷雾联用系统对比表

对比项目		水喷雾灭火系统	泡沫 – 水喷雾联用系统	备注
响应速度		快（≤ 300 s）	更快（≤ 45 s）	
灭火性能	A 类火灾	有效	高效	
	B 类火灾	可扑灭高闪点（> 60℃）油类火灾	可扑灭高、低闪点油类火灾	汽油闪点为 -50～20 ℃、柴油闪点 >55 ℃
主要灭火机理		冷却、窒息	冷却、窒息、隔离氧气	
灭火速度		慢	快	
造价		较高	高	主要差别在于阀组及泡沫液管道及设备，后者高 30% ～ 50%

表3-4（续）

对比项目	水喷雾灭火系统	泡沫－水喷雾联用系统	备注
系统持续喷放时长	长（$T \geqslant 4$ h）	短（$T \geqslant 1$ h）	泡沫－水喷雾联用系统要求泡沫混合液喷放不小于20 min，总时长不小于1 h
喷雾强度	≥ 6.0 L/（min•m^2）	≥ 6.5 L/（min•m^2）	
最不利喷头工作压力	≥ 0.20 MPa	≥ 0.35 MPa	
运维检修工作量	较多	多	主要差别为泡沫原液管网

现有工程经验及市场产品查询，两系统隧道内均需安装使用隧道专用喷头且无实际差别，其所需的工作压力均为0.35 MPa。通过计算对比，虽规定喷雾强度略有差别，实际工程中两系统的供水流量、加压设施参数、管道规格及喷头设置等基本一致，但前者的消防总用水量是后者的4倍。因消防水源作为消防系统选型时的重要考虑因素，市政给水管网供水能力不足或缺少地区、水池定期放空检修的作业要求均会影响水喷雾系统的选定。

水喷雾系统的主要功能是防护冷却，用于降低火灾时隧道内温度、保障主体结构安全。泡沫－水喷雾联用系统发挥冷却降温同时，系统中泡沫液因比重低、表面张力低，相比水介质其可以稳定覆盖于油类液体及车体表面，可发挥包被隔绝作用实现高效冷却、控火、灭火功能，尤其是控灭油类流淌火，该系统综合性价比较高。泡沫－水喷雾联用系统已逐渐成为国内超长、特长隧道消防设施的必要组成部分（如表3-3），与消火栓系统、灭火器构成隧道主动减灾、救灾的关键设施。同时该系统也是隧道内车行横通道、人行横通道／人行疏散通道是否设置或放大设置间距的充分条件（见上海、河南地方标准）。

自动灭火设施设置势必将增大工程总投资费用。笔者认为对于超长、特长隧道（尤其是下穿江河盾构施工的隧道）因疏散救援难度大，消防系统选型时应选用水喷雾或泡沫－水喷雾联用系统作为自动灭火设施；对于二类及以下长度相对短的隧道，在无规范明确规定时可不配置自动灭火设施。

（二）消防给水形式选定

国内隧道消防给水形式根据供水水压可分为低压、临时高压、稳高压和高压供水四种形式，各形式在隧道中的应用依据水源、用地条件、隧道选址等因素确定。

低压消防给水系统多用于隧道及附属设备用房室外消火栓系统，需具有良好市政管网条件，充分利用市政管网压力、市政直接供水等设施。

高压消防给水系统是一种较为理想的供水形式，多应用于水源条件欠缺的穿山公路隧道或城市隧道。该系统借助地势，于山体高位相对平坦处设置消防水池，通过管道供给隧道室内外消防用水，安全可靠、能耗低、管道工程量相对较少。该系统需要设置变频供水系统或购置运水车向高位消防水池补水。当工程位于地势陡峭、地形复杂、旅游景点类山体时，高位消防水池选址及管道敷设受施工检修通道、安装难度及山体使用权等多方因素限制。

临时高压消防系统主要由水源（水池或市政供水管网等，下同）、加压主泵、高位消防水箱、稳压装置、管网、末端装置及电控设施等组成（高位消防水箱设置高度满足要求时，稳压装置可省略），非火灾时系统最不利点所需的工作压力（仅满足静压要求）和流量，火灾初期由高位消防水箱提供初期灭火用水，水箱有效容积按不小于10 min 室内消防用水量计。因城市隧道多建于交通主干道下方，地面附属设施仅为疏散楼梯间 / 风井等且由于景观要求较高，高位消防水箱的设置条件受到限制。该形式多用于管理中心与隧道紧邻设置、共用一套室内消防系统时，高位消防水箱设置在管理中心屋顶层且高于隧道内消防设施。

稳高压消防给水系统多用于石油化工行业，主要包含水源、加压主泵、稳压主泵、管网、末端装置及电控设施，非火灾时通过稳压装置保持系统最不利点工作压力，但流量不能满足，无法提供火灾初期用水，介于高压、临时高压系统之间。相比于临时高压系统，该系统具有设置相对灵活、系统主泵启动时间更加快速优点，成为国内城市隧道内消防系统主要的给水形式。但是非火灾时该系统处于较高压力状态，管网泄漏及爆管的可能性相对增大，对于竖向高差较大或长度较长的隧道，设计还应结合管网供水压力分布合理设置减压阀、安全阀等减压 / 泄压措施。

（三）消防系统构成

城市隧道工程选址位置 / 环境大致分为城市老城区、城市郊区 / 新城、山区等，对应的消防水源有城市市政给水和天然水源。因天然水源（江河、水库）及地下水受设计枯水流量保证率、水资源保护、取水水况季节性交替、取水通行条件等限制，工程往往优先采用市政给水供给。

隧道消防系统供水加压形式受消防水源条件、隧道竖向设计、地形地势、救援疏散条件等因素影响，下面以稳高压消火栓系统为例介绍以下隧道消防系统构成的主要形式。

1. 城市中心城区类隧道工程

工程所在区域具有完善市政基础条件，其市政供水管网呈环状且管径相对较大（≥ DN300 mm）。因城区用地紧张，隧道消防泵房多结合集中设备用房设置采用埋地形式。此种条件时，隧道消防系统常采用室外 / 室内消防系统分设：室外系统由市政供水管网直供、室内由消防泵房 + 消防水池直接供给形式，国内多数城市隧道均为此种形式。

2. 城市郊区 / 新城类隧道工程

隧道作为新旧城区交通联络设施，隧道全线或部分选址于郊区 / 新城等市政供水管网为枝状管网或管径较小供水量不足、规划市政管网未建设或建设时序晚于隧道的区域。工程水源条件较差，隧道内消防用水均采用消防水池 + 消防泵房形式，隧道洞口室外消防形式需要根据隧道室外消火栓设置点位数量及位置确定。如：

当隧道仅部分段选址于水源条件不足区域，且仅有一处洞口或一组间距较小的洞口（间距小于300 m）需室外消防用水保护时，该洞口可在周边设置地上式（或地下式）室外消防水池＋消防车取水口形式，其余隧道洞口均选用市政供水环网直供。

当隧道全部或多处洞口（间距大于300 m）选址于水源条件不足区域时，洞口室外消防可统一采用临时高压消防系统，即设置室外消防水池＋消防泵房＋管网统一供给保护），或多数洞口采用统一临时高压消防系统＋少数洞口采用消防水池保护形式。室外消防泵房及水池的设置数量要结合洞口总体数量、分布及技术经济比较确定。

3. 当隧道设置于城市山岭地区

作为穿山城市隧道其洞口地势相对较高，属市政供水末端，市政管网多为枝状、管径小且供水压力低，甚至无市政供水或村庄自用水源。此类工程，设计初需对周边市政供水管网进行详细勘察摸排，隧道室内外消防泵房及水池考虑救援疏散因素应设置在市政供水量可靠、地势相对较高的隧道洞口附近。因消防加压设施供水半径较长，室内消防泵房及水池数量应根据隧道长度、竖向设计、救援疏散、用地规划等因素综合确定。建议隧道长度 $L \leqslant 2$ km 时可设置 $n=1$处、$L > 3$ km 时设置 $n \geqslant 2$处。室外消防泵房及水池的设计可参照“城市郊区／新城类隧道工程”分析确定。

（四）消防管道保温措施

隧道消防管道采取有效的防冻保温措施是保证隧道防火安全的前提。我国地域广阔，包含夏热冬暖、夏热冬冷、寒冷、严寒等气候分区。隧道沿线温度变化受室外气温、风向、交通量、土壤围岩传热等因素影响呈周期性、季节性变化。《消规》要求环境温度低于5 ℃或严寒／寒冷等冬季结冰地区的城市隧道水消防系统应采取防冻措施。

夏热冬暖分区的隧道消防管道通常不需要设置额外的保温措施或仅在距洞口50～100 m 范围内设置保温棉（含绝热层、防潮层、保护层等，下同）包覆防冻。寒冷地区隧道内正负温交界点多在洞口内侧50～200 m 范围内，长隧道内部在车行产热及土壤传热作用下基本保持在5 ℃以上。目前，寒冷、严寒地区隧道多采用干式或局部干式系统、电伴热保温系统设计，亦有研究采用“循环泵＋电加热保温水箱＋电控阀的封闭循环加热消防系统”① 及“太阳能集热板及电辅热＋消防管内加热螺旋管＋循环泵的太阳能热水保温系统”② 等新颖方案。

1. 干式或局部干式消火栓系统

《消规》要求干式消火栓系统的充水时间≤5 min，地方规范要求水喷雾系统响应时间≤5 min、泡沫－水喷雾联用系统的响应时间≤45 s。假定发生火灾时消防加压主泵可立即启动并按额定工况运行，经试算系统消防泵房最大供水干式管网总长及系统半径如表3-5所示。在最大响应时间内、消防泵房设置于隧道中部、电控设施按逻辑及时开启火灾分区快速启闭装置前提下，干式系统的保护总长度消火栓系统约340～400 m。除可通行危险化学品等机动车三类隧道可全线设置干式系统外，其余隧道仅可采用局部干式消防系统方能满足充水 / 响应时间规定。局部干式消防系统是在隧道易发生结冻的洞口、直通室外楼梯间等区域设置末端环状管网，管网起端设快速启闭装置、最高点设置排气阀。非火灾时隧道主区域管网为充水带压状态、末端环状管网为无水干式状态；火灾时在火灾报警系统联动作用下开启火灾区域快速启闭装置及排气阀转变为充水湿式状态，并按照逻辑及消防操作指令完成后续控火、灭火流程。

2. 电伴热保温系统

表3-5显示泡沫－水喷雾联用系统因响应时间要求短，其局部干式系统供水半径仅约30 m，在洞口敷设时仍有结冰可能。对此，隧道消防管道亦可采用电伴热系统保温，其含变功率（自限温）电伴热系统、恒功率电伴热系统，后

---

① 周根耀，杨盼．基于物联网的寒区隧道水消防系统[J]. 公路交通科技（应用技术版），2018（9）：85-87.

② 申来明，盖卫鹏，张东省．隧道消防太阳能热水保温系统工程应用研究[J]. 内蒙古公路与运输，2019（4）：5-7，17.

者又进一步细分为并联式和串联式。因变功率（自限温）电伴热带单根使用长度有限（＜100 m），串联式恒功率电伴热带需工程定制，不得随意切割。隧道中多采用并联式恒功率电伴热系统，其使用长度较长且可根据隧道管道保护长度对电热节随意剪切，且不受消防系统选型影响。

笔者认为，电伴热保温系统相对干式系统更加可靠，但是工程初始投资、运维费用及用电能耗费用较高。工程应用中除短隧道可全线设置外，长隧道建议采用洞口及敞口楼梯间等局部范围的明露易冻管道设置电伴热，其余采用保温棉包覆的防冻方式。

表3-5 不同消防系统干式管网总长及供水干式系统半径试算表

系统	设计流量范围/（$L \cdot s^{-1}$）	设计管径范围/mm	干式管网总长/泵房供水干式系统半径	备注
室内消火栓系统	10	DN100	382 m/190 m	$L \leqslant 1\,000$ m 的三类隧道
	20	DN150	340 m/160 m	
室外消火栓系统	20	DN150	340 m/160 m	$L \leqslant 1\,000$ m 的三类隧道
	30	DN150～DN200	510 m/250 m～286 m/140 m	
水喷雾系统	50～80	DN200～DN250	477 m/235 m～489 m/240 m	
泡沫－水喷雾联用系统	70～100	DN250～DN300	64 m/30 m	

注：1. 表中设计流量除消火栓系统依据规范取值外，水喷雾系统、泡沫－水喷雾联用系统设计流量均需依据隧道设计参数及系统喷水强度等经计算确定，本处流量及管径均为以往工程设计统计范围；

2. 干式管网总长＝流量 × 充水或响应时间/管道横断面积；泵房供水干式系统半径主要考虑系统环状管网主干管不小于 2 根，即泵房供水干式系统半径≈干式管网总长 ÷2。

综上，“预测单洞年平均日交通量”与隧道火灾发生概率、规模及救援难度呈正相关性，其应作为重要参数纳入隧道等级分类指标项中。对于救援难度较大的一类隧道建议根据长度进一步划分，进而选定更加可靠、安全的消防设施。自动灭火设施可有效控制、扑灭初期火灾。针对超长、特长隧道及盾构施工的长隧道，消防系统应将选用喷雾或泡沫－水喷雾联用系统作为自动灭火设施。稳高压消防给水系统因采用水池储存消防用水对市政水源条件要求相对低、无高位水箱设计对地面景观效果影响相对小，且具有启动快速等优点，可以作为隧道消防系统设计的主要给水形式。消防系统的构成受水源条件影响，工程设计时应及时勘探水源条件，制定合理、可靠的供水方案。对于长隧道，洞口等设置的局部干式消防系统和电伴热保温系统均为有效可行的保温防冻措施。工程设计应根据隧道特性综合消防系统类型、投资造价、维修检查及运营能耗的因素确定。

城市交通隧道消防设施设计是当前隧道安全的措施之一。以上探讨了城市交通隧道火灾的特点，明确了城市交通隧道建筑防火设计规范，针对城市交通隧道中的机电设施进行分析，并提出了城市交通隧道中消防设施的设计要点与水消防系统设计要点。如今，我国隧道建设发展迅速，制定一套完善有效的城市交通隧道防火设计策略，有助于城市交通隧道管理层实时管理和控制，确保人员和财产安全。它是一个持续不间断运行，而且是一个保证零容错系统运行。城市交通隧道消防工作越来越受到人们的重视，但这项工作仍处于不断发展和完善的阶段，隧道消防工作也需要多方面、多部门的共同努力。

第三节　加油加气站防火

为保证汽车加油加气站达到安全稳定运行状态，必须遵循合理要求对其进行安全防范，有效提升各项措施在加油加气站安全管理中的现实作用，优化汽车加油加气站安全综合运行效果，降低汽车加油加气站在实际运行过程中出现各类安全事故的可能。同时还应注重汽车加油加气站消防管理力度，处理汽车加油加气站运行过程中出现的安全隐患，提高汽车加油加气站运行效果和安全水平。

一、汽车加油加气站安全隐患

（1）火灾隐患。汽车加油加气站中的主要商品为石油、液化石油气和压缩天然气等。这些车用燃料本身具有较强的可燃性，如果这些燃料能源防护不当，在明火干扰下就会导致汽车加油加气站出现火灾事故。加上汽车加油加气站中的燃料能源存储量比较大，无形中加大汽车加油加气站出现火灾事故的可能，这就影响汽车加油加气站整体安全效果和综合运行模式，汽车加油加气站运行与其安全防护要求也存在很大出入。

（2）爆炸隐患。如果汽车加油加气站中各类燃料能源泄漏到空气当中，就会造成汽车加油加气站中燃料能源的易爆性越来越明显，在易爆气体与空气混合比例达到特定状态时就会出现爆炸事故，造成汽车加油加气站安全效果和整体运行水平下降，直接影响汽车加油加气站安全管理效果和综合运行水平。此外，爆炸事故还会影响汽车加油加气站范围内燃料能源利用价值和工作人员自身安全，对汽车加油加气站现实工作模式也会产生很大影响。

二、汽车加油加气站安全防范措施

（1）保证易燃物安全。对于汽车加油加气站中的易燃易爆物品来说，必须在考虑各项基础要求条件下对汽车加油加气站中易燃物品和易爆物品进行安全管理，避免汽车加油加气站在运行过程中出现易燃物品和易爆物品泄漏的现象，以此保障汽车加油加气站安全管理效果，并将汽车加油加气站安全水平提升到一定高度。同时还应对石油和天然气等可燃介质展开有效控制，按照规定要求强化汽车加油加气站安全管理和综合防范力度，改善汽车加油加气站安全管理过程中各项问题。此外，还应保证汽车加油加气站内部各类储存装置的密封效果，避免汽车加油加气站中燃料能源出现泄漏问题，以此保障汽车加油加气站安全防范力度，将汽车加油加气站运行过程中出现安全事故的概率降到最低。

（2）控制站内火源。汽车加油加气站内各类燃料能源在与明火相互接触时就会出现剧烈燃烧现象，严重时也会导致汽车加油加气站出现爆炸问题，造成汽车加油加气站整体安全性下降，汽车加油加气站现时运行效果和安全力度也会受到极大影响。基于此，应在考虑各项基础要求条件下对汽车加油加气站内部火源展开有效控制，避免汽车加油加气站内部火源持续蔓延，确保汽车加油加气站安全管理效果和事故防范水平有所提高。一般来说，摩擦也会产生火花，这就应在合理措施支持下避免工作人员在来回走动时产生摩擦作用，从而控制摩擦静电火花现象，满足汽车加油加气站火源控制效果，满足汽车加油加气站安全防范和各项基础工作具体开展要求。此外，还应做好汽车加油加气站内电火花控制效果，对汽车加油加气站中电气装置进行有效防护，保证电气设备运行效果和电火花控制力度，降低汽车加油加气站内出现明火问题的可能性。

（3）设计消防设施。由于汽车加油加气站出现火灾和爆炸等事故的概率比较高，这就要求加强汽车加油加气站消防设施设计力度，继而强化各类消防设施在汽车加油加气站火灾和爆炸等安全事故控制和处理中的作用效果，确保汽车加油加气站各类安全事故可以在短时间内得到优化调整，这对于保障汽车加油加气站整体安全效果和综合运行水平显得至关重要。而且汽车加油加气站可能出现的火灾事故和安全隐患较为严重，这就应在原有消防设施基础上对其展开有效设计，加强汽车加油加气站整体防护力度，避免汽车加油加气站出现石油和天然气等泄漏问题。同时避免明火与各类燃料能源直接接触，这就可以保证各类消防设施在汽车加油加气站运行和安全防范中的作用效果，突出汽车加油加气站规划设计优势，使得消防设施设计可以满足汽车加油加气站安全防范的具体要求。此外还应强化汽车加油加气站内部给排水系统设计力度，一旦发现火灾事故，就可以保证汽车加油加气站内部各区域水资源供给效果，这就可以利用可用水资源及时处理汽车加油加气站火灾事故，避免汽车加油加气站火灾事故的发生以及相应安全隐患持续恶化。在汽车加油加气站给排水设计时还应保证给排水管道规划布置力度，避免给排水管道与油气管道相互冲突，确保汽车加油加气站给排水设计符合站内消防安全防范要求。

（4）强化日常管理。由于汽车加油加气站安全管理在实际开展过程中需要考虑的要求比较多，这就应在考虑各项基础要求条件制定合理规章制度，并要求有关部门严格遵循规章制度开展汽车加油加气站安全管理和事故防范工作，逐步提升汽车加油加气站安全管理水平，避免汽车加油加气站在实际运行过程中出现各类安全事故。此外，还应在考虑各项具体要求条件下对参与汽车加油加气站安全管理的工作人员展开有效培训，这就可以保证相关人员在合理要求和规章条例支持下开展对汽车加油加气站展开安全管理，严防汽车加油加气站安全防范工作在实际开展过程中受到人为因素干扰。提升汽车加油加气站安全防范力度和综合管理水平，彰显各项规章制度现实作用，推进汽车加油加气站安全防范以及管理工作良性开展。

汽车加油加气站本身存在诸多安全隐患，这就应在考虑汽车加油加气站实际情况和易燃易爆物品分布趋势等条件下确定标准合理的安全防范措施，借此提高汽车加油加气站安全效果和综合防范水平，降低汽车加油加气站在日常工作时出现各类安全事故的可能性。同时还应保证汽车加油加气站安全防范措施达到合理状态，发挥各项措施在汽车加油加气站安全防范中的现实作用，全面落实汽车加油加气站综合管理目标[①]。

第四节 汽车库、修车库防火

一、汽车库防火

我国人民的生活水平日益改善，人们对汽车的需求量稳步增高，为了更好地契合广大人民群众的生活需求，建立更好的停车环境是增加人民幸福指数的一项重要标准。由于汽车数量的不断增加，人们对地下停车库的需求也随之高涨。所带来的消防问题是在筹建地下车库之前应做好的充分预案，完善的消

① 杨峰．汽车加油加气站消防安全防范措施研究 [J]. 建筑工程技术与设计，2021（6）：2481.

防系统能给人民的生命及财产安全带来保障，完善的配套设施会为以后的消防工作带来不可估量的影响。消防设施系统的完善，是为以后如果出现紧急状况，可以更好地保证人身安全。如若不然，不健全的消防设施系统，也会造成不可估量的损失。

（一）地下汽车库的火灾危险性

地下车库是汽车停放的所在地，位于地下，相对位置较深。目前运行的汽车，大多数是以汽油为主要燃料，其闪点较低，所存在的危险系数较高，其危险等级归类于火灾范畴里的一等性质类型。如果地下车库里的汽车出现了油箱漏油的状况，或者车库内的汽车里存有易燃物体、易燃易爆物体都会发生不可估量的后果。除了对汽车造成一定的影响以外，还会直接引起爆炸，出现不可评估的灾情。地下车库的实际通风效果较差，如产生了火灾或是爆炸，其有毒气体很难及时排除，对人们的生命和财产安全不能做出有效保障。

1. 地下车库火灾特点

相较于其他的民用建筑，地下车库的火灾类型更加多样化。这是因为地下车库的车辆存在着燃油和可燃物品，种类复杂，极易造成火势蔓延，波及范围会很广。在发生火灾时，也有可能造成爆炸事故。如果地下车库发生危险性火灾，由于地下车库的特殊性，极易造成蔓延且迅猛的火势。由于地下车库存在于地下几米的深处，因此，无论是散热还是排烟都非常困难，人员疏散的困难程度极高，救援工作的开展效率也是非常的缓慢。目前，大规模的地下车库因排烟系统不够完善，通风散热只能通过固有的机械排烟系统实施排烟，如果运作环境高于280 ℃，在发生火灾时，排烟系统就无法正常工作，而火场温度远远高于机械排烟所要求的温度，因此极易导致机械排烟系统无法正常工作，这会为地下车库的通风、排烟带来不必要的困难。由于地下车库发生火情时，其有害气体和浓雾无法进行有效排出，给地下车库的救援工作带来非常大的困难及挑战。

2. 地下车库火灾蔓延

地下车库火灾等燃烧方式会有火焰接触，燃烧热辐射等火情进行蔓延。当发生火焰接触蔓延这一情况，由于地下车库的可燃物较多，而且车与车之间的距离较近，所接触到的火焰必然以点成片，因此，致使火势更加迅猛。地下车库的管理人员及工作人员应加强对火灾火势蔓延的深入研究，通过培训学习，能准确对火灾初期及火灾的危险性进行合理预判。对火灾燃烧速度及蔓延方式进行合理计算，根据地下车库的实际现有情况进行火灾预演及扑救。

3. 地下车库火灾类型

要以科学的角度去辨别火灾类型，设计人员在地下车库修建初期，要结合不同场景对有可能发生的火灾风险进行预控和分析。如果地下车库中只存放中型或小型汽车，某车为火灾源头，当开始燃烧之后，假设此时不考虑点火物质和点火位置等其他相关因素对火灾的影响，只分析该车发生燃烧后对周围其他车辆的火灾蔓延情况。研究火势蔓延情况，起火点处会沿着水平方向及前后方向进行火势蔓延，假设地下停车库每个单元都放满了车辆，且地下停车库的空间庞大，地下车库火势蔓延的步骤将沿着水平方向不断蔓延。人员应以起火点为救火中心，计算出火势蔓延的先后顺序，计算出消防人员须在多长时间内控制住起火，减少火灾面积，根据计算数值对火源的施放速度进行估算，考虑火灾发生时火源叠加这一灾害的发生。

（二）地下汽车库的火灾事故特征

（1）空间封闭。由于地下车库属于密闭空间，缺乏良好的通风设施，若引起火灾，火速势必会迅速蔓延，如出现蔓延趋势，不易控制火情。且车库中存在的车辆较多，为火灾的燃烧创造了一定的条件，呈现出迅速扩散的趋势，甚至是聚集不散，能见距离有限，在一定程度上加剧了火灾荷载。

（2）疏散难度较大。地下车库因没有窗户，仅存的安全疏散窗口有限。因此当出现火情时，应依照当前地下汽车库的设计情况展开详细判断，能够选择的通道形式包含转台式、竖井式等。分析地下车库便于出行的出口位置时发现，车辆通行速度较为缓慢，发生火灾时车辆疏散面临着较大的阻碍。

（3）扑救相对困难。地下车库一旦发生火情，烟气向上流动，和人流疏散的方向、救援方向为反方向。由于救援难度较大，有毒气体和火灾、高温等不利因素的存在，会使救援工作遭受困难。加上地下停车场的通信不及时，延缓了最有利的救援时机。

（4）连锁反应明显。地下车库由于有较多的可燃物质，发生明火时蔓延迅速，造成诸多的救援问题，一旦引发巨大火灾，所造成的财产损失将无法控制。地下车库火情属于高度危险性灾害，由于火灾会产生极强的连锁反应，因此，无法科学计算出地下车库所存在物品的具体金额。一旦发生火情，造成的损失无法预估与衡量，且严重危害人们的生命安全。

（5）地下车库通风排烟难度很大。地下车库的空间过于封闭，因此出口和窗户相对较少，有些车库甚至没有窗户。如果车库一旦发生火灾，仅有一些安全出口或是天窗排烟效果不佳。当地下车库火灾现场温度超过280 ℃时，地下车库的烟雾控制设备将会失去正常运转能力，只能依靠自然排烟的方式进行通风排烟。由于地下车库的空间很封闭，缺少氧气，导致地下车库燃料燃烧不够彻底，大量毒气排放，极易使人体因为吸入毒气而造成生命危险。

（三）地下汽车库的消防技术措施

（1）明确基本要求。地下车库在修建时，需要的耐火材料防火等级应为一级，实际规划过程中要降低风险因素，将其风险因素进行预控处理，不可设置修理车位以及充电间等。坡道应与防火墙分开，运用科学技术手段进行有效的防火。地下汽车库的坡道两旁应该及时利用防火墙将停车区有效分开，坡道出入口则尽可能运用水幕以及甲级防火门进行有效分隔，汽车库与坡道上方均需设置自动灭火系统。

（2）防火及防烟分区。地下车库一旦发生火情，要及时控制火势蔓延。

将火灾范围控制在最小范围之内，是工作人员应尽的首要责任及义务。地下车库在建立时，应遵循防火防烟区域进行有效隔离。还应注意防烟区域和防火区域进行分离，不能互相干涉。地下车库要设置完善的排风系统及相应设施，如排风的风机、排风管道、防火阀阀门、控制机柜、排烟阀门等消防安全设施设备。通过这些安全设施设备，排烟系统可有效将烟气排出车库，车库内即使发生火情产生浓烟，也能有效排放有毒气体。完善的排风系统是对火情防护的一种保障。防火防烟进行有效分区，火情得以控制，也会给人们的逃生争取一定的时间，使车辆的损失降到最低。

（3）做到安全疏散。保证地下车库的消防安全，就是保障人们的生命及财产安全，因为这关系到每个使用者的生命安全。因此，在消防设备的使用及设计过程中，需要工作人员及时了解相关的疏散渠道、灭火方式。地下车库一旦发生火情，有高温浓烟的危险情况存在，须及时对人员进行撤离、疏散。人们生命安全的保护必须从细节抓起，设计之初，对于地下车库安全出口的数量进行有效划分。对安全出口及车辆进行科学有效的管理，安全出口的数量不能低于停车场所使用的比例、面积。安全疏散的过程中，需要工作人员了解车库的基本情况，安全楼梯间的距离与安全出口的距离是否设置在相应的范围之内，在自动灭火系统的设置过程中，其设置范围是不是在相应的安全范围之内。疏散楼梯的位置，保证了人们生命及财产安全，又为救援创造了条件。因此，楼梯性能要满足地下车库的实际疏散需求位置，不可进行随意更换，疏散过程需要工作人员给予及时的指挥和明确的引导。

（4）固定灭火装置。地下车库是特殊性质的建筑，若发生火灾，想要运用常规手段救援十分困难。因此，完善的消防系统和有效的灭火装置都能为地下车库一旦发生火情救援提供有效帮助。因此，地下车库采用的灭火装置、消火栓、自动喷水灭火系统根据停车场的面积及停车范围进行配置，在此可根据停车场的大小和停车数量的比例去安装自动喷水灭火系统。

（5）合理设置火灾报警装置。消防控制中心一旦有火灾信号感应，应第一时间通知，报告火灾位置及火灾情况，通过广播等方式去发布逃生路线及应急通道所属位置、消防应急广播线路。所设置的消防应急广播线路应当安装有耐热保护，且单独设置。地下车库的消防控制中心应做到及时预警、及时广播。紧急疏散通知人员撤离相关的逃生通道，在广播时应按照规范标准的广播流程进行逃离疏散。根据停车场的大小进行喇叭的安装，避免火灾事故大规模影响，建立有效的灾害控制体系。紧急广播频道应在发生火灾时以最快的速度开启，将紧急消息及时传递到准确位置。这样不仅降低了人工成本，还会使火灾的救援极具安全和可靠性。

（6）加大消防监管力度。当地的消防部门应对地下车库的消防设施进行定期排查，对地下车库所存在的消防安全隐患给予及时防控。重点审查地下车库的消防设施设备是否合理配备，确保车库的安全出口、疏散人员及疏散车辆的出口是否畅通无阻。如有危险系数存在，相关部门应及时下令关停整改。

随着城市建设步伐的加快，汽车出行已经成为人们出行首要选择的交通工具之一，停车场、地下车库为提高人们的生活质量及人们的幸福指数提供了一定的便捷。对于地下车库消防工作的开展，需要积极关注地下汽车库的基本特征，通过详细分析其基本特点，了解地下汽车库的火灾表现特征，落实好防火设计以及监督管理细节意义重大，解决落实好防火的消防设施及设备、火灾发生的应急预案等等，做到高效地将火情隐患扼杀在摇篮之中。对监督管理的细节应覆盖每个工作岗位，使每一位工作人员具备“火情无小事，人人懂消防”的防火防灾理念[①]。

二、修车库防火

每年修车库火灾发生约18起，虽然数量不多，但仍然需要引起重视。修车库火灾造成的损失相对较小。

① 孙培伦.地下汽车库的火灾危险性及消防技术措施分析[J].建筑与装饰，2022（11）：7-9.

在引发修车库火灾的原因方面，故意纵火和意外引发着火的比例与工业领域相当，但火灾发生的时间分布存在差异。修车库火灾多发生在夜间，但也有一部分发生在早晨和下午。这可能与修车库工人的工作状态有关，如疲劳或赶工期等。

消防部门在应对修车库火灾时经常面临一些困难，如消防车辆无法顺利进入火场。这可能是由于修车库周边道路狭窄或待修车辆占据道路所致。此外，灭火过程中还经常出现乙炔罐灭火问题。

在修车库作业中，焊接和切割是必不可少的操作，但存在一定的安全风险。修车间主任应考虑采用其他方式，如氩弧焊接和氧丙烷切割，以降低安全风险。此外，修车库内存储和使用乙炔罐时需特别注意，遵循相关安全规范和消防安全建议。

财产损失保险在修车库中非常重要，尤其是业务中断保险。机器设备造成的损失也可能较大。另外，修车库内存在多种火灾风险源，如乙炔、柴油、石油等。同时，修车库内也存在多种可能点火源，如机器炙热表面、熔融和切割过程等。

在对修车库进行火灾风险评估和危险物质评估后，应采取相应措施降低火灾风险。其中，应特别关注人为纵火问题，并采取适当措施确保修车库及其内部设备的安全。同时，应合理划分修车库内的防火分区，并按照规范要求进行电气装置的设计、安装和定期测试，以控制火灾蔓延。此外，还应定期巡检和测试便携式电气设备，确保其符合操作标准[①]。

① 葛建晓，阿黛尔•路易斯 . 修车库火灾风险分析 [J]. 消防技术与产品信息，2017（4）：80-81.

第五节 人民防空工程防火

所谓人民防空工程，是指保障战斗时医疗救护、防空指挥以及人员掩蔽所修建的防护建筑，当受到敌方的突然袭击时，可起到防护效果，从而保留自身的战斗潜力。人民防空工程本质上是具备防护功能的建筑，随着建筑行业的发展，人民防空工程与建筑地下室以及地下车库的设计有着十分紧密的关联，那么如何做到人民防空工程的合理设计和施工是有关方面需要关注的问题。

一、人民防空工程的概念和特点阐述

人民防空工程也被称为人防工程，具体是指战时为人员物资提供掩护，以更好的开展防空指挥工作，保证救援稳定安全的开展而建造的地下建筑。人民防空工程在面对敌方的空袭时有着重要的防护作用，能够有效地减少人员和物资的损失。20世纪中期，我国挖掘了大量的防空洞，就是为了防止空袭造成的人员伤亡和物资损失。有条件的家庭都会在庭院里挖掘简易防空洞，并相互之间建立联系，从而形成一个地下网络。因为属于自发工程，所以质量较为有限，所具备的安全性不高，将其称作为简易工事。随着社会经济发展，人民防空工程的建设能力逐步提升，并且形成了一定的规模，逐步成为成规模、成体系、具备较强防护效果的人防地下工程。

随着社会经济的发展，人们对人民防空工程有了更高的要求，在防空工作当中需要具备足够的备战意识，避免因为敌方的突袭而造成重大损失。与此同时，人民防空工程也要能够满足防核辐射以及防生化武器的要求，为突发事件和自然灾害的预防做好准备工作，同时也为社会平稳发展提供重要保障。从目前的情况来看，我国的人民防空工程项目仍然处于发展的阶段，在建设中仍然需要考虑多方面的问题。例如，人民防空工程的建造不但要满足战争需求，

也要能够在非战争时期满足城市平时的使用需求。我国在人民防空工程建设中有着十分严格的流程规范，需要按照相关的流程来进行设备配备以及施工操作，这样才能够保证人民防空工程建设完成后起到应有的作用。

人民防空工程属于较为繁杂的系统性工程，为了能够为备战提供足够的准备，满足相关的防护需求，需要在各个地区建立防护体系，提升人民防空工程的质量。具体来看，人民防空工程的特点主要包括以下方面：首先，是防护功能和使用功能之间的结合。人民防空工程的主要特点就是防护功能和使用功能的结合，这样一来，人民防空工程在战时阶段和非战时阶段都能够在社会发展中发挥重要作用。非战时阶段人民防空工程并不是闲置状态，通过相应的设计就能够变成公共场所，例如储藏室或者停车场等等。在战时阶段则可直接将其变为备战模式，成为防护体系中的重要组成部分。可见人民防空工程建设在战时和非战时都发挥着重要的功能，体现了自身的重要价值，促进了社会稳定发展。其次，需要结合实际情况来进行人民防空工程设计。在人民防空工程设计时，需要对各方面问题进行综合考量，结合各个阶段的具体情况来使用合理的结构形式，因为一些人民防空工程结构的防护能力较强，所构建的尺寸和数量要高于普通项目。所以在人民防空工程设计时，要以不同抗力条件为基础来开展设计工作，结合其具体的功能来精准地分析结构荷载，使得人民防空工程在完成建设后能够满足使用的需求。最后，人民防空工程的战时使用系统功能要与防护能力相互保持一致。人民防空工程在战时和非战时会发挥不同的功能，但都是为了满足人们的需求，所以需要保证水、电、通风，同时也要确保物资和医疗能够达到要求。通过区域分析后进行专业队工程配比，这样才能够真正在战时发挥出应有的功能，做到及时维护抢修。当遇到区域损毁或者危险时，专业队可及时出动来对伤员进行救护，同时也能够及时地修理其中受损的生活设施，保证顺利的通风和水电供应，满足人们的基本需求。

所有的这些工作都离不开多个部门的配合，一旦其中的某个环节出现问题，就会对人民防空工程的正常使用造成影响。规模越大的人民防空工程项目，其中的复杂性就越高，同时也有着更高的设计难度和管理难度。总而言之，应该对人民防空工程的建设给予足够的重视，修建功能齐全且数量足够的人民防空工程系统，从而更好的保护人们安全。除此之外，也要结合科技的发展来逐步提升防护标准，从而达到更加理想的防护效果。

二、人民防空工程在民用建筑中的应用

对于民用建筑而言，人民防空工程的作用十分重要，除了考虑其所具备的防空功能之外，也要考虑到其在平时使用过程中的实用性和经济性，可以说人民防空工程的合理设计对于建筑行业发展有着十分重要的作用。对于设计者而言，需要对各方面因素进行综合考虑，并严格遵守相关的法律规定，这样才能够在战时更好的发挥出人民防空工程的作用。因此，本文对于民用建筑中人民防空工程的应用进行研究有着重要的价值和现实意义。

（一）人民防空工程的设计

负责人民防空工程项目设计的单位有着不同的层次，其中的一些设计人员并未接受过相关的培训和学习，且没有对人民防空工程的相关设计要求和规范进行仔细研究，这样一来必然会导致人民防空工程的设计出现问题。例如，甲类防空地下室入口需要在防倒塌范围进行防倒塌棚架的安装，乙类防空则无此要求，而一些设计人员不论在进行甲类防空地下室设计时，还是在乙类防空地下室设计时，都没有设计防倒塌棚架。负责结构设计的工作人员在设计过程中如果发现人民防空工程处于高层地下室，那么人民防空工程门框墙配筋重叠和剪力墙暗柱配筋的部分需要进行详细图纸的绘制，但一些设计者在这部分通常是一笔带过，将问题全部推给了施工方。

上述的这些问题都会造成人民防空工程的隐患，想要对这些问题进行有效解决，首先，就需要设计者能够对相关的规范和图集进行熟悉掌握，并充分意识到人民防空工程与民用建筑之间的差别以及两者之间的重要关联，在进

行设计的过程中，要考虑到战时和非战时功能的兼顾。例如，防火门如果和人民防空工程门处于同一洞口，防火门主要是为了人们能够在火灾时能够及时逃离，所以不会进行门槛的设置，所以需要在人民防空工程门在此设置成为活动门槛，这样一来就不会出现冲突。

其次，也需要设计者能够对地方性的人民防空工程相关规定进行了解。例如，山西人民防空工程办公室要求封堵构件必须采用门式封堵，主要的出入口不能够设置楼梯口，而是要设置在坡道入口。作为设计人员，需要对多方面因素进行综合考虑，才能够获得最为合理的方案。作为结构设计者，需要通过计算来明确抗力级别，不同部位的等效静载荷取值也有所不同。例如，同样是出口楼梯，如果是人民防空工程的出口楼梯就必须考虑到等效静荷载，次要出口楼梯则要考虑到荷载配筋，注意建筑做法与活门槛角钢预埋位置是否出现了冲突，如果出现了这样的冲突问题，则需要在结构设计过程中采用降板处理的方式。在进行设备设计过程中，需要考虑到战时和非战时的情况，同时也要考虑到封闭性这一特殊要求，禁止在人民防空工程区域穿越设备管道，在横穿临空墙时需要在承受冲击的一方设置密封防护阀门。总而言之，在人民防空工程设计中需要综合考虑多方面因素，并要对各方面的细节给予足够的重视，这样才能够真正提升整体的设计质量。

（二）人民防空工程的施工

人民防空工程的施工队伍需要具备专业性。但从目前的情况来看，很多人民防空工程中的施工队伍并不了解人民防空工程的具体构造要求，也没有在施工前对相关的设计图纸进行仔细研究，从而导致一些人民防空工程在完成施工后无法验收。例如，浇筑主体结构后会出现人防门扇不能够安装以及无法运行的情况，之所以会出现这样的问题，是因为框架梁和门框墙上挡墙之间没有实现平齐，从而对人防门的安装造成了影响。还有一些施工方在支模时并未采用一次性的对拉螺杆，而是采用竹套筒或者 PVC 管道，这样一来就无法达到密封要求。所以作为人民防空工程的施工方，需要提前对设计图纸进行仔细阅读，对其中需要注意的问题进行重视，及时记录遇到的疑问或者图纸当中存在的问题，在会审时和设计者进行沟通。作为设计者，也要在会审时将需要注意的问题与施工人员进行沟通，特别是人民防空工程所特有的构造要求以及施工中需要注意的方面，尽可能交付一个能够满足人们需求的人民防空工程。具体在施工过程中的施工要求如下。

（1）绑扎底板钢筋层面。①要在底板双层钢筋网片件进行拉结筋布置时注意以下几个问题，一方面是要根据梅花形来进行拉结筋布置，在钢筋网节点中进行有效拉结。另一方面要在拉结筋与受力箍筋兼顾的情况下把控好直径和间距范围。②如果在梁板体系中设置底板反梁，那么需要将底板面筋设置在梁面筋下方。③要根据图纸来进行人防门框门槛钢筋的预留工作，并结合图纸以及实际情况来设立门槛高度，防止对人防门的安装及功能使用带来影响。同时，人民防空工程所应用的钢筋需要进行除锈和调直处理。

（2）墙体钢筋绑扎工作层面。在开展这项工作的过程中，要对门框墙体钢筋骨架尺寸进行合理的把控，将骨架的左右和上下预留出相应的距离，避免因为门框尺寸过小而造成角筋弯折。同时，活门槛和门框墙体之间需要做到牢固连接，死角斜向位置需要进行插筋，并要按照设计要求来设置插筋的长度和角度。在锁槽的两侧和上下需要进行箍筋的加设，门框的下口标高应该和暗梁顶面保持一致，各个口的位置门框墙体以及防护密封门要预留热镀锌钢管，预埋管预留位置不能够对人防门造成影响。在施工缝预留中，底板面和水平施工缝之间的距离要保持在300 mm 以上，施工缝处要进行止水钢板的设置，确保其厚度符合标准，采用双面焊接的方式。墙体水平筋的锚固方向和长度需要与设计构造要求相符合，另外顶板和底板中的实际锚固长度也要与当前的标准相符合。

（3）模板混凝土施工层面。在进行门框墙、密闭隔墙以及人防外墙等模板的安装时，在固定模板中所应用的对拉螺栓不可使用 PVC 套管或者混凝土预制件。外墙当中需要对止水钢板进行焊接处理，并要对其双面进行满焊，确保焊缝的均匀饱满。除此之外，要避免门框墙发生蜂窝或者孔洞等问题。混凝土中的强度试件要能够满足人防功能混凝土配比的标准，并要对其进行多次取样操作。

（4）施工缝和后浇带。在施工过程中，应该避免后浇带穿过人防入口和人防门，墙体和顶板需要进行混凝土的整体浇筑。施工缝如果留平缝则需要止水钢板的设置，切断拉结钢筋，做好上面的焊接处理。另外，墙体处应预留好洞口，施工缝距离孔洞的边缘应大于300 mm。

（三）人民防空工程的未来发展

当今时代是以和平为主题，但并不意味着会一直和平，强权政治和霸权主义对整个世界的格局带来了重要影响，那么就需要我们做好相关的防护工作。如果真的进入备战状态，应该尽可能地减少人们的损失。从目前来看，人民防空工程的未来发展趋势主要包括了以下方面：首先，增加人民防空工程建设的投资，并由民营企业参与其中。其次，要针对人民防空工程建设设立相应的法律法规，我国已经颁布了《中华人民共和国人民防空法》等法律法规，同时地方也相继出台了相关的文件，使得人民防空工程建设更加的严谨和规范。最后，人民防空工程的建设要考虑到非战时、战时以及抗灾防灾这3种功能之间的有效结合。战时可以为人们提供安全防护场所，自然灾害来临时可以为人们提供避难场所，非战时则可作为人们的功能场所，通过这3种功能的结合来对人民防空工程进行优化设计，从而获得更大的社会效益。

总而言之，为了使得人民防空工程在民用建筑中更好的发挥出自身的功能和价值，需要人民防空工程的设计者以及相关的施工人员严格按照相关的设计要求来对施工方案进行合理设计，对其中的实施要点进行准确把握，对其中的问题进行合理的处置，确保民用建筑当中的人民防空工程能够顺利地完工[①]。

① 赵亮．人民防空工程在民用建筑中的应用 [J]. 建材与装饰，2023，19（17）：25-27.

三、人民防空工程火灾特点

（1）火灾荷载相对较大。处于地下的人防建筑具有较大的使用面积，用于储备物资，数量庞大，种类庞杂，这给消防灭火、防火工作带来了难度较高的挑战。部分地下人防建筑作为商品批发市场使用，其火灾荷载密度在100 kg/m^2到300 kg/m^2之间。一旦发生火灾，并且室内空气不足，燃烧持续时间将达到6 h到18 h，远超地面相同火灾荷载下的燃烧时间。另外，当人防建筑用于商业用途时，大多数业主都会紧密摆放、悬挂商品，以此实现对空间的充分利用。但若发生火灾，因可燃物表面积过大，会使火势快速蔓延。

（2）安全疏散难度高。大部分人防建筑都具有较为复杂的内部结构，各个空间相互贯通，被改造为娱乐场所以及地下商城后，顾客辨别方向的难度较高，尤其是环形地下商城。首先，与普通的地面建筑不同，人防建筑并无窗户，火灾发生后难以通过窗户进行安全疏散，往往只能够利用安全疏散出口。其次，人防建筑内部无法借助自然光进行照明，只能启用人工照明方式，照明设备失效后，疏散难度大幅提升。同时烟雾会对光线进行遮挡，影响视线，无法在较短的时间内找到出口。此外一氧化碳等毒性气体会给其人身安全带来直接威胁。处于建筑中的人员因紧张情绪、反应迟钝、方向辨别困难等诸多因素，容易造成延误疏散时机的情况。

（3）扑救难度较高。人防建筑主要是借助挖掘作业来取得建筑空间，构筑物外部覆土与岩石包围，密封性极强。在环境条件的影响下，燃烧速度相对偏慢，具有较长的阴燃时间，在生成大量浓烟与有毒气体的基础上，蓄热温度持续提升，将形成高热烟气流。若某一处易燃部位和外部空气产生对流，火势复燃，威胁消防人员生命安全。车库、地下商城等人防建筑的长度都相对较长，再加上通信中断、视线不清晰、缺氧、高温、浓烟以及有毒等多方面因素，灭火人员很难通过缩短与起火点之间的距离来对火情进行观察与辨别。

四、人民防空工程消防设计要点

当前人防空间开发利用逐步从单层向多层发展，以此缓解了城市用地方面的困境。人防工程具有空间封闭、结构层数量较多、人员出入口狭窄以及规模庞大的典型特征，对于建筑设计也有着较为特殊的要求，尤其是在消防设计方面，既要保障建筑的经济效益，同时也要确保安全性。前面首先分析人防建筑火灾的主要特点，以此强调消防设计的重要性，以下将从总体设计、消防防控室、防火防烟分区、防火门与防火卷帘、安全疏散、消防供水等角度分析了此类建筑的消防设计关键点，以此来为人防建筑设计与建设提供参考思路。

城市化发展水平持续提升，城市人口的不断增加给城市带来了交通堵塞、生存空间拥挤以及建设用地紧张等问题。因此，对于地下空间的充分开发与利用越来越重要。人防工程主要是基于战时医疗救护、防空指挥、物资及人员遮掩等需求单独修建的地下防护型建筑，在和平时期可作为旅游、娱乐与商贸场所。在推进人防建筑工程建设时，需要遵循平战结合、质量优先的基本设计原则，并重点关注消防设计问题。现探讨设计人防建筑时需要注意的消防设计相关内容。

（一）总体设计与防火设计要点

人防建筑工程的总平面设计需要充分结合当前城市的发展规划，合理选择消防水源、消防车道、防火间距与具体位置。人防建筑中不可设置甲、乙类生产车间、氨冷冻站以及高压锅炉房等。同时严禁使用闪点在60 ℃以下的液体以及液化石油气作为燃料，其中也不可开设残疾人工作、托儿所、幼儿园以及哺乳室等场所。人防建筑平时使用的建筑层数应在两层以内，使用层地面和建筑外部地坪之间的高差应在10 m以内。

在防火设计方面，地下室对应的防火等级应达到一级，全部设备房间所设的防火门需选用甲级钢制型防火门，防火卷帘材料耐火极限需不低于3 h，建筑的墙柱、梁、楼板与防火卷帘之间需通过专门的防火材料进行封堵。穿越隔墙与防火墙的管线需借助不燃材料进行填实。通过防火门与防火墙下方的管线沟间隙也应借助不燃材料进行紧密填实。地下室空间需配备自动灭火系统，按照规范要求设计防火分区面积。在钢混框架与建筑基础上设置防火墙，防火隔墙与防火墙均应砌筑到梁板底部。变形缝结构基层处需选择符合标准的不燃材料，表面处不可使用易燃或者可燃材料。地下室各个防火分区应设置2个以上的安全疏散口。防火墙处应避免设计洞口或者门窗，必须开设门、窗时，应选取具有自动关闭功能的甲级防火门。

（二）消防防控室设计要点

应在人防建筑地下空间一层直达地面处的安全出入口位置增设消防控制室。同时，包括消防控制室、空调机房、通信机房、配电室、灭火剂钢瓶室、排烟机房、消防水泵房等在内的建筑空间需要通过耐火极限达标的楼板与隔墙来自其他功能的空间相隔，并选择使用甲级防火门。尽量避免建设油浸式电力变压器装置室，若不得不设置此空间，不可选取人流较为集中或者人员相对密集的位置，做好分隔的基础上，需将贮油设施设置到变压器装置下方。按照规范要求来设计人防建筑和周边地面建筑的防火间距。

（三）防火防烟分区设计要点

人防建筑中应借助防火墙来实现对防火分区的有效划分，划分位置应选择各个出入口处最里侧的密封门所在范围之内。盥洗间、厕所、水库、污水泵房等所占面积可不划归到防火分区面积之中。应将防护单元设计与防火分区设计相结合。单个防火分区以及防烟分区的面积最大值应控制在500 m^2 以内，若防火分区中涵盖自动灭火系统，可将建筑面积增加1倍。若人防建筑作为展览厅、商业营业厅使用，需配备自动灭火系统与报警系统，在选择 A 级装修材料时，防火分区允许的建筑面积最大值需低于或者等于2 000 m^2。若人防建筑作为观众厅，则防火分区部分的建筑面积最大值需控制1 000 m^2 以内。防烟分区不可出现跨越防火分区的情况。若净高在6 m以内的建筑房间或者过道需要增设排烟设施，必须通过隔墙、挡烟垂壁或者顶棚突出的长度在0.5 m以上的梁来实现对防烟分区的有效划分。

（四）防火门与防火卷帘设计要点

防火分隔处的安全出口需使用甲级防火门。如果因使用功能方面的需求，需要借助防火卷帘来分隔空间时，应在防火卷帘旁边设置和相邻部位疏散走道相互连通的防火门。处于公共场所的疏散门需要向疏散方向打开，处于关闭状态时，应能够以手动的方式从任意一侧开启。处于人员频繁出入、人流量较大进出口处的防火门应当选择常开型防火门。若防火门需要对人员进出起到控制作用，则应选取即便不使用包括钥匙在内的工具也能够开启的常闭型防火门，还需在较为明显的位置上设置醒目的使用提示与相应标识。其余部位则可优先选取常闭型防火门。若需要使用密闭门、防护密闭门或者防护门来替代本应使用的甲级防火门，需确保其耐火性能可以满足使用要求，不可在平战相结合的建筑空间安全出口部位使用甲级防火门以外的门。常开型防火门需要具备反馈信号的功能。

当无法通过防火墙来设计防火分区时，可选择防火卷帘，并结合防火分隔部位的具体宽度来确定防火卷帘的宽度，分隔部位低于或者等于30 m时，防火卷帘的宽度须在10 m以内；若防火分隔宽度在30 m以上，防火卷帘的实际宽度应小于间隔宽度数值的三分之一，并且需控制到20 m以内。防火卷帘需具备防烟、自动降落以及反馈信号的功能。

（五）安全疏散设计要点

若人防建筑面积小于或者等于500 m^2，同时外部出口地坪与内部地面高差不超过10 m时，在容纳人员数量为30人以内的防火分区之中，如果只建设了具有通风与采光功能的竖井，并且井中设有可以直接通往地面的金属梯，通向竖井处设置高于或者等于乙级的防火门时，可仅设置一个安全出口或者疏散楼梯间，用于通向避难走道或者室外。或者可设置与相邻区域相连通的防火门。若防火分区的建筑面积低于或者等于200 m^2，经常停留人数低于或者等于30人，可只建设一个防火门，用于通往相邻防火区。为防火分区设计安全出口时，需要按照不同方向，以分散化的方式进行设置。若因条件受限而必须采用同方向的设计方式时，安全出口处的水平间距应大于或者等于5 m。在疏散距离方面，房间最远位置与房门的间距不可超过15 m。结合人防建筑的使用功能来设计防烟楼梯间，比如礼堂、电影院，建筑面积超过1 000 m^2 的公共娱乐场所、商场，建筑面积超过500 m^2 的旅馆或者医院时，并且外部地坪与内部地面高差在10 m以上时，需要设计防烟楼梯间。若人防建筑地下空间分为两层，地下二层地面与外部地坪高差在10 m 以内时，需为其增设封闭楼梯间，这一楼梯间的地面出口可提供自然通风与采光功能，若无法进行自然通风，则需要增设防烟楼梯间。

设计避难走道时，应确保其直接通往地面的出口数量在2个以上，并处于不同的方向上。若通往避难走道的各处防火分区人数不一致，需按照设计可容纳人数最大的防火分区通往各处安全出口净宽最小值之和来设计走道的净宽。给避难走道使用的施工材料应达到 A 级燃烧性能等级。避难走道入口部位与防火分区之间应设置面积在6 m^2 以上且采用甲级防火门的前室。

（六）消防系统设计要点

在消防给水系统设计环节中，需要为建筑面积超过300 m^2 的人防建筑提供内部消火栓。大部分人防建筑需要为封闭式消火栓装置设计供水系统。若消火栓数量在10个以上，需要采用环形供水管道。针对处于同一楼层的灭火供水系统，可通过阀门进行分隔，确保管道局部受损时，同时出现失效情况的消火栓数量在5个以内。为多层人防建筑所用的给水管道设计阀门，可确保检修灭火柱等装置时，其余灭火管道可以正常提供灭火水流。考虑到灭火供水管线需穿越阀门、闸阀、安全阀与人防墙，因此需要合理设计检修阀门，以此减少阀门位置调整带来的经济损失。安装消火栓时不仅需要考虑各处消火栓的间距与防护半径，还应结合防护区所在的具体位置以及区域内的障碍物，尤其要关注停车位、设备、墙壁以及栏杆等障碍物。室内消火栓需配备必要的轻便型水龙头或者消防软管卷盘等装置，以此为灭火工作提供良好条件。消防栓水带长度应控制在25 m 之内，喷嘴直径需在19 mm 或者16 mm 以内。若因条件受限而无法有效使用市政供水系统，可设计消防水池，确保水箱容积符合条件。消火栓系统需在300 L 以上，自动喷淋系统需在150 L 以上。

在自动喷淋灭火系统设计环节中，自行车库以及丁、戊类物品库房均属于不燃与难燃物品，可不设自动灭火装置；若丙类库房建筑面积在500 m^2，也可不设置自动灭火系统。其余建筑面积在1 000 m^2 的场所需要配备自动灭火装置。环境温度处于4 ℃至70 ℃时可选取湿式灭火系统。结合人防工程的环境特点，大多采取湿式灭火系统，可选择玻璃球式喷头，局部区域若存在敞开区与出入口的情况，需要做好保温防冻保护工作，可选择易熔合金型喷头。当该系统的管道需穿越人防墙体时，需要进行防护措施，可安装信号阀或者带有锁定阀位功能的阀门，进入临战阶段可将其关闭。也可选择两端都采用法兰连接的短管来对阀门进行替代，临战时可将短管直接拆除，并在近墙端通过法兰盲板加以封堵。前者在战时转换阶段的工作量相对较小，但是阀门可能会出现误关的情况，若阀门数量过多，会造成一定的水头损失。

（七）火灾自动报警系统

地下室火灾自动报警系统与报警控制器相连接，可直接在地面设置消防控制室，为合理控制中心报警系统，可在人防区位置设置多个防火分区，并采用两个不同的总线控制系统，在配电间设置光电感探测器，在汽车库等场所使用温感探测器。探测器和灯具之间的距离应当在0.2 m 以上，送风口与其的距离需在1.5 m 以上，和自动喷淋装置的距离应在0.3 m 以上，和遮挡物的距离需在0.5 m 以上。在地下空间的指定位置上安装报警按钮与消防对讲插孔，高度可设置为1.5 m，在排风机房、配电间以及送风机房中可设置固定式消防电话分机。

开发人防空间，建设人防建筑时需要注重经济效益、社会效益与战备效益相统一的设计目标。在消防设计环节中，设计者应遵循安全优先的基本原则，确保人防建筑既能够满足消防设计规范，同时也能够实现平战转换，以此在保障人防建筑使用安全性的前提下，实现对其的优化设计[①]。

① 余海．人防建筑设计中的消防设计探讨 [J]. 中华建设，2023（21）：76-78.

第四章　石油化工防火

第一节　石油化工生产防火防爆技术对策

一、石油化工企业生产和发展的特点

（1）石油化工设施具有较强的完整性。设施自身的完整性，顾名思义，就是要确保石油化工设施在实际生产时，使用和运作的完整性，若是生产设施出现问题或被损坏，那么必定会给化工企业造成严重的经济损失，而且还会威胁到相关工作人员的人身安全，甚至出现伤亡。导致这类问题出现的原因主要是由于在实际生产制造的过程当中，所使用的原材料本身就有着易燃、易爆的特点，有的还具有较强的腐蚀性，其中还有多数的原材料是毒有害气体，因此，一定要保证石油化工设施在日常运作时的完整性，这样才能保障实际生产的安全。

（2）石油化工设施具有较强的复杂性。石油化工业内部的作业环境通常都是高温、高压，而且设施有其自身的特殊性，对实际操作进行分析可知，操作过程也十分烦琐复杂，一旦任何一个环节出现错误，再加上设置自身的特点就容易把小问题不断扩大。如果继续恶化下去，不但会阻碍石油化工企业的发展，而且还会严重威胁相关工作人员的生命安全。

（3）石油化工企业生产环境复杂。在进行具体生产的过程当中，不是由一个独立的生产环节就能完成，所有工作需要不同工种进行相互配合才能完成，这也使得生产环境更加复杂。再加上原材料自身的化学性质，如果发生火灾，很难对火势进行有效管控，若是不能及时对火灾进行有效控制，那么火势会迅速蔓延，这就在很大程度上增加了消防救援的难度，降低了救援效果，使企业蒙受较大的损失[①]。

（4）生产流程相对复杂。石油化工企业的生产流程通常包括多个环节，如炼油、化工、生产、检验等，每个环节都存在潜在风险。以炼油环节为例，该环节的主要任务是将原料转化为成品油。成品油是指经过处理的石油产品，包括汽油、煤油、柴油等。成品油可以为车辆提供动力，也可以作为建筑材料，其在社会生产和生活中应用广泛。

（5）危险性较大。石油化工企业属于高危行业，由于生产工艺复杂且涉及多种易燃易爆、有毒有害物质，一旦发生火灾事故就会对周边环境造成严重影响，甚至会造成人员伤亡和财产损失。具体而言，石油化工企业在生产过程中会涉及多种物质的加工处理，如石油、天然气、煤炭等。另外，在加工处理过程中还可能会产生大量有毒有害气体和液体。

（6）安全管理难度大。石油化工企业生产过程中存在诸多安全隐患，如设备设施老化、工艺技术落后、缺乏有效的安全管理制度等。与此同时，由于石油化工企业生产中使用到大量易燃易爆、有毒有害物质，一旦发生火灾事故就会引发严重后果。

（7）火灾事故危害大。石油化工企业发生火灾事故的危害主要表现在以下几个方面：一是严重威胁周围环境和人员生命安全；二是会造成重大财产损失；三是严重影响石油化工企业的生产经营活动正常进行；四是会造成严重的社会影响和公共安全问题。

（8）事故救援难度大。由于石油化工企业生产过程中存在诸多危险因素，一旦发生火灾事故就会危及人员生命安全和财产安全。因此，在生产过程中需要做好各种应急预案并定期开展演练活动，这样才能确保出现突发情况时能够第一时间采取有效措施进行处理。此外，石油化工企业还需要做好消防设备的维护保养工作并定期开展消防演习活动，这样才能确保消防设备处于正常运行

① 赵剑．探究石油化工企业消防监督检查中的问题 [J]. 国际援助，2023（25）：55-57.

状态[①]。

二、石油化工企业工艺防火防爆的措施

（1）从设计源头把控好防火问题。为了进一步保障石油化工企业的生产工业安全问题、尽可能地避免火灾爆炸事故的发生，设计单位方面必须严格地从石油化工生产工艺的选择、生产工艺装置的选型以及总图的设计等多个方面、多个环节进行合理地设计和充分地考虑。石油化工建设工程在正式开工之前要将设计图纸和相关资料及时地报送住建部门，在得到审核和批准后才可以展开施工活动。而在展开设计活动的过程中要尽可能地选择一些国内外石油化工生产先进的手段、安全可靠性比较高的一些工艺，对场内的布局进行合理的设计、保证场内布局有着一定的防火间距，并且要保证消防通道常年都处于畅通状态，尽可能地布置成消防车环形通道。对于生产工艺装置的选择也要进行严格处理，要从可靠性、经济性、安全性多个方面进行综合考虑，所选择的电气装置也要达到防爆标准等级，并且在场内配备足够的消防设施，也要保证消防设施的有效性。相关行业主管部门在得到石油化工企业所提交的设计图纸之后也要及时地审核设计的可行性以及合理性，并且到实际施工地点勘察是否符合消防安全标准，以便能保证石油化工企业的火灾危险性最低。

（2）在试行阶段做好验收工作。在设计环节和施工环节进行过严格的把控之后便对石油化工生产工艺的项目进行合格验收工作，以试运行的方式来检验生产工艺项目是否符合安全标准。而在此阶段石油化工企业关于此工程的相关负责人要向当地住建部门及时递交项目消防验收申请报告，在得到相关部门的批准和认可之后才可以开展接下来的试运行活动。不仅如此，在正式进行试运行活动之前石油化工企业的安全相关负责人以及技术负责人要对所有的生产工艺、消防用具、生产装置进行仔细检查，并且保证检查不留死角，尽可能地

---

① 木永节，李雪珍．石油化工企业的现场消防安全管理问题及对策 [J]. 中国科技期刊数据库 工业 A，2023（6）：49-52.

细化检查工作。在完成检查工作之后，因为工程项目的首次试生产，装置也是首次运行，在试运行之前更要做好消防安全工作，并且参与到试运行环节的所有职工都要事先做好防火技能培训工作，以便能在遇到突发问题时及时处理问题、尽可能地减少火灾爆炸危险状况的出现频率。在试行阶段也要严格地依照相关的制度进行严格的把关，通过将防火责任层层落实，制定出严格、明确的防火工作细则，以此来促使整个防火工作能够有章可循、保证实事落到实处，从而能够保证整个石油化工企业都处于一个安全、稳定的状态。

（3）确保日常检查工作的有效性。在石油化工企业当中生产工艺防火工作中的重点工作内容便是做好有效安全的防火工作，确保日常安全检查工作的有效性，以此来最大程度地避免火灾爆炸事故的发生。因此，在日常开展生产制造活动的过程中石油化工企业应该定期主动让公安机关消防机构进行消防监督检查工作，并且定期进行自检，从而通过自检发现安全隐患问题。通过及时地掌控石油化工生产过程中的相关信息以及实际状态来保证石油化工生产工作的安全性，在进行检查的过程中假如出现了一些安全隐患，石油化工企业相关负责人一定要及时对安全隐患问题做出整改方案，以便能充分地保证生产过程的安全性。不仅如此，石油化工企业方面也要对生产过程中所涉及生产内容的每一名从业人员进行合理培训，通过定期开展培训活动引导从业人员掌握关于易燃、易爆化学品的正确操作方式，并且引导从业人员能够在发生事故时的及时做好应对措施，逐步形成较强的事故处理能力，从而保证生产从业人员能够有序地应对突发事故。不仅如此，石油化工企业要进行严格的员工持证上岗制度以及安全教育培训制度，石油化工企业的员工在入场之前一定要经过工厂班组车间的三级安全教育，并且在完成上岗学习之后拿到合格证再持证上岗，保证每一名职工都能掌握防火防爆的相关知识、具备基本的灭火技能。不仅如此，石油化工企业也要提升从业人员的安全技术素质，保证从业人员能够遵纪遵章守纪、形成较强的安全意识[①]。

综上所述，在石油化工企业生产当中做好防火防爆措施有着十分重要的意义，并且，防火防爆措施也是一项十分复杂且系统性极强的工程项目。因此为了保证在石油化工企业生产的过程当中尽可能地避免出现火灾爆炸事故便需要石油化工企业对石油化工生产的每个环节进行严格地把控，通过在各环节中合理地加大投入力度、做好安全监督工作，以此来及时捕捉到生产过程中所存在的不足之处，并且给予相应的解决方案以此来最大程度地降低危险事故的发生频率、提升石油化工企业生产的安全性[②]。

第二节　典型石油化工装置运行消防安全技术

我国石油化工装置规模日益增大。其实，石油化工装置的防火和安全保护工作非常烦琐。为了更好地完成石油化工装置的防火工作，我们经常需要对其结构进行深入的研究。通过对石油化工装置的火灾灭火对策的研究，可以为石油化工行业提供有效的防火防护措施，降低火灾发生的可能性。为此，必须对石油化工企业发生火灾的原因进行全面、细致的分析，以便对火灾进行有效的防范。

一、石油化工装置火灾的原因

（1）消防设备的设计不合理。在石油化工装置的使用过程中，必须使用消防设备进行防火防护。不过，防火的角度和力度，却是需要考虑的。盲目地设计防火设备，不但浪费了大量的人力物力，而且存在着很大的安全隐患。事

---

① 艾龙．石油化工行业防爆电气设备的安装与应用 [J]. 中文科技期刊数据库（全文版）工程技术，2023（5）：81-83.

② 柳美方，徐慧娟．石油化工企业的火灾危险性及工艺防火防爆措施分析 [J]. 福建质量管理，2020（7）：273.

实上，火灾发生的一个主要原因是消防设备的设计不合理。现在的我们，在设计防火设备时，不再依靠设计师的经验。毕竟，经验再丰富，也无法和科学的计算相比。当前我国石油化工装置的火灾频发，主要原因是过于依赖消防设计经验。事实上，在目前阶段，我们有很多比较可靠的设计模式。随着数字技术的迅速发展，人们能够利用计算机对石油化工装置的数据进行统计、处理，从而制定出最优的灭火方案。这种方法会使火灾风险全方位降低，从而可以减少火灾的发生。但事实上，很多石油化工装置的消防人员并没有意识到这一点，或者过于相信自己的经验，所以在国内，火灾事故依然时有发生。要确保石油化工企业的安全，降低企业的经济损失，必须采取相应的对策。

（2）石油化工装置的不合理利用。石油化工装置的运行也是一个非常关键的问题。就算我们设计的很好，但如果在使用的时候出了什么差错，那就是一场大祸。在石油化工装置的应用中应注意保证石油化工装置的运行状况良好。在石化行业中使用的设备，往往都是非常专业的。要想提高设备的稳定性，就必须确保设备处于良好的工作状态，并且排除一切不稳定的因素。石化装置的横向构造不能有空隙，螺杆钢灭火装置、底托螺杆等也不能太长。只有如此，我们才能确保设备的稳定性。第二，应当选择合适的原料。根据不同的化学生产需要，选用适当的原料。只有如此，我们的石油化工装置，才能经受得起化学物质的侵蚀。第三，必须严格遵守化学工艺的设计。我们的石油化工装置，在很多时候都是通过计算和审核的，在耐受性上没有任何问题。如果是这样的话，火灾的发生，很多时候就是因为对化工装置的使用并未按照规定。一些企业为了节省成本，以次充好，对石油化工装置的稳定造成了很大的影响。这些都是石油化工装置在使用的时候经常遇到的问题，如果不能很好的处理这些问题，那么我们在石油化工装置的消防工作就会变得非常的困难。

（3）工人操作不当。因为在石油化工装置的使用中，需要大量的人员和设备，每个人的操作都会影响到设备的稳定性。在很多时候，很多火灾都是因为某个人的工作失误造成的。在石油化工装置的使用中，任何一个细微的动作，都会影响到化学反应的稳定。然而，由于石化行业中人员众多，难以确保每个人都具备良好的职业素质和安全意识。因此，此类事故时有发生。我们若不能避免人为因素造成的问题，将无法在石油化工装置上取得更大的进步。

（4）石油化工装置陈旧。石化装置发生火灾是由多种因素引起的，这些因素是值得深入研究的问题。一个显然的火灾风险就是化工装置太过陈旧。因为这类设备一直都在高效率的工作，所以按照焦耳定律，它会释放出大量的热量。高温会对设备的物理性能造成一定的影响，严重的还会造成设备的损坏和自燃。一旦出现这样的情况，所带来的损失将是非常大的。所以，在日常使用的时候，我们要特别关注设备的老化情况，以保证设备的温度不会出现任何的意外，从而保证设备的正常工作。为此，必须对仪器进行实时的温度监测，一旦出现异常，就要采取相应的处理措施。石油化工企业的火灾是一个非常严肃的问题，根据不完全的数据统计，每年都有许多化工厂因发生火灾而造成大量的资源损失，几十名工人更是在火灾中丧失了宝贵的青春。在国内，由于资金短缺，许多化工厂没有及时地进行石油化工装置的升级，从而助长了石油化工装置的火灾隐患。

（5）有关人员对预防火灾事故重要性的认识不足。根据火灾发生的原因，我们可以把它分为两种，一种是因为设备的温度引起的，另一种是因为工人的操作不当所引起的。设备温度的问题，很有可能导致设备的损坏。反应温度过高，将会对石油化工装置带来不可逆的损害，而老化的化工设备，耐受力也会大大下降，造成了火灾隐患。另外，设备损坏和工人的操作有很大的关系，所以很多石油化工企业都会对工人进行非常细致的操作培训。不过，在现实生活中，却有不少人并未掌握这方面的知识。特别是在石油化工装置停机后，许多人都会忘记关闭电源。短期看不会有什么问题，但随着时间的推移，问题积累起来，很容易引起石化装置内的可燃物质的燃烧，进而引起石化装置的火灾。此类事件的发生，不仅给石油化工企业带来了巨大的损失，而且对员工的生命健康造成了极大的威胁。同时，火灾也会对当地的生态环境产生巨大的影响。

所以，要加强对这一问题的关注，以防止此类事件再次出现。

二、石油化工装置火灾事故的防控策略和处置措施

（一）严格地进行消防设备设计计算和审计

从以上的论述可以看出，火灾发生的主要原因之一，是消防设备的设计方法不够科学。不合理的设计，很大程度上是因为工程师过于依赖经验。所以，在进行消防系统的设计时，必须对其各个方面的参数进行严格的计算。整个过程非常复杂，要考虑到高度、风力、重量、反应温度等诸多因素，如果采用常规的方法，不仅会出现运算错误，而且效率也不会太高。所以，要积极借鉴现代数字技术，运用数字化技术进行石化设备消防系统的设计。这不仅可以减少工程造价，而且还可以增加设计方案的可靠性。另外，我们还需要严格审查我们的设计方案。火灾的发生直接影响到石化设备的安全，因此在确定了设计方案的安全后，我们就可以开始实施了。这样一来，就可以很好地解决消防设备的设计问题，提高石化设备的使用安全性，促进我国石化工业的发展。

（二）严格检查防火和安保设施

为防止发生火灾事故，必须对防火设施进行严密的检查。此项检查应覆盖所有防火设备，以避免发生火灾事故。只有如此，我们石化设备的安全才有可能得以保证。在消防设备正式投入使用的时候，我们必须对其进行测试，以保证这些消防设备在使用的时候不会有任何的差错。有了这种双重的检查，火灾的可能性就会大大降低，而且对于火灾的反应也会有很大的提升。

（三）对化工厂供电设施进行改造

为防止化工生产设备发生火灾，必须对化工企业的供电设备进行及时的升级。更换绝缘胶、老化的电线、老旧的插座，安装新的电表、新的电力线等等，这些都能有效地减少化工厂的火灾隐患。有关部门要根据自身的实际，对电厂的基本供电设备进行改造，以消除各种潜在的火灾安全隐患。当然，这样

做也要付出一些代价，不过这笔投资的回报却是相当可观的。

同时，还要对化工厂内的各种设备进行有效的控制。这个控制，就是要把整个化工厂设备的功率都降到最低，这样才能保证所有的设备都能够达到国家规定的标准，并且能够适应各种电源。我们可以减少化工厂里的高功率仪器和设备，或者是引进一些低功率的新设备，在保持现有产量的前提下，减少整个装置的功率。

（四）消防处置措施

发生事故时，应及时启动固定灭火系统。固定系统失效时，灭火救援力量要及时利用半固定系统注入泡沫、氮气等以达到灭火、惰化保护的战术目的。常见的固定、半固定灭火系统有：

（1）固定顶、外浮顶、内浮顶、液化烃储罐的消防喷淋（水喷雾）、消防水炮等。

（2）固定顶、外浮顶、内浮顶储罐的固定、半固定泡沫灭火系统等。

（3）低温罐集液池高倍数泡沫系统。

（4）码头岸防系统消防水炮、泡沫炮、干粉炮、消防水幕、消防喷淋等。

三、如何从电力角度预防石油化工装置火灾事故

（1）保证绝缘开关的工作性能。为了确保各种设备的安全，防止发生火灾，必须确保绝缘开关的正常工作。只有这样，才能保证化工厂的电网安全。假如我们没有做到这一点，那么由于绝缘开关的故障，将会造成电力系统的突然停机，甚至是过载，从而引发火灾。

（2）改进有关的安全规则以帮助解决意外。由于配电网络中的绝缘开关在24 h 内都是高度紧张的，因此极易发生故障。所以，在配电网络中，必须制定绝缘开关的安全规范。在配电网络中，我们对绝缘开关的安全要求，就是对化学设备的保护。把这些工作做好，我们就能从容地处理出意外。这种安全规

范应该包括检查、维护等方面，可以很好地解决绝缘开关在操作中的安全问题。检查的目的，就是要在最短的时间内，找到绝缘开关的一些小问题。一旦出现这种问题，我们就可以及时解决，避免这种小问题逐渐演变成严重的意外。做好定期的检查，就能形成一套符合要求的安全规定。其次，如果发现了故障，有关部门应该立即赶往事故现场，进行维修。

（3）在事故处置中严格遵守安全法规。光有安全规则是不够的，如果我们不能严格地按照安全法规来操作，那么我们就不可能保证隔离开关的安全。在紧急情况下，人是最重要的，任何一个人的行为，都会导致严重的后果。所以，在事故处理现场，我们应该对每个人的行为进行规范，加强他们的安全意识，督促他们遵守相关的规章制度，以减少可能出现的危险。然而，就目前的情况而言，国内对绝缘开关的处置工作仍有一定的欠缺，许多现场作业人员的安全意识相对薄弱，这给我们在事故处置中的安全带来了极大的风险。所以，我们要采取相应的措施，督促有关部门严格遵守安全法规。

（4）及时更新先进的电力设备。通过以上的介绍，我们可以清楚地看到，我国现有的石化电力装置有很大的缺陷，严重制约了石油化工企业的发展。要想解决这一问题，就必须采取多种措施。首先，我们要在设备的更新和研究上加大投资，争取自主生产和研究。其次，我们要顺应世界的发展趋势，把最新的国际先进技术运用到新型设备的研究与制造过程中。只有顺应时代的潮流，我们才有可能成为未来的领袖。当然，要想把电力系统改造得更好，就必须有一大群有文化有经验的人，有了他们的支持，我们的装备就能快速地升级。另外，要指出的是，引进国外的技术和设备，终究不是长久之计。我们要逐步提升国内先进的生产和研究水平，实现高质量发展。

（5）广泛采用自动化的电力监测技术。在石化行业中，电力监测是一项浩大的工程。该项目的工作效率与水准，部分取决于其自动化程度。如果我们不能将自动化技术推广到更多的领域，那么我们就很难在电力系统中取得更好的效果。要想彻底地解决这一问题，就必须齐心协力，多方面的努力，尽快地把自动化技术推广到更多的领域。只要达到这个目标，就能较大地提高石油化工行业的生产效率，使我们的石油资源得到最大程度的开发，同时也能使我们的经济水平更上一层楼。因此，在石油化工企业中推广应用自动化技术已成为时代发展的必然要求。

（6）加强技术人员的专业水平。从某种意义上来说，技术人员的水平是一个很大的影响因素。由于石油化工企业的技术进步很快，所以现在的老技术人员显然是跟不上时代的。而且，那些刚从大学里出来的年轻人，也没有什么工作经验。也就是说，我们国家的石油化工企业还处在一个“青黄不接”的时期，很容易出问题。要减轻这种不良影响，必须从以下方面着手。首先，要继续加强对石化行业的专业技术人员的培训，为石化行业提供源源不断的高质量的专业技术人员。其次，要加强技术人员的专业化训练，向他们传授最新技术和设备的有关知识。并对其工作能力进行了严格的评估。对技术人员素质差的，要及时进行培训，确保他们能高质量地完成工作。只有这样，才能使石油化工企业的发展，不会因人才质量的问题而受到负面的影响。

四、石油化工装置火灾事故处置注意事项

事故处置过程中，在做好个人安全防护的同时，重点做好防火、防爆、防毒、防灼伤、防冻伤的“五防”工作，应提前做好紧急避险、紧急撤离准备。

（1）要全面掌握灾情信息。由于企业管理不规范等因素制约，罐区有可能存在储存介质与标识不相符的情况，给现场的灭火作战埋下较大安全隐患。当灾情特征与企业提供信息不相符时，要利用 DCS 系统（分散控制系统）等手段反复核实。

（2）要全面了解企业本质安全条件。有的企业可能存在本质安全条件不足的情况，如该制冷的储罐不制冷，该保温的储罐不保温，该设置火炬放空系统的不设置等，现场处置时，要在全面侦查和核实的基础上，制定有针对性的措施，并注重对突发情况的监控。

（3）要摒弃“冷却相邻罐”的惯性思维。部署力量时，应根据储罐本质安全条件、灾害类型、储罐液位、储存介质、储罐类型、可控程度等进行综合研判，找准火场最大、最难、最不利风险点，科学部署处置力量。

（4）综合考虑罐区火灾情况。单个储罐发生火灾，至少要考虑罐组内其他储罐的冷却和灭火。要根据不同罐型、储存方式、储存介质、本质安全条件等制定相应的措施。

（5）防止发生环境污染等次生灾害。处置时要特别注意关闭事故罐区、事故厂区雨排，注意厂区事故污染水池容量，严防危险化学品入海、江、河、地下水，避免对水体和下游带来严重污染，防止发生环境污染次生灾害事故。长时间易使事故水池溢满，现场应考虑循环消防用水或是在空阔地带建设的水池等应急措施来储存废水。

在石油化工企业中，发生火灾是一种非常普遍的事故。这一问题的解决，将在某种程度上影响到我国化学工业的发展，影响到许多企业的利益，影响到广大人民的生活质量。如果安全措施不到位，石化设备就无法正常使用，安全问题也就无法得到保障。为此，我们应该采取各种有效的措施，加强对石油化工企业的安全和日常维修工作的管理，降低相关的事故的发生概率，以巩固化工行业快速发展所能带来的丰厚收益①。

第三节　石油化工装置检修消防安全技术

一、石油化工工艺设备检修消防安全技术

石油化工企业生产加工过程中，经常存在天然气、石油等一系列易燃物，导致石油化工企业发生火灾的概率较高。因此，石油化工工艺设备检修工作目的是确保设备处于安全稳定状态，是确保石油化工企业安全生产的重要措施。

① 李勇．石油化工装置火灾事故的扑救策略 [J]. 经济技术协作信息，2022（26）：189-191.

如果不能够合理控制生产中的火源、易燃易爆物质泄漏等问题，就很有可能引发火灾、爆炸事故，这对企业和工作人员都会造成不可挽回的损失。

（一）石油化工工艺设备检修及火灾防控的重要意义和特征

1. 重要意义

石油化工工艺设备对其生产至关重要，对设备进行检修有利于确保工作人员的人身安全。在石油化工生产过程中，管道和阀门处会残留一些化学原料，这些残留物具有易燃易爆的特点，在检修过程中，如果遇到明火就会导致火灾事故发生，进而威胁人们生命安全。通常情况下，石油化工企业都会制定明确的设备检修流程，要求检修工作人员严格按照流程对设备进行检修，在确保检修工作质量的基础上保证工作人员的生命安全。传统石油化工工艺设备检修工作中，如果对可燃物监管控制不到位，一旦遇到明火就会引发各种火灾事故，存在较大的安全隐患。为此加大设备检修工作不仅可以保证工作安全性，也有利于提高检修工作效率，由此可知制定完善的检修工作流程和制度很有必要。

2. 特征

石油化工企业生产过程中经常会遇到高温、高压的生产工艺，并且这类生产工艺具有较高的复杂性和连续性。在生产过程中，任何一个环节都需要谨慎、严格完成，任何违规操作或者不当操作都会导致安全隐患。石油化工工艺设备检修需要重视以下几个特征。

（1）石油化工生产工艺和流程具有较高的复杂性，化工生产过程中与之相关的管道、设备、阀门运行的磨损度和腐蚀度较高，随着设备使用时间不断累积，其检修的次数也会不断增加，这样不仅导致化工工艺设备检修工作存在一定的难度，同时也增加了检修工作人员的任务量，使得检修工作更加复杂。

（2）石油工艺设备检修工作量大，石油化工企业在生产中会涉及多种工业设备，并且存在一定的差异，实际检修工作时间有限，检修工作任务量自然而然会增加，并且也会涉及多种检修内容和数量，导致检修工作量大、时间紧的局面。

（3）石油化工生产工作危险性较高，石油化工企业工艺产品生产工作和设备都比较繁杂，设备管道物质，甚至部分物质伴有毒性和腐蚀性，部分检测工作室需要动用明火。如果管道中天然气这类易燃易爆物质的残留浓度较高，遇到明火后就会出现爆炸事故，进而增加石油化工工艺设备检修过程中火灾事故发生概率。

（二）石油化工工艺设备检修中火灾事故发生的因素

1. 易燃易爆物质放置不规范

在对石油化工工艺设备检修过程中，易燃易爆物堆放不合理是引发火灾出现的主要因素之一。由于石油化工生产条件复杂，因此违规放置物质的情况经常出现，具体来说有以下几个方面：

（1）在对石油化工工艺设备进行检修时，一些易燃易爆物品需要隔离处理，如果隔离要求不够严格和规范，就会导致物质泄漏，进而触发火灾事故。

（2）石油化工生产环境具有高温高压的特点，这种条件下，如果发生快速降温降压的情况，就很容易导致石油生产相关设备出现突发的变化，比如管道变形、裂缝等，进而导致可燃物泄漏引发安全事故。

（3）检修过程中，如果石油化工生产设备中清理工作不完全也会导致安全事故发生。若是没有完全清理干净，在检修任务完成以后，设备中残留灰尘、杂物等，一定程度增加了火灾事故发生概率。

（4）任何一项生产加工工作都会产生杂质，对石油工艺而言，生产过程中产生的杂质也会存在一定的可燃物，如果没有严格按照相关规定在特定的区域内存放，随意堆放也会致使火灾发生。

2. 对火源的控制效果不佳

石油化工生产过程中，工艺设备在运行期间会散发出一些气体，其中还有大量的可燃气体，只要遇到一点火源也会造成严重的火灾事故。尤其是明火控制格外重要，特别是对吸烟的员工管理应更加严格。另外，汽车尾气排放也是产生明火的一个主要因素，这些都需要格外重视。在检修设备过程中，经常会用到电焊、环氧乙炔切割等维修工艺，这些维修工艺都会产生火源。工作人员维修中，如果没有严格按照相关规章制度使用这些维修工艺，再加上防护措施、监督管理工作不到位，就会直接发生火灾事故。工作人员在检修过程中如果存在管理不严格等问题都可能造成工作人员操作失误，导致火源控制效果不佳，这些都是人为因素造成的严重后果。

3. 检修中缺乏完善火灾预防体系

石油化工工艺设备检修期间预防火灾的主要物品就是防护用品，然而实际上，部分石油化工企业防护用品以及消防器材明显不足，即使具备充足的数量，检修过程中使用效果也不高。甚至部分检修工作人员对防护用品的认知缺乏，并没有意识到使用防护用品的重要性，因此导致防护用品使用概率较低，一旦有火灾事故发生，工作人员并不会及时采取措施抢救，严重还会导致火灾范围扩大。

（三）石油化工产业工艺设备检修中预防火灾的策略

（1）加大易燃易爆物品监督管理力度。石油化工产业工艺设备检修过程中，预防火灾事故发生还需要石油化工企业对易燃易爆物品进行有效的监督管理。开展检修工作前期，严格控制人为因素产生的危险。检修工作人员与管埋者需要全面排查检修环境，将检修范围内的可燃物清理干净，抽空设备的生产原料，并将其转移到指定的安全地点存放。针对各项检测流程和方案对化工设备实施安全检测，严格按照制定的检修方案并结合火灾预防措施开展检修工作。在此基础上，提前制定各项火灾发生应对措施，全面保障工作人员的工作安全。

（2）完善安全生产制度。石油化工工艺生产设备检修火灾预防工作中，首要预防的便是火源，石油化工企业可以通过完善安全生产制度的方式来预防人为因素引起的火灾事故。首先根据企业员工的实际情况合理规划检修工作，制定完善的检修制度。通过工艺措施处理危险物质，设备在停止生产以后，工作人员就需要及时排除一系列危险物质，促使生产设备恢复到未投入生产的状态，比如，无毒无害、常温等状态。其次严格控制火源发生。主要是处于禁止明火的范围内就需要进行严格管控，在此范围内严禁一切焊接、切割等工具使用，这些工具使用过程中很容易出现火花或热表面，因此必然需要制定明确的动火审批制度，完善预防火灾应急方案，落实各类消防设施。如果必须使用上述工具，则需要对环境以及操作人员的专业水平进行核查，在符合标准情况下，通过签字批准的方式明确各方责任，之后方可在规定的时间内进行开工。最后还需要注意在易燃易爆的范围内工作人员不可以穿化纤衣物，避免出现静电火花，同时使用安全系数较高的工具进行操作，比如不产生火花的工具，防爆、压力低的灯具等。

（3）建立健全的消防管理体系。对石油化工生产企业而言，构建行之有效的消防管理体系是必然的工作内容，可以从下面几个角度出发。一是在企业内部成立消防监督管理团队，由专业技术人员、专业管理人员、执行力度强的人员共同组成，主要负责设备检测中火灾预防工作，同时制定消防规章制度、日常安全用具使用规范、火灾处理方案等。二是定期训练工作人员消防操作能力，并且与一线操作人员相配合，将消防知识和专业设备工作结合起来进行训练，促使消防工作人员能够熟知各种设备、工具存在的安全隐患，这样在火灾事故发生以后，消防工作人员在抢救时不会因检测知识缺乏出现随意乱动工具设备的现象，进而避免出现扩大火灾事故、爆炸等情况。三是制定完善的检修准备流程，在检修之前对现场安全进行检测，提前做好火灾预防措施，找到影响安全的因素，在一定程度上降低事故出现概率。除此之外，石油化工企业可以通过加强安防监控管理工作方式来提高火灾预防的效果。设备检修过程中为了确保消防安全，需要加强日常管理力度。

（4）落实执行安全防护检修管理机制。石油化工工艺设备检测安全防护工作中消防设备和运行体系至关重要，只有不断强化火灾预防工作才能够从根源上避免火灾事故，这样才能确保消防安全工作落实和执行效果。通过完善的设备检修管理方案提升预防质量，首先落实安全监控设备管理体系。从采购到使用都是比较复杂、烦琐的工作，不仅要保证设备使用质量，还要设备和系统之间相匹配，这样在监控管理期间可以实时监管。其次加大安全防护体系落实力度，火灾是石油化工企业最主要的安全隐患，并且管理起来具有一定难度，因此多数企业都采用预防的方式减少火灾事故。最后严格按照相关标准要求使用安全防护设备，使用前做好设备的检查工作，可以聘请专业人士对设备进行检验和保存，以此提升设备使用安全水平。

（5）加强工作人员职业素养建设。石油化工设备检修工作中，操作人员的职业水平和综合素养起到至关重要的作用，同时相关管理人员的能力对设备维修工作也会产生一定的影响。对管理人员而言，其管理方法和制度如果存在不合理，那么在监管的过程中，也就无法保证维修质量，进而致使维修效果没有任何意义。因此，石油化工企业还需要加强工作人员的职业能力培训活动，增强工作人员安全操作意识以及管理水平，促使工作人员能够积极主动地学习检修方法、工艺和管理模式，同时需要强化操作人员和管理人员对安全防护用具使用的认知度。在此基础上，石油化工企业应当将该培训工作融入企业日常工作中，并将此作为企业最终业绩考核指标，在企业内部将培训责任落实到部门中，这样才能够全面增强工作人员的安全作业意识。在安全防护工作实施期间，企业可以制定监督制度，促使管理人员和检修人员之间相互督促，实现互相监督的作用。

综上所述，石油化工工艺设备检修工作对企业日常发展至关重要，是企业正常生产的基础条件。但是在检测过程中会存在一定的危险性，对检测人员生命健康产生严重危害，同时也会影响企业正常运转。为此，石油化工企业还需要加大易燃易爆物品监督管理力度，完善安全生产制度，建立健全的消防管理体系，有效落实执行安全防护检修管理机制，加强工作人员职业素养建设，切实提升石油化工工艺设备检修效果[①]。

二、石油化工装置设备检修过程安全技术应用

（一）石油化工装置检修的特点

（1）复杂性。石油化工企业中，采用的生产设备装置基本是定制化，很少有常规的设备，与此同时，石油化工装置设备在规格、类型上不太统一，种类和数量也较多，但是生产的作业量通常很大，检修工作就比较复杂，并且施工时间很短，检修的任务重，也比较集中化，并且施工现场也会受到各种因素的影响，要求检修人员的专业技能和丰富的经验。作为检修人员不仅要具备过硬的专业技能之外，还要详细地了解所有设备的内部构造和潜在的原因，对于设备的性能都要有所掌握。

（2）危险性。石油化工生产中不仅腐蚀性强，还具有较大的毒性，并且高温高压，易燃易爆。石油化工生产中危险系数高，也造成了装置在检修过程中增加了危险性。在装置检修之前，如果未清理管道中残留的物质，缺乏检修容器、塔器等设备等，就极易造成检修人员的中毒事件。

（3）规范性。在石油化工装置检修中，检修安全设施以及相关安全用具的摆放都要符合规定，同时在施工现场要张贴安全宣传标语和警示标识。另外，生产设备的检修和安装都要符合《危险化学品企业特殊作业安全规范》（GB 30871—2022）等相关法规及安全管理规程。

（4）工期较短。石油化工装置若出现停工，会给生产带来较大的影响。因此，生产装置检修工期要控制在60天内，装置检修的时间要尽量缩短。在装置检修施工中，通常工作量巨大，任务重，由于要求停工时间短，石油化工装置检修中工期就面临着紧张的局面。

① 李辉．石油化工工艺设备检修火灾事故原因与防控探究[J]．石油化工建设，2023（8）：27-29.

（二）石油化工装置检修过程中加强安全管理的重要性

加强石油化工装置设备检修的安全管理，不仅可以为企业带来经济效益，同时也能为工作人员的人身安全提供保障. 要利用安全管理，提高石油加工的质量和效率，才能确保企业的经济收益。在开展安全管理中，需要给检修人员提供一个良好的、安全的环境，才能让生产得到保障。在安全管理中，才能有效地防止设备因为故障出现的停工。安全管理制度还能提高企业的核心竞争力，降低化工事故的发生率，也为企业的产生提供了安全保障。

（三）石油化工装置检修过程中存在的风险

（1）石油化工在装置停工前。石油化工装置内部有压力、温度、流量等，如果在短期内有较大的改变，在停工之前尚未有一套可行的停工方案，或者操作人员尚未按照规定操作，就会造成内部压力、温度、流量等因素发生波动，就会极易产生安全事故。

（2）石油化工装置检修过程中。在进行装置检修之前，首先要识别出石油化工装置检修风险，同时要了解潜在的危害，同时确定出风险管控操作。要准备相关的应急设置和物资，制定出完善的安全施工方案，要严格地按照施工规定，提前制定出事故处理预防措施。如果在检修中各个工种出现不协调，检修未严格按照规定，就会极易在现场造成安全事故。

（3）石油化工装置检修人员专业技术不高。在石油化工装置检修中，由于内部构造复杂，危险性强，技术含量高，所以在进行检修工作开展前，作为检修的单位和个人要做好上岗前的安全培训和教育工作，同时要细化每个人的工作责任，在日常的工作中要开展相关检修安全事故案例的分享和学习活动。若在检修之前，尚未重视到安全方面，同时缺乏专业的检修技能，就会增加检修过程的安全风险。另外，很多的检修单位尚未认识到安全方面的重要性，在分工上不太明确，并且日常工作中尚未开展教育工作，检修人员的自我防护意识差，在检修现场就会出现混乱的情况，也会增加人为的操作失误，从而增加了安全事故发生概率。

（四）石油化工装置检修施工过程中的安全管理措施

（1）加大现场指挥力度，提高检修效率。在进行检修之前，需要成立检修项目部门，同时要有检修安全管理体系的成员，才能确保在检修工作进行中实现统一安排和集中化管理。要及时并有效地搜集和汇总每个检修环节中涉及的信息，才能做出合理的反馈，让检修工作有序进行。与此同时，要成立指挥中心，设置两个指挥部。一个是针对检修现场成立的指挥部，主要是针对检修的过程和进度做好实时反馈和监督，对于检修过程中难点要及时地采集和上报，制定出可行的措施。另一个是检修专业技术人员和办公人员成立二级指挥部，主要是针对检修中涉及的工艺进行指导，尤其是检修中物料、零部件，文件等都要管理，并且记录好每次的检修结果。

（2）采用区域分工管理模式。在石油化工装置检修的安全管理中，要采用区域分工管理模式。按照区域加强安全管理，就能确保安全管理人员实现科学、合理的划分，共同地完成工作，其中包含了安全监督、检修方案的审核、证件办理等步骤。与此同时，要成立管理团队，也就是将安全管理人员划分为三个组别，班组、施工团队、厂级，要在各自的区域内完成安全管理，才能确保检修工作实现全方面、无死角覆盖，有效地降低安全事故的发生概率。

（3）各作业许可、票证等实行规范化管理。石油化工装置检修之前，要完善办理许可证管理制度。在开展检修作业要向安全管理部门上报材料，同时要严格规定办理作业许可证流程，审批完成才能进行检修工作。与此同时，安全管理人员也要针对作业方案加大审核力度，符合规定后才能获得作业许可证。另外，要加强人员的安全教育，做好检修安全交底工作，如果检修人员尚未在检修之前了解设备的详情、运行情况，会增加安全风险。对于石油化工装置缺乏了解的检修人员要严禁参与检修工作，才能降低人身、机械损害的概率。作为检修单位，对于参加检修的工作人员要开展上岗之前的安全教育和培训，经过车间的安全教育考核后，符合规定之后才能进行装置检修工作。安全监护人员在检修作业中发挥着重要的作用，因此安全管理部门要成立安全监护人员的培训班，经过培训、考核之后才能开展监护工作。检修之前，编制方案工作人员需要做好检修方案技术的交底工作，要将检修的内容、时间、方法、标准、人员分工、注意事项、潜在危险因素等方面做到细化，同时要制定出应急措施，经过审批之后检修人员达到现场，要了解检修的环境和现场，做好相关的安全方面措施才能进行检修作业。

（4）加强施工现场秩序的管理。在开展装置检修工作中，首先要将作业的现场区域采用醒目的警戒线实行隔离和划分，划分出不同功能区域，要求检修人员快速地了解和熟悉检修环境。与此同时，在检修作业中要明确出操作规程、现场施工负责人、安全防护装备的佩戴等要求，才能让现场的检修人员了解章程，尽快掌握情况。同时要加强检修人员的良好态度管理，在检修中要严格地按照规定，进行统一的指挥和安排。另外，在检修现场的重点危险源地区，要做好警示的标识，让检修人员提高警示，增强安全意识，才能有序并且安全地开展检修工作。

（5）构建安全管理机构，完善安全管理责任制度。作为石油化工企业来说，首先要成立管理机构，其中包含了决策层、管理层、职能部门。决策层就是石油化工企业的领导人员，作为安全生产工作中主要的负责人。工作内容包含了企业的安全、项目执行、技术、环保等内容的整体制定，同时要制定出企业的发展战略、目标等。下属部门要结合制定的计划进行一一地落实和执行。管理层主要是安全管理机构的小组成员，直接参与到生产、检修中，对于安全生产进行的日常管理和监督工作，是安全生产中最重要的环节。安全管理工作要细化到个人，每项工作和责任都要落实到个人，这样才能增强所有人员的安全责任意识。职能部门主要是针对企业在安全生产中的工作加强管理。例如，制定安全生产计划，落实安全生产制度等。在进行石油化工装置检修中，要有健全的安全管理制度作为支撑，因此在拟定过程中规范化，企业才能做到有参考。另外，作为企业要严格遵循国家安全生产的政策和方针，任务分配要合理，才能确保检修环节的安全和有序性。

（6）加大检修过程监管力度。在进行装置检修期间，对于检修现场要加大监管的力度，尤其是有限空间作业、吊装作业监管、用火作业等，都要确保每项作业都在安全的状态下开展。第一，用火作业。首先要通过用火审批之后，才能开展用火作业，要从多个方面全面考虑，动火的四周要检查易燃易爆气体，四周的氧气含量都要进行实时监测。与此同时，也要检查动作票证上的时间、措施等，如果某一个环节出现问题要严禁动火操作。其次，在动火开展中，要时刻观察四周环境，如果有异常，要立即停止作业。第二，受限空间作业。在密封的空间内开展检修工作，设备启动之后，检修人员要给设备做好通风置换工作，要检测四周的气体。与此同时，环境内是否存在有毒气体，并且含量多少都要进行评定，要想确保作业人员的人身安全，就要检测氧气含量，获得作业证后才能进行检修工作。第三，吊装作业。现阶段，石油化工装置项目类型和数量上升，规模也扩大，设备的重量也巨大，在吊装中，要做好相应的监督和管理，才能确保吊装施工设备的安全性。

（7）提升检修现场的监督水平。石油化工检修工作开展中，由于危险系数较大，极易受到各种因素的影响增加安全事故。因此要想确保检修人员的人身安全，达到安全生产目标，对于检修现场就要加强日常的监管，要通过先进的设备来做好监督。要想确保每位检修人员的工作状态，要在现场配置监护人员，对于每个环节都要进行管控，尤其是动火、有限空间作业等。加大监督，才能确保检修现场的安全，降低潜在的风险，防止威胁到检修人员的人身健康。

（8）做好装置设备检修总结。通常情况下，石油化工装置设备都是统一指挥，企业中的安全生产管理部门要做好现场装置的检查和验收，确保符合要求之后才能进行签字。技术部门要整理好每次的检修记录和资料，安全部门要整理好不同环节中所有的票据等，同时要汇总装置检修之前、检修中和后期的具体情况，形成一份报告，给日后的检修工作提供资料参考。通过设备的检修总结，能够优化检修的每个环节，同时降低检修的危险系数，确保检修人员的安全。

综上所述，石油化工装置检修工作不仅危险系数高，同时也兼具了复杂性，要想确保石油化工装置检修的安全性和有序性，就要通过有效的措施加强安全管理，才能确保装备的正常运行，提高企业的经济效益。对于检修现场要加大检修的力度，做好检修现场的秩序维护，开展区域的分级管理模式，提高现场的监护水平，做好装备的检修总结，才能给装置检修工作提供安全保障，确保检修人员的人身安全，促进石油化工企业的可持续发展[①]。

第四节　石油化工火灾初起时的处置技术

一、石油化工企业火灾

（一）石油化工企业火灾特点

（1）火灾容易引起爆炸。石油化工企业生产过程中应用的原材料大都为易燃易爆类物质，若是在生产过程中受到任何外界因素或是人为因素导致操作失误，一旦发生火灾不仅会对人员人身安全与财产安全构成严重威胁，还会造成无法挽回的大规模爆炸。此外，石油化工企业生产过程需要使用多种不同功能的生产设备，若是出现火灾，有些独立工作的生产设备是单独爆炸，但还有一部分生产设备需要连接在一起才能运行，因此一旦某一设备发生爆炸，与之相连接的生产设备将会出现连续爆炸，导致爆炸程度远远超出了控制范围。还有一种情况若是系统内部温度过高，会由于压力过大引起爆炸，并且火灾现场的形势十分复杂，难以在短时间内锁定爆炸的原因，火灾面积也会逐渐扩大。

（2）火势蔓延速度快。石油化工企业生产的产品涉及范围广泛，一旦发生爆炸会以较高的速度大规模燃烧，并且可以在极短的时间内蔓延到空间内的

① 陈文斌.石油化工装置设备检修过程安全技术应用[J].中文科技期刊数据库(文摘版)工程技术，2022（10）：112-114.

各个角落，随之产生大量热量。石油化工企业生产活动对基础设备设施有着极高的要求，必须以立体方式进行布局，这种情况下若是出现火势也是以立体的状态进行，这为消防工作的开展带来了诸多限制。随着火灾时间延长，火势蔓延的速度也会不断增快，最后甚至会导致整栋建筑坍塌。此外，石油化工企业生产所需的液体原料具有流动性，在发生火灾后会跟随着易燃类物质流淌到各个角落，导致短时间内出现大规模燃烧，大大提高了救援工作的难度。

（3）火灾后续风险多。石油化工企业在生产建设中具有特殊性，一旦发生火灾不仅有着极快的蔓延速度，还会在短时间内出现大规模爆炸。但是对于石油化工企业而言，火灾所带来的影响远远不止这些。一方面，石油化工企业生产中会出现许多有毒物质，如浓硫酸、浓硝酸以及苯等，这类物质在生产过程中会直接和空气接触。当消防人员开展救援工作时，这类物质挥发后会随着空气流向周围，给附近自然环境以及居民环境造成无法挽回的负面影响。例如一部分危险类化学物品发生爆炸后，空气中有毒物质的浓度会大大增加，严重超过了人体所能承受的最大范围。

（二）石油化工企业火灾的危险性

（1）危害人员的生命安全。火灾本身对人体的伤害极大，人在火场中可能遭受灼伤、烟雾中毒等多种伤害，尤其是当火势较大时，人员逃生受阻或者被困在建筑物内部时，死亡的概率会大大增加。石油化工企业中常见的危险化学品如果发生泄漏或爆炸，可能会对人体造成更为严重的伤害。如苯、甲苯等化学品易挥发成气态，在空气中形成易燃易爆的混合物，一旦受到点火源的刺激就会发生爆炸，导致人员遭受烧伤、化学灼伤、烟雾中毒等伤害。火灾对人员的心理健康也会造成不可逆转的影响。石油化工企业中往往储存有大量危险化学品，这些物质的特殊性质和危险性质会让人们对其存在感到恐惧和不安，如果发生火灾，可能会让人们产生强烈的惊恐感和恐慌感，对人员的心理健康造成长期的影响。石油化工企业火灾对人员的生命安全造成了极大的威胁，需要加强预防和应急处置措施，保障人员的生命安全。

（2）危害周围的生产生活环境。火灾引发的烟雾和有害气体会对周围环境造成污染。在石油化工企业中，往往储存有大量的危险化学品，这些物质在火灾中可能会被氧化分解产生有害气体，如氮氧化物、二氧化硫等，这些气体对周围环境和人体健康都有很大的危害。火灾可能会对周围的建筑物、设施造成破坏，甚至引起爆炸。石油化工企业中常见的危险化学品如苯、甲苯等易挥发成气态，在空气中形成易燃易爆的混合物，一旦受到点火源的刺激就会发生爆炸，导致周围建筑物和设施的损毁，甚至引起次生灾害。火灾对周围环境的污染和损坏可能会引起社会不安，造成民众的恐慌和不安全感，从而影响到社会稳定。加强石油化工企业火灾的预防和应急处置工作，采取有效的措施减少火灾对周围环境的危害，对于保障社会环境的安全稳定具有重要的意义。

（3）危害企业的财产。石油化工企业一旦发生火灾，将对企业的财产造成严重的损失。石油化工企业往往拥有大量的贵重设备和化学品储罐，一旦遭受火灾破坏，会对企业的生产、经营和发展带来严重的影响。特别是在一些大型石油化工企业，由于设备规模较大、设施复杂，灭火难度较大，因此一旦发生火灾，火势往往会迅速扩散，引发连锁反应，给企业带来严重的经济损失。为了减少石油化工企业火灾对企业财产造成的损失，企业需要采取预防措施，完善火灾应急预案，加强安全生产管理等方面的工作，以降低火灾发生的概率，同时加强灭火救援力量的配备和装备，迅速进行灭火，防止火灾扩散和蔓延。

（三）石油化工企业火灾造成的原因

（1）人为因素。人为因素是石油化工企业火灾发生的重要原因之一，这些因素通常是由于员工或管理者的疏忽或不当行为导致的。员工的操作失误是最常见的原因之一，例如，工人在进行操作时未按照工艺流程进行操作，忽视了安全措施等。这些操作失误可能导致火灾和爆炸等事故的发生。人为因素还包括员工的技能水平不足，如在操作过程中技术不熟练，对设备的使用不当，无法及时发现和解决设备问题，这也是造成火灾的原因之一。人为因素还包括员工的意外疏忽，如未能正确地关闭设备，使用过程中不遵守安全操作规程等等，这些疏忽可能会导致火灾的发生。对于这些问题，石油化工企业需要通过加强员工培训和教育来增强员工技能和安全意识。此外，企业还应该建立健全管理制度和安全管理体系，以确保员工遵守规章制度和安全操作规程，减少人为因素对火灾发生的影响。

（2）设备故障。石油化工企业火灾的另一个主要原因是设备故障。石油化工企业的设备通常具有高温高压、易燃易爆等特点，如果设备没有得到及时有效的维护，就可能会出现故障或损坏，导致火灾的发生。由于设备的制造和安装质量问题，设备在使用过程中可能会出现各种故障，例如，设备中的管道破裂、接头松动、泄漏等，这些故障很容易引起火灾。设备在长时间的使用过程中，由于磨损、老化等原因也容易出现故障，这些故障包括设备部件的破裂、变形等。对于这些问题，石油化工企业需要建立完善的设备维护体系，定期对设备进行维护和检修，及时发现和解决设备问题，从而减少设备故障对火灾发生的影响。

（3）安全管理不到位。安全管理不到位也是导致石油化工企业火灾发生的原因之一。安全管理是石油化工企业的核心管理，其主要任务是对企业内部安全管理制度进行完善和贯彻执行，通过科学的管理方法和措施预防和减少事故的发生。如果安全管理不到位，就可能会导致石油化工企业存在一些安全隐患和漏洞，增加事故发生的风险。安全管理人员的能力和素质不足是导致安全管理不到位的主要原因之一。石油化工企业安全管理人员是企业内部重要的管理人员，他们要负责制定企业的安全管理制度、组织安全培训、制定应急预案等工作。如果安全管理人员的能力和素质不足，就会影响到企业安全管理工作的质量，从而增加事故的发生率。安全管理制度不完善也是导致安全管理不到位的重要原因。完善的安全管理制度是防止事故发生的重要手段之一，石油化工企业应该根据企业自身的特点制定完善的安全管理制度，并对制度进行严格执行。如果企业安全管理制度不完善，或者制度执行不力，就可能会导致企业存在一些安全隐患，从而增加事故的发生风险。石油化工企业在安全管理方面可能存在的其他问题还包括：安全培训不到位、安全投入不足、安全设施不完善等。安全管理不到位是导致石油化工企业火灾发生的重要原因之一。因此，石油化工企业必须加强对安全管理工作的重视，加强安全管理人员的培训和素质提升，制定完善的安全管理制度，加强对制度的执行，从而有效预防和减少石油化工企业火灾的发生。

（4）外部因素。石油化工企业火灾是一种严重的安全事故，通常会造成巨大的人员伤亡和经济损失。其中，外部因素，如自然灾害，也是造成石油化工企业火灾的主要原因之一。例如，地震、洪水、台风等自然灾害会破坏石油化工企业的设备和基础设施，从而导致火灾的发生。例如，当地震发生时，建筑物和设备可能会受到损坏，电力供应可能会中断，这可能导致火灾。此外，当洪水发生时，石油化工企业的设备和管道可能会被淹没，导致设备故障或漏油，从而引起火灾。台风则会带来强风和暴雨，可能会摧毁建筑物和设备，导致火灾的发生。自然灾害还可能导致石油化工企业的化学品泄漏，从而引起火灾。例如，当地震发生时，石油化工企业的油罐可能会受到损坏，导致化学品泄漏，这可能会引发火灾。类似地，当洪水发生时，化学品可能会被冲走或泄漏，这也可能导致火灾的发生。自然灾害是造成石油化工企业火灾的主要外部因素之一。石油化工企业应该采取有效的安全措施，以减少自然灾害造成的影响。例如，加强设备和基础设施的抗震和防洪能力，建立完善的应急预案，加强员工和管理人员的培训，定期进行安全演练和维护消防设备等。

二、石油化工火灾扑救

现在石油化工行业已经成为关乎社会民生的重要行业，石油化工生产在发展的过程中会面临很多的问题，其中最为主要的就是非常容易发生火灾，现在我国的火灾管理主要从预防的角度进行了很多的探讨，对于火灾的扑救问题一般是消防人员需要关注的，所以对火灾扑救的探讨比较少，对石油化工企业进行火灾扑救与预防的探讨能够提高火灾扑救的效率。

（一）进行火灾扑救前的准备工作

（1）充分了解着火源。石油化工行业由于生产的特殊性，经常容易发生火灾，在进行火灾的扑救时，应该在接到火灾扑救的通知，就进行火灾扑救的准备工作，对该火灾应该先要了解到火灾的起火原因，了解着火源是什么。这样在火灾扑救的过程中，能够先对着火源进行扑救，这样能够控制住着火源。一般来说着火源都是易燃物，所以对着火源进行控制后，能够有效地控制火灾的一部分发展形势。同时对着火源进行了解，能够了解到火灾的发生原因是什么，然后根据着火源以及火灾发展后的形势，有效地判断火灾的发展路径，并且能够有效地判断出火灾在发展的过程中受到助燃物都是什么，对这些都有具体的了解后，然后需要根据着火源和火灾的发生路径分析选择的扑救的方法是什么，首先了解这火灾发生的起因以及助燃物，这样才能有的放矢地选择扑救的材料，同时根据火灾的发生路径，能够对火灾在进行扑救的时候，制定扑救路径方案，对火灾的现在的着火状况进行分析，然后对石油化工企业的布局进行充分了解，主要是确认在火灾发生区域中，是否有人员集中的区域，着重营救人员。

（2）制定火灾的扑救方案。火灾在扑救的时候有不同的方案，针对火灾的不同状况有不同的解决方案，比如对于石油化工企业因为原材料引起的火灾，在进行扑救的时候，应该充分了解该区域储存的原材料都有什么，同时对这些原材料的相关性质进行充分了解，对于这种的火灾一般在扑救的过程中选择的方式主要是选用相反的材料进行混合，比如对于这些能够燃烧的材料进行性质分析，选择一些和这些性质相反的材料，并且这些材料要尽可能地容易获取，同时获取的成本也比较低。这样在扑救的时候，主要把这些相反性质的材料撒在相应的位置，这种情况一般只针对石油化工因为原材料发生的火灾。但由于石油化工企业生产的产品也是易燃的，所以在制定扑救方案的过程中，也应该根据现场的火灾发展形势有针对性地制定相应的方案，比如对于火灾发展的形势还在继续蔓延、火灾的周边还有很多的助燃物时，在制定火灾扑救方案时应该先要对这些助燃物进行处理，可以对这些助燃物快速及时地移送到安全的地方。但是对于石油化工企业来说，由于石油化工的生产产品在储存的时候有严格的条件限制，所以即使再短暂的摆放，但由于储存的条件不能满足，这种情况也容易发生次级火灾，并且由于石油化工的生产产品一般来说相对比较重，量也是比较大的，所以在进行移送的过程中，会需要大量的人力和物力。在火灾还在发展的时候，应该把重点集中在火灾的扑救上，不过这种的扑救方案对于石油化工生产的产品较多时不适用。因而一般对于石油化工行业来说，经常采用的方案就是进行区域的阻隔，需要充分地了解该石油化工建筑的构造形势，然后把一些不容易燃烧的物体摆放在火灾即将达到的区域，这样能够避免火势的继续扩展。

（二）制定火灾扑救的重点

（1）火灾扑救时要制定好扑救的顺序。火灾在扑救的时候应该制定好扑救的顺序，火灾扑救讲究方法的，比如面对一场火灾，应该首先要了解可以从根源上阻断火灾的区域，针对这些区域进行具体的分析，然后有针对性地采取相关的措施进行火源的阻隔，避免造成火灾的快速蔓延。针对这两个区域制定好相应的方案之后，需要分成两队进行火灾的扑救，然后留设一个专业的火灾营救队伍，专门用来营救被火灾困住的人员以及非常珍贵的物品，这样在火灾扑救的时候，兵分三路进行，同时对于控制火灾形势的消防人员和另外一个扑救火灾源头的消防人员，在火灾扑救的过程中，如果遇到一些任务影响到火灾营救人员的情况时，应该以营救人员为主。在整个火灾的营救过程中所有的消防人员虽然有自己的营救顺序和营救方案，但是在面临有冲突的时候，应该配合营救生命的队伍。同时火灾扑救应该有着一套完整的顺序是指从知道有火灾到采取行动再到整个火灾被扑救，这整个流程是有先后顺序的，比如在发生火灾的时候，先要了解发生火灾的地区，根据石油化工的建筑构造分析火灾的发展方向，然后制定一套控制火灾发展的方案，让消防的队伍充分地了解到该石油化工厂的建筑结构，同时在抵达火灾的发生区域之前，就应该根据营救的指示知道化工厂生命被困的具体位置，根据石油化工厂的结构，制定一套相对严谨的生命营救方案，最后根据现场的火灾形势确定着火源然后及时设计着火源的扑救方案。

（2）火灾扑救时对方案的重点可以灵活调整。石油化工厂从火灾通知到具体展开营救，中间的时间非常的短，所以在进行火灾方案制定的时候，一般根据火灾的现场状况进行快速分析，及时制定相应的方案。即使提前了解到石油化工厂的建筑结构，但是在实际的扑救过程中会出现和原先计划的情况不符合的，并且这种的状况对于石油化工这种厂子结构以及设备的分析相对较为复杂。因而一般在火灾扑救的时候，经常出现一些计划之外的状况，对于这种情况，应在火灾营救准备时进行考虑，在火灾的扑救准备工作时候，应该针对火灾的扑救先组建三支队伍，然后对于每一支营救队伍在选择方案的时候，应该设定一些辅助的方案，这样在面临一些计划之外的情况时，可以灵活地进行调整，同时在一线的扑救人员面临和计划中情况不符合的状况时，在火灾扑救的准备工作时，应该配有相应的感应器，配有快速传递信息的耳机和镜头，这样在灵活选择方案的时候，能够让外部的人员具体看到火灾的一线状况，能够让外部的扑救人员观察选择这样的方案对整体的火灾扑救是否有影响。同时火灾扑救的过程中进行方案的灵活调整，针对火灾中面临需要营救人员时，应首先施救，然后对整个火灾扑救具体任务进行调整，所以对于本身的任务应该进行灵活的调整。

（三）火灾扑救遵循的主要原则

（1）控制火灾蔓延和拯救生命同时进行。火灾在扑救的过程中，重要的就是营救生命，同时需要控制住火势，减少火灾对更多的人造成伤亡。对于石油化工工厂来说，一般发生火灾情况是没有时间规律的，在白天发生火灾的时候，通常石油化工工厂都有一线的工作人员，所以火灾进行扑救中营救生命是最为关键的，但是由于石油化工工厂自身的原材料以及生产的流程和生产的产品，石油化工工厂的各个地方都是助燃物，所以对于石油化工工厂在进行火灾扑救的过程中，需要针对火灾发展的形势进行分析，然后快速地采取相应的措施进行控制。因而在对石油化工工厂进行火灾扑救的时候，应该在拯救生命的同时控制火灾进一步地蔓延，这两项都是在火灾扑救中最为重要的部分，不能忽视掉任何的一方。

（2）社会效益最大化原则。石油化工企业本身生产就是一个巨大的助燃物，一般在火灾扑救的时候，营救生命是首要的原则，但是对于石油化工工厂发生火灾后，如果只是想着进入火灾中营救人员，而次要关注火灾的发展形势，这种情况非常容易造成火灾得到更多的助燃物，进而造成更大的火势。一般火势的蔓延速度非常的大，尤其是大火的火势蔓延速度，所以即使之前研究的火势没有可能影响到周围的区域，但是在实际情况下，石油化工的某些没有充分观察的区域有威力较大的助燃物，这种情况直接就会造成火灾的发展形势瞬间地扩大，甚至直接影响到周围区域的人员，所以对于石油化工工厂来说，在发生火灾的时候，制定的火灾扑救方案应该是秉持着社会效益最大化的原则，生命的营救最为重要，不能放弃营救每个生命，但是制定的方案也应该是有利于优先营救人员[①]。

三、石油化工企业火灾灭火救援的具体策略

（一）提前预防与应急处理

预防和应急处理是石油化工企业安全管理的重要组成部分。为了确保安全生产，企业需要采取一系列措施预防火灾的发生。首先，加强设备维护保养和

① 杨志恒.关于石油化工火灾扑救与预防的探讨[J].经济技术协作信息，2022（26）：177-179.

定期检查是必要的，及时发现并排除潜在的安全隐患。其次，企业应加强员工安全意识教育和培训，使员工能够熟悉火灾预防和应急处理的相关知识和技能。此外，制定应急预案，并定期进行应急演练，可以有效提高企业应急处置能力，保障人员安全和设施完整。当火灾发生时，企业需要立即启动应急预案，迅速切断火源，并采取措施保障人员安全和设施完整。在火灾初期，应迅速进行火灾扑救，控制火势，尽快将火扑灭。在扑救火灾的过程中，应注意安全，根据火源类型、燃料种类、火势大小等因素选择合适的灭火器材和防护装备，确保灭火人员的安全。同时，企业还需要做好火灾现场的疏散工作，保障人员的生命安全。

（二）组织应急救援力量

石油化工企业要建立健全的应急救援体系，组织专业的应急救援人员，提高应急处置能力。企业应加强安全生产管理，建立健全管理体系，加强安全生产教育和培训，增强员工应急意识和应急能力。在平时，企业应预先部署应急救援力量，做好人员和物资的准备工作。同时，企业应与当地政府和消防部门保持密切联系，建立联动机制，及时获取救援资源和技术支持。在应急救援工作中，企业应迅速启动应急预案，组织专业救援队伍进行处置。在救援过程中，应注意人员安全和现场环境保护。同时，应根据不同的应急情况，灵活调配救援力量，保证救援效果。

（三）选择合适的灭火器材

选择合适的灭火器材是灭火工作的关键。针对不同的火源类型、燃料种类和火势大小，选择合适的灭火器材可以更有效地灭火，减少灾害造成的损失。常见的灭火器材有干粉灭火器、泡沫灭火器、二氧化碳灭火器、水雾灭火器等。干粉灭火器是一种通用型灭火器，适用于多种火源类型，包括液体、气体和固体火源。干粉灭火器可以迅速扑灭火源，具有灭火速度快、灭火效果好的优点，但是干粉灭火剂在使用过程中会产生粉尘，对人体和设备有一定的腐蚀性，需要注意清理和防护。

泡沫灭火器是一种适用于液体火源的灭火器。泡沫灭火器可以在液体火源表面形成泡沫覆盖层，防止氧气接触，达到灭火的目的。泡沫灭火器灭火效果好、避免复燃，但是使用过程中需要掌握泡沫浓度的控制和扑散的方法。二氧化碳灭火器是一种适用于电器设备、液体和气体火源的灭火器。二氧化碳灭火器可以迅速扑灭火源，不留任何残留物，不会对设备造成损害，但是使用时要注意控制灭火剂的扩散，以免对人体造成危害。水雾灭火器是一种适用于固体火源的灭火器，水雾灭火器将水加压喷出，形成雾状水滴，可以吸收大量热量，快速冷却火源。水雾灭火器可以迅速灭火，对环境无污染，但是使用时要注意选择喷头和控制水流量，以免对设备造成损害。选择合适的灭火器材是灭火工作中非常重要的一环。在平时的培训中，需要对不同类型的火灾及其应对方法进行讲解，并对灭火器材的选择和使用进行详细的讲解和演示。在灭火过程中，还需要配备适当的防护装备和通风设备，确保消防人员的安全。

（四）开展事后评估和复原工作

当火灾事故发生后，企业需要尽快开展事后评估和复原工作，以最大限度地减少经济损失和环境影响，同时总结教训，完善应急预案和管理措施，提高安全生产水平，防止类似事故再次发生。进行事后评估是非常重要的。评估工作需要对火灾事故造成的损失和影响进行全面的调查和分析，包括人员伤亡情况、设施损失、环境影响、生产受阻情况等各个方面。评估需要有系统的流程和严谨的方法，可以通过调查问卷、实地调查、数据分析等多种方式进行。通过评估结果，企业可以了解到事故发生的原因和缺陷，同时也可以总结经验，制定改进措施。

修复和复原工作需要根据受损程度和具体情况进行，一般需要包括清理和拆除残留物、检查和修复设备、恢复供电、通信和交通等基础设施，以及重新组织生产等方面。

修复和复原工作需要有专业的技术人员进行，同时也需要保证安全措施到位，确保不会对环境和人员造成进一步的伤害。事故发生后，企业需要总结经验和教训，通过分析原因和缺陷，制定改进措施和对策，完善应急预案和管理措施。这样可以提高企业的安全生产水平，防止类似事故再次发生，同时也可以为其他企业提供借鉴和参考。当火灾事故发生后，企业需要及时开展事后评估和复原工作，以尽快恢复生产和减少损失。通过评估、修复、总结经验和改进措施，企业可以提高安全生产水平，保障员工安全，保护周边环境[①]。

第五节　石油化工企业消防安全管理技术

石油化工企业是社会生产中重要的一部分，也是安全事故发生的主要原因。石油化工企业在生产过程中具有较大的危险性，不仅需要大量的人力、物力和财力，而且容易产生爆炸、火灾等事故。因此，在石油化工企业的生产中必须做好现场消防安全管理工作，提高消防安全管理水平，防止事故发生。然而，由于石油化工企业自身具有较大的特殊性，加上施工现场和生产运行情况较为复杂，这就增加了石油化工企业的消防安全管理难度。所以，在实际工作中，必须对现场消防安全管理策略进行深入的研究与分析，加强对现场消防安全管理工作的重视程度。

石油化工企业在生产过程中涉及多种化学物质和材料，容易引发火灾、爆炸等事故。例如，在生产过程中使用汽油、酒精、丙酮、苯等化学物质时会引发火灾；在生产过程中使用氨气、氢气等气体时会引发爆炸。因此，在石油化工企业的现场消防安全管理过程中要严格控制各种因素对生产和施工的影响。但是，现阶段我国石油化工企业现场消防安全管理中还存在一些问题，例如部分企业消防安全管理意识淡薄、消防设施设备配置不合理等。针对这些问

① 马光．石油化工企业火灾危险性分析及灭火救援对策研究 [J]. 中文科技期刊数据库（全文版）工程技术，2023（5）：56-59.

题要采取有效措施进行解决和改进。

众所周知，保障石油化工企业安全生产既是维持能化产品供应稳定性的主要手段，也是推动能化建设可持续发展的重要举措。但笔者在实际调查中发现，在影响我国能化生产的诸多因素中，消防安全问题不容忽视。这就要求石油化工企业必须转变传统管理理念与管理模式，对消防安全问题给予高度的关注度，结合企业当前阶段的实际发展需要，制定有针对性、科学性、时效性强的防火对策。在最大限度保障人们生命安全与财产安全的基础上，提高企业整体管理水平，推动石油化工企业沿着专业化、科学化、可持续化的发展方向不断迈进。

一、石油化工企业消防安全

（一）石油化工企业消防安全存在的主要问题

（1）石油化工企业消防设施设备不齐全。我国现存的石油化工企业大都建成于20世纪中后期，在长久的发展过程中，部分企业仍使用着最为传统的生产设备，这些生产设备在实际运行中已经无法满足现阶段生产建设的需要，导致在实际生产过程中出现了诸多不协调的问题。与此同时，设备长时间使用后，在消防安全上存在着诸多隐患，一不小心就会出现严重的火灾问题，这将会对石油化工企业消防安全管理工作带来十分不利的影响。此外，虽然部分企业已经配备了防火防爆的设备，但是企业管理层人员在采购消防设施设备时未从企业自身实际需求出发，导致所配备的消防设施设备难以应用到实际消防管理工作中。

（2）消防人员以及管理人员专业水平不够。一旦石油化工企业出现了火灾事故，企业中的消防人员发挥着至关重要的作用。然而在实际消防救援工作中，部分消防人员的专业能力较低，无法满足火灾救援工作的实际需求，导致火灾现场的消防隐患难以有效排除。此外，部分企业虽然专门组建了消防队伍，但是却忽视了对消防人员的培训工作，致使消防人员所掌握的理论知识与救援技巧仅停留在表面，未能及时进行更新学习。最后，还有一部分消防人员习惯了常规化的管理工作，甚至对消防安全检查工作出现懈怠的情绪，一旦石油化工企业出现了紧急问题，现有的消防人员难以在第一时间采取有效的应急措施，无法对事故问题做出处理，为后续的消防管理工作埋下了安全隐患。

（3）石油化工企业尚未建立完备的管理体系。在近几年我国石油化工企业的发展过程中虽然取得了一些优异的成绩，但是却忽视管理体制与管理制度的建设，导致消防安全管理人员难以充分界定自身行为，在开展消防工作时仅凭借以往的经验，存在着一定的随意性与主观性，这不仅会对石油化工企业生产经营造成不利影响，还严重影响了消防安全管理的整体质量。此外，由于完备管理制度与管理体系的缺乏，企业所制定的安全生产责任并没有充分落实到个人的身上，导致出现突发事故时，难以在第一时间找到项目负责人，给生产调度以及应急工作带来了许多难题。

（4）石油化工企业安全防护意识差。在石油化工企业消防安全管理工作中，无论高层管理人员还是一线工作人员都存在着侥幸心理，认为只要做好平常的工作就不会出现火灾问题。正是由于这一心理的存在，导致实际管理工作出现许多疏忽却未能及时发现，长此以往，逐渐发展为火灾隐患。此外，石油化工企业生产管理者在制定消防安全管理制度时，照搬照抄的情况较为普遍，导致所制定的管理制度与企业实际发展需求之间出现了诸多矛盾，难以真正发挥价值。

（二）针对石油化工企业消防安全问题的有效对策

1. 深化消防基础设施建设

针对石油化工企业当前基础设施建设中存在的主要问题，实际管理工作可以从以下几个方面着手进行。

（1）企业管理层应聘请专业人员对石油化工生产经营所需要的消防基础设施进行全面评估，针对一些需要专门建立消防站的企业，应高效、高水平地落实建设工作。

（2）石油化工企业在升级转型以及扩大再生产的过程中，必须在生产活动开始前配备可能需要的多种消防设备设施，确保消防设施设备与企业设备之间的适配性，其中不仅要配备专门的灭火器，还要建设消防蓄水池，确保所配备的一切消防设施设备符合国家质量标准。其中，针对一些易燃易爆的高危险性化工类产品，企业要配备高水准的自动消防设施设备。

（3）针对消防安全管理人员的配备以及消防建设的投入，企业要做好资金管理工作，确保预算充足。

（4）部分新建企业在选址时要加强对周围环境的考察，将水源、气候、风向等因素全面考虑进去，将潜在的消防隐患扼杀在萌芽中。

（5）企业应组织专业团队负责消防设施设备的维修保养工作，及时发现设施设备存在的故障问题并第一时间予以解决，为企业消防安全管理提供强有力的保障。

2. 提高人员专业水平

人员作为石油化工企业消防安全工作的主要组织者与参与者，其自身专业技能与综合素养将会对消防安全管理工作整体水平带来直接影响。鉴于此，首先，针对优秀人才可以开设“人才引进绿色通道”，为企业消防安全管理工作的开展提供源源不竭的人才支撑。其次，石油化工企业应建立专门的人才选拔录用制度，吸纳专业基础过硬、综合能力强、工作经验丰富的人员加入企业。此外，消防管理人员要定期进行专项培训，不仅要确保人员熟练掌握消防理论知识，更要能将所学理论知识灵活应用到消防管理实践工作中。最后，消防管理人员应为从事生产操作的员工提供专业指导，强化员工在生产活动中的防火意识，以高度严谨、认真的态度处理各项操作工作。

3. 构建完备的消防安全管理体系

（1）石油化工企业需要以《中华人民共和国消防法》为主要依托，在相关法律法规的范围内开展一切生产活动。

（2）石油化工企业在完善现有的消防安全管理制度时，应立足于企业当下发展实际需要，正确处理好科学性、实践性与合理性三者之间的关系，在此基础上全面开展消防体系构建工作。

（3）要分时期、分阶段对企业内部生产活动进行安全隐患排查，在发现工作人员存在违规操作后一定要第一时间予以制止，并进行严格的惩罚，确保不会再次出现类似的错误，凸显法律法规的尊严，并达到警示全体人员的目的。

（4）企业管理者与生产人员要将“安全生产”摆在企业全局工作的核心位置，将安全生产理念、安全生产程序贯彻落到实处。

（5）石油化工企业石化装置的运行同样需要配备可靠的消防设施设备，并定期对消防设施设备进行全面检测，确保其可以正常运行，在出现异常情况后可以及时发挥作用。

（6）石油化工企业的监督管理工作不能仅依靠上级部门，而是做好自我管理、自我监督，针对可能出现的消防安全问题一定要制定多种应急措施，只有做到未雨绸缪，才能最大限度减少火灾问题的出现，确保企业生产活动可以顺利进行，为我国经济社会建设贡献出一份力量。

4. 提升安全防护意识

（1）企业要定期开展安全教育工作，提高安全教育工作的针对性。在实际教育活动中，不仅要向人员传输安全理论知识，还要确保人员掌握基础的安全防护技巧，并可以灵活应用到实际工作中。

（2）要确保人员在思想意识层面树立高度的安全意识，改变以往被动的学习状态，主动将安全意识、消防意识转化为自身行为的有效指引，自觉树立高度的安全管理理念。

（3）企业要不断强化自身责任意识，肩负起安全管理责任，自觉履行安全管理义务，将安全管理意识与责任意识渗透到石油化工企业生产管理的各个环节，从企业领导层、总部部门、到各个车间、各个工段与班组，全面做到“层层抓消防、层层管防火”，确保全体成员无论是在生产环节还是日常活动中都要树立高度的安全责任意识。

综上所述，社会生产生活对能源需求与日俱增，这对石油化工企业来说，既是机遇也是挑战。现阶段，石油化工企业生产规模不断壮大，随之也出现了多种消防安全问题。为此，企业必须树立高度的消防安全意识、不断完善现有的管理制度、强化消防基础设施的建设工作、提高人员专业能力。希望通过以上举措，可以对新时期石油化工企业消防安全管理提供一定帮助[①]。

二、石油化工企业消防监督检查

（一）石油化工企业消防监督检查的重点

（1）全面掌握监督管理的具体内容。目前，在对石油化工企业进行管理时，主要的工作内容就是对各种原材料和生产工艺流程进行监督与管理。最普遍、最常用的检查方法就是“双随机、一公开”，即在监管过程当中随机抽取检查对象，随机选派执法检查人员，并把抽查情况和查处结果及时向社会公开，这样不仅时间充足，而且也使得检查工作更加的细致。有的石油化工企业会依照自身的实际发展状况来对各项新技术进行创新和优化，对生产线做出及时的调整和完善，还会应用许多新工艺，并在此基础之上对其进行革新。但若想使这些内容得到有效落实，还需要相关的行政单位对其进行审批与认可，若是没有进行大规模的优化，那么就可以在企业内部进行审定。所以，相关的消防监督人员一定要对石油化工企业的优化情况和生产技术流程有全面的了解和掌握，并且预见设施优化之后的具体状况，进而为检查工作的顺利开展奠定良好的基础。

（2）充分掌握石油化工储运设施的实际状况。首先，在对消防进行监督管理的过程当中，一定要对各种类型的材料以及储罐的具体状况有详细的了解，确认泄漏收集装置的完好。由于每种物品的化学性质都各不相同，所以，

① 周东．浅析石油化工企业消防安全与防火对策 [J]. 石油化工建设，2023（8）：24-26.

要对其进行分类储存。例如防火墙和防火隔堤，要对其进行细致全面的检查。在存放危险品的仓库当中要设置围堰，防止有液体流出，同时还可以避免雨水的倒灌问题。其次，相关的监督管理人员还要对消防设施的具体状况进行测试，看其是否存在缺陷。最后，要对危险品建立一个健全、完善的防治体系，并且要明确划分工作人员的具体责任，使其能够对相关的规章制度和法律法规有一个全面的了解和掌握。

（3）全面检查石油化工企业消防设施的配置情况。石油化工企业为了给消防设施的正常运作提供保障，就要对消防控制室的主体位置进行明确，并进行细致的检查。在这个过程当中，石油化工企业要聘请具有专业资质的公司来提供相应的技术和服务，并且依据有关制度来设置相应的服务档案。有的石油化工企业在放置设施的区域需要涂上防火涂料，所以，一定要仔细检查，看其是否符合相关的规定要求。同时，还要对防火涂料的类型进行科学合理的选择。由于火灾的类型多种多样，而且与当地的地环境也有着较大的关系，所以，在防火涂料的选择上也具有差异性。除此之外，在进行消防监督检查时，还要具备先进的、端正的检查理念。要对石油化工企业内部设置的灭火体系和消防水泵的具体运作状态进行详细检查，并对潜在的问题进行挖掘，进而制定有效的措施对其进行解决，而且还要看消防设施的设置是否与实际情况相适应，防止出现漏项的情况。

（4）增强安全责任人的消防安全意识。消防安全责任人的设置可以在很大程度上确保消防安全管理工作的顺利进行。依据相关规定，在对消防安全责任人进行设置时，要由法人代表或是单位主要负责人来担任，不能由普通员工负责，否则就会对安全管理的通畅性与严肃性造成不良影响。消防安全责任人要对员工安全知识进行积极的培训，增强他们的安全意识，丰富他们的安全知识储备，进而促进他们火灾处理能力和水平的提升。

（二）石油化工企业消防监督检查中存在的问题

（1）技术装备问题。有的石油化工企业在具体运作时，自身的技术装备存在问题，致使不能取得良好的消防监督检查效果。石油化工企业的技术不断推陈出新，但企业自身并未对技术装备进行及时更新，也没有对具体的操作流程有详细了解和掌握，而且对于市场当中容易引发的消防问题缺乏重视，这都在一定程度上阻碍了消防监督检查工作的顺利展开。在实际工作的过程当中，相关的工作人员由于不具备健全的技术装备，也就不能对工作的各个环节进行良好的监督。有的设施和技术十分陈旧、落后，这不仅浪费时间，浪费金钱，而且还使得安全风险系数增加，最终致使消防监督检查部门的职责与功能不能得到充分发挥。

（2）管理体系问题。在对石油化工企业进行消防监督管理的过程中，管理体系也存在问题。究其原因主要是由于有的石油化工企业并没有对安全管理体系进行完善和优化，这必定会对日常工作的顺利开展带来较大的阻碍。石油化工行业有着较多的工作内容，而且会受到不同因素的影响，这也就大大增加了安全事故的发生概率，人们对于石油化工企业生产的安全性也是忧心忡忡。然而，大多数的石油化工企业还没有对安全管理体系的建立给予高度的重视，在实际生产时，还在沿用传统的方法和技术，不仅具有滞后性，如果发生安全事故，也不能以最快的速度对其进行处理和解决，必定会给石油化工企业造成较大损失。

（3）专业人员问题。无论是哪个企业的人员，都会对企业的发展有着十分关键的作用和影响。但从目前石油化工企业的发展现状来看，并没有对专业人员的配备给予高度的重视，这就致使消防监督检查工作当中缺少专业人员，不仅不利于相关工作的顺利开展，而且也会影响石油化工企业的发展和进步。即使有一小部分石油化工企业配备了专业人员，但都是入职不久，不具有丰富的工作经验，而且专业技能和水平也有待提升，没有对其进行系统的培训与考核，不能对石油化工生产有一个深刻的理解和认知，在实际工作时也不能对相应的消防设施进行灵活地应用，这必定会对消防监督检查工作的质量和效率造成直接影响。

（4）消防设施管理问题。由于石油化工企业具有较高的危险性，因此，一定要对其消防安全监督检查工作给予高度的重视，并对其进行精细化的管理。然而，从目前的消防监督检查现状当中发现，大多数的石油化工企业并没有配备健全、完善的消防设施，有的甚至已经出现陈旧、老化的现象，没有对其进行及时更换，一旦发生火灾，不能把消防设施自身的功能与作用充分发挥出来。由于石油化工企业自身的工作流程较为烦琐复杂，而且实际生产时还会发生许多不同类型的物理化学反应，所以会在企业内部建设许多高大的厂房，但它们之间的建设过于密集，导致防火间距不足，这就大大增加了火灾发生的隐患。如果发生火灾，就会导致气体或液体渗漏，加快火势的蔓延速度，甚至还会发生一系列的连锁反应。有的石油化工企业还把生产厂房还建在了消防车道上，若是发生火灾，这在很大程度上就增大了救援难度，甚至会对救援的顺利开展造成阻碍。

（三）应对石油化工企业消防监督检查问题的措施

（1）对技术进行优化和创新。为了能够对石油化工企业消防监督检查工作当中存在的问题进行有效解决，就要从石油化工企业自身的实际情况出发，对存在的问题进行分析，并制定科学合理的对策进行有效解决，进而为石油化工企业的稳定、可持续发展提供保障。例如，石油化工企业当中存在的技术装备问题就需要企业与时俱进，对技术进行不断地优化和创新，这样才能改善石油化工企业目前的生产现状，保证生产工作的有序进行。在进行实际实践时，相关的工作人员要对石油化工企业的生产特点和活动内容有一个全面的了解，并对其中所存在的安全隐患进行综合分析，然后制定与其相符的技术手段来对装备问题进行完善。这样不但能够对技术进行革新，而且还能提高石油化工企业的生产质量和效率，进而为企业赢得更多的经济效益和社会效益。

（2）完善管理体系。为了能够使得石油化工企业消防监督检查工作得到有效的落实，那么就要对其自身的管理现状进行全面分析，立足发展现状来对相应的管理体系进行完善和优化，建立健全消防安全管理体系。主要内容有消防安全管理制度的制定、专业消防安全队伍的构建等，而且还要把责任制进行有效落实。这样不但可以增强相关管理人员的安全意识、管理意识和责任意识，还能够在很大程度上对消防安全监督工作的顺利开展起到积极促进作用。同时，石油化工企业自身还要对工作人员进行定期的安全教育，并依据自身的发展需求来制定制度。通过书面的形式发放给员工，使员工能够对自身的责任和义务有清晰的认知，进而为各项生产活动的顺利展开提供保障。另外，石油化工企业还要对之前发生的安全事故进行归纳和总结，汲取经验和教训，并构建完善的消防安全管理体系，对一些容易发生安全事故的细节给予高度的关注，并制定科学合理的解决方案，使得管理体制能够得到有效落实和执行。除此之外，企业还要在相关的引导下建立微型的消防站，建立一支属于自己的专业消防灭火救援队伍，定期进行专业化和系统化的培训，并要确保专业消防器材配备的齐全和完善，对责任进行明确划分，把值班制度进行有效落实和执行，做好相关的安全评估工作，保证相关的值班人员能够严守自身的岗位，一旦发生火灾，可以迅速地赶往火灾现场对其进行有效处理。若是有可能，要把火情遏制在萌芽状态，把火灾造成的伤亡和损失降到最低。

（3）重视人才培养。石油化工企业若想长远地发展下去，离不开人才的支持。为了能够使得工作人员的综合素质能力得到提高，石油化工企业一定要了解员工的具体状况，并以此为基础来对培养方案进行科学合理的制定。在对先进人才进行引进时，要考察其专业能力和经验储备，看其是否具备过硬的专业知识和技能，以便可以快速地参加到实际生产工作当中，进而促进工作质量和效率的提高。对于现有的员工来讲，石油化工企业可以聘请一些专家来举办讲座，并给予相应的指导，使其掌握更多事故发生后的紧急处理技术和知识，最大程度降低安全事故发生概率的同时，也使得员工的安全意识得到提升。

综上所述，石油化工企业是我国经济结构的关键组成部分，但由于其自身的特殊性，在实际生产时极易引起爆炸和火灾，对国家经济效益带来明显的影响。因此，石油化工企业在具体生产时一定要严格按照国家的相关标准和要求进行生产，重视消防监督检查的相关事项，保证生产过程的稳定和安全，进而为国家经济的发展打下坚实的基础①。

三、石油化工企业消防安全管理

（一）石油化工企业消防安全管理现状

（1）管理体系不健全，管理意识有待提升。石油化工企业的现场消防安全管理工作主要包括生产现场消防安全管理、日常防火巡查以及火灾隐患排查整治等，这些工作的开展是保障生产活动安全进行的基础。然而，现阶段，石油化工企业的现场消防安全管理工作并未形成完善的体系，仍存在许多不足之处。具体表现在以下几个方面：首先，相关工作人员对消防安全管理工作的重要性认识不足，缺乏对消防安全管理工作的重视；其次，企业未针对自身实际情况制定出一套科学合理、符合实际的消防安全管理体系；再次，部分企业对日常防火巡查制度缺乏深入了解，导致部分问题出现时不能及时进行整改；最后，企业对火灾隐患排查整治工作并不重视，没有制定出相应的检查标准及要求。上述问题严重影响了企业现场消防安全管理水平的提升。

（2）防火间距不足，设备设施无法满足要求。石油化工企业通常会设置多个生产装置及辅助生产装置，这些装置与其他生产装置之间会存在一定的距离。然而在实际生产经营活动中，石油化工企业的厂房占地面积相对较大且功能较为复杂。部分石油化工企业未能充分考虑到厂房内设备及管线与其他生产装置之间的距离问题，导致生产过程中产生的大量可燃气体与粉尘在厂房内聚集。一旦发生火灾事故，容易引发重大人员伤亡和财产损失。因此，石油化工企业在设计厂房时应充分考虑到防火间距问题。但现阶段很多石油化工企业并

① 赵剑 . 探究石油化工企业消防监督检查中的问题 [J]. 国际援助，2023（25）：55-57.

未采取相应措施解决防火间距不足问题。

（3）消防设施配备不齐、维护保养不到位。石油化工企业通常会设置有多种类型的消防设施设备，这些设备会在不同程度上影响到石油化工企业现场消防安全管理水平。例如，在储存方面，石油化工企业通常会设置有储罐、储罐间、泵房等场所，这些场所内安装有大量的消防设施设备，一旦发生火灾事故，很容易造成严重后果。除此之外，石油化工企业在日常消防安全管理过程中也未对各类消防设施设备进行有效维护保养，导致消防设施设备出现不同程度故障或老化问题，进而影响到消防安全管理水平。

（4）员工素质较低、责任心不强。石油化工企业属于高危行业之一，在生产经营过程中会产生大量易燃、易爆气体和粉尘。在实际工作中会存在以下几个方面问题：一是部分员工缺乏必要的防火意识和安全意识；二是部分员工在实际工作中存在严重的违规操作行为；三是部分员工未具备专业技能和操作水平；四是部分员工缺乏必备的安全生产知识和自救常识；五是部分员工缺乏基本的安全防范意识和安全责任意识。

（5）生产工艺复杂、设备种类多。石油化工企业在生产经营过程中涉及多种化工原料、有机溶剂以及各类设备、仪器等。如果这些化工原料、有机溶剂以及各类设备、仪器在运行过程中未做好防泄漏措施或存在泄漏隐患，就容易引发火灾事故或造成严重后果。此外，部分石油化工企业未按照国家规定对电气线路进行定期检查与维修保养工作，导致电气线路老化或存在安全隐患。

（6）安全培训效果不佳，应急处置能力不足。石油化工企业在开展安全培训工作时通常会邀请消防专家进行授课。然而部分石油化工企业在开展消防培训工作时并未聘请专业的消防专家进行授课，导致安全培训效果不佳、应急处置能力不足等问题出现。

（二）石油化工企业消防安全管理措施

（1）做好消防安全培训和教育工作。石油化工企业在进行生产作业之前，必须对相关的操作人员进行严格的培训，使其掌握安全操作规程以及火灾应急措施，这样才能保证石油化工企业在生产过程中的安全。另外，石油化工企业还要加强对相关操作人员的消防安全培训，使其掌握基本的消防技能，从而增强操作人员的消防安全意识和应急处置能力。在培训过程中要针对不同岗位的操作人员制订不同的培训计划，例如生产操作人员、消防工作人员、安全管理人员等。针对不同岗位的培训内容和计划要有所区别，使不同岗位的员工都能掌握基本的消防技能，这样才能有效提高石油化工企业现场消防安全管理水平。此外，还要定期对员工进行考核，对考核不合格的人员要进行再培训。

（2）定期检查消防设施设备。在石油化工企业的现场消防安全管理中，定期对消防设施设备进行检查是非常重要的。首先，消防设施设备的使用会对石油化工企业的正常生产造成影响，而且对于生产和施工过程中的安全也有一定的影响。因此，在日常工作中必须加大对消防设施设备的检查力度。例如，在消防设施设备的使用过程中，要严格按照规定进行操作和使用，避免因操作不当而引发火灾。其次，在检查过程中要注重对消防设施设备运行状况的检查。通常情况下，石油化工企业都会配备一些灭火器、消火栓等消防设施设备，这些消防设施设备在日常工作中不会出现故障。但是在实际工作中如果遇到火灾等情况需要进行灭火救援时，就会出现缺少灭火器材等情况。所以，在检查过程中要对这些消防设施设备进行重点检查，及时发现问题并及时解决。通常情况下，石油化工企业都会根据相关规定制定一些相应的制度和办法。例如在石油化工企业进行消防设施设备维护保养时要按照一定的程序和方法进行操作和维护保养。此外，在对消防设施设备进行维护保养时还要对相关人员进行培训，提高他们对消防设施设备的认识和了解程度。

（3）建立完善的消防安全制度。建立完善的消防安全制度是提高石油化工企业现场消防安全管理水平的重要保障。首先，要建立完善的消防安全制度，明确各岗位人员的责任，从根本上提升员工的消防安全意识，强化员工的安全生产意识。其次，要根据国家相关法律法规制定完善的消防安全制度，结合石油化工企业自身特点制定消防安全管理制度，将现场消防安全管理工作规范化、制度化、程序化。例如，在制定岗位职责时要明确各岗位人员在生产和施工过程中应履行的职责和义务，规范现场消防安全管理工作。最后，要建立完善的现场消防安全管理监督体系，明确企业各部门的责任分工，加强对员工的监督和管理。同时，要做好消防设施设备配置工作和日常巡查工作。总之，在石油化工企业的现场消防安全管理过程中要不断完善消防安全制度、规范现场消防安全管理工作，提高石油化工企业的生产效益。

（4）加强对易燃易爆物品的管理。石油化工企业在生产过程中会使用大量的易燃易爆物品，比如汽油、酒精、乙炔、氢气等。这些易燃易爆物品的运输和储存都存在较大的安全风险。因此，在石油化工企业的生产中必须加强对易燃易爆物品的管理工作。首先，在易燃易爆物品的运输和储存过程中，必须将易燃易爆物品放置在专用仓库内，禁止在室外堆放，防止发生意外事故。其次，在易燃易爆物品的储存过程中要采取合理的储存方式。例如，在石油化工企业生产中需要大量酒精、乙炔等易燃物品，因此可以将这些易燃物品放置于专用仓库内。但是，一些石油化工企业的工作人员将这些易燃物品存放于露天环境中，导致这些易燃物品遭受太阳光照射而发生自燃事故。最后，在易燃易爆物品的运输和储存过程中要对其进行严格的检查。例如，在运输过程中必须加强对易燃易爆物品的保护措施，防止发生意外事故。综上所述，石油化工企业是社会生产中重要的组成部分，具有较大的危险性。通过采取有效措施提高现场消防安全管理水平，预防事故发生，确保石油化工企业能够顺利、高效地进行生产活动。这不仅能够促进企业自身发展，还能够推动我国经济社会稳定发展。

（5）增强消防安全意识，加强日常检查和巡查。石油化工企业要严格落实消防安全责任制度，制定完善的消防安全管理制度。企业的主要负责人和各级管理人员要切实履行消防安全职责，认真落实消防安全管理工作。同时，企业要制定详细的生产计划和工作方案，对施工现场的重点部位和区域进行认真检查和巡查，及时发现火灾隐患并及时整改。再次，石油化工企业要定期组织开展防火检查和巡查工作，对施工现场存在的火灾隐患进行及时整改。最后，石油化工企业要定期组织消防演练活动，提高员工的灭火技能和应对火灾事故的能力。

综上所述，在石油化工企业的生产过程中，现场消防安全管理问题是一项复杂的系统工程，必须结合石油化工企业的生产实际，认真分析其特点，找到解决问题的有效途径。首先要对石油化工企业的消防设施进行改造升级，对新装置、新材料、新工艺等要严格把关。其次要加强对石油化工企业员工的消防安全教育和培训，增强其消防安全意识和消防能力，使员工能够严格遵守规章制度。第三要定期进行防火巡查，及时发现和消除火灾隐患。第四要加大对石油化工企业的监督检查力度，将各项措施落到实处。第五要加强对石油化工企业员工的消防安全培训，增强其消防安全意识和自防自救能力。第六要强化石油化工企业的防火安全责任制落实，明确消防责任。只有不断强化现场消防安全管理工作，才能保障石油化工企业的生产经营安全[①]。

---

① 木永节，李雪珍．石油化工企业的现场消防安全管理问题及对策 [J]. 中国科技期刊数据库 工业 A，2023（6）：49-52.

第五章　消防安全管理

第一节　社会单位消防安全管理

一、消防安全管理与监督

由于经济水平持续进步，使得城市建设也变得更加完善，城市人口大量提升增加了高层建筑的建成数量，也导致城市建筑结构变得更加复杂，从而给火灾形成带来了潜在的风险隐患，还使得消防救援的困难直线上升。要想强化城市的火灾防护与救援能力，消防部门还应该主动对管理方式进行创新，并从各个环节强化对消防管理的建设能力，进一步确保人民群众的生命财产安全。

（一）当前我国城市消防安全形势

近几十年来，我国火灾发生概率一直呈上升趋势，城市中的重特大火灾时有发生。这类火灾主要发生在人员密集的城市公共场所，尤其是大型商业中心、高层地下建筑等地方。造成这一问题的主要原因是这些场所的人口密集度高，火灾荷载远高于其他场所，并且存在一定的消防安全隐患。因此，一旦发生火灾事故，往往容易导致群死群伤的情况发生。此外，高层住宅中也经常发生重特大火灾，这进一步增加了城市火灾事故的总量。虽然国家在近年来已经加强了对城市火灾问题的重视，但是这个问题仍然存在。火灾事故不仅对人民群众的生命财产安全造成严重威胁，还严重阻碍了城市的发展进程，影响城市的正常运行。

导致火灾事故发生的原因有很多，比较常见的因素包括建筑物存在消防隐患、群众消防意识不强等。其中人为因素造成的火灾事故数不胜数，包括电动车上楼、烟头乱扔等，又或者在出门的时候未将房内香薰熄灭，香薰跌落到床单或是坐垫等易燃物上，导致火灾发生。其次，有相当一部分大型商业中心、高层地下建筑等人员密集场所，为了节省开支不能保证消防设施完好有效，为了室内空间或者客流量私自占用或改造堵塞消防通道，使得原本能够迅速疏散人群、及时控制火势的情况变得难以进行，造成火灾级别的扩大。此外，还有建筑物电线老化、电力设备不能及时更新导致的火灾。归根结底，根据以往城市火灾事故发生情况来看，城市消防安全监督管理存在一定问题。

（二）消防安全管理概述

1. 消防安全管理内容

消防安全管理工作也称消防管理工作，是在充分遵循火灾发生规律与社会经济水平的基础上，进一步考虑消防安全实施目标，并应用大量管理理念与方法开展各种活动。简单来说，消防安全管理工作期间主要涵盖以下内容。

（1）人员要素。在实施消防安全管理时对所有工作人员的不安全行为展开合理管控，进而实施消防管理工作。

（2）资金因素。涵盖了消防安全管理工作实施的全部经费支出。

（3）物质因素。采取的消防安全管理工作重点包括了基础设施、材料、能源等。

（4）信息因素。主要指的是合理落实消防安全管理工作应用的详细文件、标准与资料数据等信息内容。

（5）时间因素。重点涵盖了消防安全管理期间的步骤、时间与成效等。

（6）事务因素。重点涵盖了消防安全管理期间的目标责任与主要任务等要点。

2. 消防安全监督与管理的重要性

在实施消防安全监督管理期间务必应用合理的监督方式与管控措施，从而进一步推动社会经济发展，也更好地提供了安全保障，从而确保人民群众具有较好的财产与利益安全。针对建筑消防安全的监督和管理受到了管理单位的重点关注，并且在管理期间发挥了一定的成效，重点涵盖了消防制度建设、效果评估设计等，给新时代社会的平稳进步提供了稳定保障。优化的防火设计能够推动城市形象更好地优化完善。安全性更高的民用能够当作该座城市的品牌形象，也表示该城市能够提供更高程度的安全、技术以及经济保障，这通常能够给开发人员带来更强的好感，从而在资金的投入中更有信心，促进整个城市的资金引入，推动城市的发展。

（三）消防安全管理过程中存在的不足

（1）消防监督执法规范化程度较低。首先，在对消防机构进行管理期间采取的优化措施未跟随时代发展的步伐，仅仅凭借以往较为死板的方式对人民群众进行约束，要求其遵守相关规章制度，没有以群众为主体进行思考，了解群众需求，因此在执法期间常常会导致群众和消防监督执法人员当中出现激烈冲突。并且，还有一些消防监督执法部门在了解完群众需求后并未立即采取措施进行处理，也没有整理上报群众所反映的问题，办事效率不高。另外，还存在一些消防人员不具备较强的法律观念，在工作期间未落实相应的职责规范，并在监督执法过程中产生违规操作的情况，也未采用合理的制度进行约束，长时间如此，就会阻碍消防建设发展。

（2）消防安全责任主体需要进一步明确。消防单位作为日常生活过程中开展消防安全管理的关键工作部门，合理实施消防安全管理作为消防单位的重点工作之一。然而群众还需要在享受公民权利的基础上具有较强的责任观念，火灾防护与消防安全监督不能只凭借消防单位，还需要强化社会团体与群众意识。然而在具体日常生活期间，通常会由于行业管辖能力不够清楚使得消防安全监管工作开展不够严格，例如，针对部分工程建设期间加入工程建设单位中的消防安全观念不够清晰，也未根据相关条例配备完善的消防设施。再加上对消防安全进行监督管理的制度不健全，大多数乡镇单位无法充分落实社会公共服务的职能，以至于该区域的消防建设能力较弱。

一些地方往往把主要精力放在经济发展、招商引资上，而对消防工作只提出一些原则要求和总体目标，很少关心具体内容，个别地方领导认为消防工作是消防救援机构一家的事，致使开展工作时无章可循、有心无力。部分行业部门的领导对城市消防工作缺乏足够的重视，只有消防队在唱“独角戏”。有的地方行业管理部门没有成立专职的消防监督人员，有的虽有专职的消防监督人员，但对自己分管的消防工作底数不清、情况不明，导致业务缺失。此外，由于我国城市体制的特殊情况，多数城市行业部门消防人员存在着大量的“兼职”现象，导致了消防工作无法正常开展。

（3）需增强群众消防观念。在人民群众生活期间，即使消防单位会不定时将辖区内的群众组织起来学习消防知识，然而由于不具备多样化的安全宣传形式，使得消防安全管理方面相关制度不健全，因此群众针对消防安全知识的学习不具备较强的积极性，同时对生活环境与公共场所的消防安全保障不够重视。除此之外，一旦消防安全知识宣传借助网络宣传途径传播，就无法覆盖整个年龄阶段，一些老年人对于智能电子设备的应用不熟练，因此不能掌握到大量的消防安全防护与救援知识。

（4）材料选择未重视防火性能。在建设期间使用施工材料时，一般都会把价格作为关键的衡量标准，但是却没有重点关注材料中的防火性能。这给后期开展防火检查带来严重的影响，甚至还有部分施工单位在修建民用建筑时并没有充分考虑防火性，也未对一些材料的耐火极限程度提出严格的规定。而此种现象的发生，主要是因为我国经济发展较快，安全管理不能有效跟进。施工单位片面追求经济效益，并未在民生安全方面进行仔细的规定，使得建设单位过多地追求经济利益，而没有重视材料的防火性能，给后期施工带来较大的风险隐患。除此之外，应用在设计里的材料也未符合规定的防火性能要求，这也成为了无法控制火势蔓延情况的重要因素之一，当前大多数企业都将聚苯乙烯作为重点材料的装饰构件，频繁被使用在外墙当中，但是并未科学合理地对防火性能进行监管。

（5）城市消防基础设施建设严重滞后，与城市经济社会发展的要求极不相适应。由于城市建设速度加快，城市规划范围不断扩大，一些历史遗留的问题没有得到及时的解决，新的城市建筑不能满足消防要求，原有消防设施年久失修，一些重要消防设施、器材损坏严重。另外一些新建建筑消防设施建设跟不上，不能满足火灾扑救和人员疏散的需要。近年来发生的火灾表明，一些建筑没有设置室内消火栓系统、自动喷水灭火系统、防火卷帘等必要的消防设施和器材。这不仅严重影响了灭火救援工作，而且也为火灾蔓延提供了条件。

（6）消防宣传教育培训工作不到位，没有真正从思想上引起高度重视。目前，我国的消防宣传教育工作主要存在以下几个问题：一是宣传形式单一，仅局限于书面材料、电视媒体报道等传统方式，难以取得预期的效果。二是消防宣传教育培训工作不到位，消防宣传教育缺乏针对性和实效性，城市消防培训工作覆盖范围狭窄、学习方式单一，未能满足不同人群的需求。三是消防安全培训工作缺乏有效的激励机制，企业在对单位负责人和员工进行培训时，往往只是“开开会、讲讲话”，缺乏后续跟踪指导和有效的监督检查机制，造成培训流于形式，效果不佳。四是消防宣传工作投入不足。

（7）缺乏健全的城市消防监督管理体系。城市消防监督管理体系包括三个部分，一是国家消防法律法规体系；二是行政审批管理体系；三是社会消防监督管理体系。目前，城市消防安全监督管理还处在传统的防火安全检查阶段，缺乏系统、科学的城市消防监督管理体系，同时缺乏统一规划和有效的实施方案。部分监督人员法律意识淡薄，工作能力欠缺，执法行为不规范，在实际工作中出现了一些执法不严、行政不作为等现象，这些都严重制约了城市消防监督管理工作的开展和深入。

（四）消防监督管理模式创新

1. 强化部门之间的关联与合作，增强共管格局

从当前城市消防安全监督管理的现状来看，各部门之间存在着一定的脱节现象，很多部门之间都没有建立起有效的合作机制，从而导致了消防安全监督管理工作中出现了很多问题。对此，在消防安全监督管理工作中，首先需要明确各部门之间的责任和义务，确保消防安全监督管理工作中各个部门之间的紧密联系，从而更好地落实消防安全责任制。在工作过程中，如果某一个部门没有履行好自己的职责，就会导致整个消防安全监督管理工作受到影响。因此，各部门在消防安全监督管理工作中需要积极地进行协调合作，从而更好地落实消防安全责任制。

消防安全监管作为一项需要花费较长时间与动态化监管过程的项目，在具体操作期间需要创建更高效的联防联控意识，并在地方政府与各行政、执法部门的努力下，给消防管理效能优化提供可靠基础。建设单位与工商部门应各自承担与建筑结构审核和消防验收相符的工作项目，针对与消防审批标准不一致的，应延迟派发或取消房屋权属证书、营业执照等发放，并且在关键节日、活动过程中应将联合执法为依托实施专项检查，最大化消除消防风险隐患。要想合理确保机制能够更长时间运行，还需要对制度层面进行充分的保障，创建工作例会制度，并以季度、半年度为节点举办部门联动例会，并对辖区内的消防安全形势进行分析，以及讨论各个部门的消防安全监察现象，针对期间产生的新问题、新阻碍还应实现群策群力、合作实施。并完善集中培训机制，提升基层社区单位、街道办单位的参与主动性，给监管工作的实施提供动力，并以此为前提实施火灾事故问责机制，针对辖区中出现的重大火灾事故相关消防、工商、建设等部门，应依法追究相关责任。以往的消防安全监督管理形式早就不能达到现阶段消防安全监督业务实施的具体标准。后期需要随着社会的持续进步形成“双随机、一公开”的消防监督检查模式，主要内容为在消防监督工作进行期间能够随机选取消防检查的对象，同时应用消防执法人员随机选派的制

度，还可以立即公布消防部门所选取到的单位数量与区域的消防安全检查结果。

为了确保消防安全责任能够得到有效落实，可以采取以下措施：第一，建立健全相应的责任制度和规章制度。各部门必须明确自身的职责和义务，确保责任到人。第二，强化各部门之间的联系与沟通。在消防安全监督管理工作中，各个部门之间需要密切合作，相互配合。只有这样才能保证消防安全监督管理工作的顺利进行。第三，加强对相关工作人员的培训。对于各部门之间的职责划分不清、相互推诿等问题应该进行解决，确保各部门规范自身工作态度，有事必追、有责必究。

2. 实施分级分类形式，构建新型消防力量

要想合理降低消防监管压力大、力量匮乏等不足，在具体操作期间还能够借助分级分类监管的形式，除去以往“大水漫灌”式的管理理念，根据生产经营的规模、特点与火灾危险等级合理划分住宅、企业建筑的类别，并与公安、工商等相关部门联动创建合理的监督管理方案，明确表明对季度的检查次数、项目等。针对具有较强的消防观念、主动实施消防职能的主体来说，能够适当降低检查力度，针对火灾风险存量较大、整改成效不好、安全观念薄弱等主体，就应强化检查意识与检查次数，给消防安全管理的质量优化奠定较好的基础。除此之外，针对重点监控的对象而言，只凭借政府有关单位的监督还不够，需要进一步挖掘社会层面消防力量，并引入“政府购买的消防服务”形式，持续培养与吸收编外消防力量，组建更加专业化的消防管理团队，按照辖区中的重点监控对象状态合理分配助理员，消防部门还应统一采取线上领导的方式，更好地服务与监督辖区消防对象，防止消防监管漏洞还能缓解消防压力过大的问题。

3. 加大消防安全宣传的力度

在对消防进行宣传教育期间应用多样化的形式，响应国家号召，进一步提升我国的人民综合消防安全观念，地方政府与消防部门和社会单位在对消防

知识进行科普期间的形式应更加多样化。

（1）消防安全宣传是增强公众消防意识的重要手段。通过广泛开展消防安全宣传活动，可以增强公众对火灾风险的认识和对自我保护的意识。这可以通过多种途径实现，包括举办消防知识讲座、开展消防演习、制作宣传小册子和宣传海报等。此外，还可以借助互联网和社交媒体等新媒体平台，广泛宣传消防安全知识。通过消防安全宣传，能够提高公众对火灾预防和应急处理的认知水平，培养火灾防范的良好习惯，从而减少火灾的发生和蔓延。

（2）加大监督管理力度是确保消防安全规范执行的重要举措。城市消防部门应加强对高风险领域建筑的监督检查和隐患排查，确保消防设施的配置和运行符合相关标准。这包括定期对建筑进行消防安全评估，严格审核消防设计方案，加强施工过程中的现场监督，以及对已建成的建筑进行定期巡查。同时，要建立健全举报投诉机制，鼓励公众积极参与消防安全监督，对发现的火灾隐患和违法行为进行及时处理。通过加大监督管理力度，能够有效提高消防安全管理的水平，降低火灾风险。

（3）建立健全消防安全培训机制，提升从业人员的消防意识和技能。针对高风险领域建筑内的员工和管理人员，应开展消防安全培训，使其了解消防设备的使用方法、逃生自救技巧等。此外，还应加强对建筑物物业管理人员和业主的消防安全培训，提高其对消防设施维护和管理的重视程度。通过全面普及消防安全知识和提升从业人员的消防技能，能够确保在火灾发生时能够迅速、有效地处理突发情况，最大限度地减少人员伤亡和财产损失。

实际操作形式可采用这些消防宣传形式：

（1）借助各种媒体实施对消防知识的宣传和教育。相关部门可以在有条件的情况下在户外大屏或公共交通工具上上传公共消防公益短片，为大众普及消防安全知识。而在农村地区，也需要定时宣传消防安全知识，通过编辑消防安全宣传口号，负责人应在社区创建消防安全专栏的方式，增强对消防安全的宣传推广。有关单位还能够创建消防公众号或微博，通过新媒体信息进行更加高速地传播，增加了网络消防安全知识的推广区域。并且，有关消防部门还可以组织社区居民、学生、职工定期走访消防站，组织消防站进行疏散演习或演示消防技能，不但能够让大家更加清晰地了解到消防安全的重要性，还合理有效地宣传了消防安全知识，强化群众的安全理念。

（2）借助119消防宣传日举办消防宣传教育活动。并与当地的发展形势以及文化习俗相结合，采取更具地方特色的消防知识科普活动，消防部门还应通过119消防宣传日，动员群众都加入消防科普活动当中。并在经济发达的城市，开设消防博物馆，展示火灾对群众的危害，提高群众对消防安全的关注，群众的消防安全意识也随之提升。

4. 保障防火监督检查系统的标准化运行

在以往进行防火监督检查时，消防人员基本上会通过走访的形式了解当地的消防安全情况，再通过计算机处理获取到数据资料。该种工作形式不但效率低还会消耗大量的人力，同时也会被人为操作所干扰，使得消防安全信息的获取与实际情况出现差距，从而妨碍消防安全信息的收集。并且，因为所收集到的消防安全资料并不具备较强的代表性，信息的更新速度相对较慢，也造成防火监督检查工作进行期间不具备较强的针对性，不能精准处理好消防安全中的隐患。然而将“智慧消防”应用到防火监督业务中可以优化以往的消防安全信息收集形式，在具体使用期间持续做好更新与完善，全面应用云计算平台中的数据资料，进一步挖掘消防安全相关信息的意义，并将其当成参照创建出相应的防火安全对策。所以，合理应用“智慧消防”可以有效提高消防监督执法工作的效率，减少消防单位在工作中人力、物力与财力支出，给消防安全管理的现代化方式提供支撑。

5. 持续完善社会消防安全责任登记平台

要想合理增强消防监督管理工作成效，确保其安全程度，在具体操作过程中需要严格按照消防管理的标准实施，并把责任落实到每个人身上。然而站在防火监督检查工作进行的角度而言，由于存在着消防安全责任不够清晰，落实困难等现象，在合理分析存在的部分问题后，可以得知重点是因为消防安全监督管理机制与配套设施不够健全，使得消防安全无法具体落实。而将“智慧消防”应用到防火监督业务中可以提高消防安全责任网络平台等级，并更明确地划分了消防安全监督管理的职责，并且还可以增强消防责任与消防设施以及消防监管单位关联的成效，并让部门可以实现相互影响与推动，保障防火监督业务实施的专业性。除此之外，借助“智慧消防”平台还可以监督消防巡查与安全监督管理责任的落实情况，只要发生消防安全问题，就能立即找到负责人，合理提升消防安全监督管理工作开展的能力。

6. 加强城市消防基础设施建设

城市消防安全管理工作与城市基础设施建设密切相关，因此，相关部门应加大对城市消防设施建设的支持力度。

（1）需要投入资金，提高城市消防设施的覆盖率和质量，包括消防水源、消防通道、火灾报警系统等。

（2）建立健全城市消防规划和标准，确保消防设施的规范化和统一化，加强城市消防安全体系的整体性和协调性。同时，推动科技创新，引入智能化消防设备和系统，提高火灾预警和处置的效率和准确性。此外，加强消防设施的运行维护和定期检查，确保其可靠性和有效性。

（3）加强与相关部门的合作，建立信息共享和联动机制，提高城市消防安全的响应能力和协同作战能力。

7. 强化高风险领域建筑消防管理

消防设施的维护和管理是一项非常复杂的工作，需要进行专业的操作。在高风险领域建筑内，如体育场馆、医院、学校、购物中心、石油化工企业、油气储存基地等，一般配备了自动喷水灭火系统、火灾报警系统、紧急疏散通道、防烟设施、消防栓、灭火器等重要消防设施，这些设施的正常运行直接关系到建筑的消防安全。因此，必须对这些设备进行维护和管理，确保其能够正常运行。

在消防设施维修保养过程中，要严格按照相关规定执行。要对消防设施进行定期检查，并及时解决存在的问题，确保其正常运行和状态良好，如消防水源、消防通道、灭火器等。积极引入新技术，如智能消防设备和远程监控系统，可以有效预防火灾，减少损失。在建筑内设置这些设备后，应采取措施防止它们被人为破坏或被损坏，并安排专业人员进行操作和维护以及定期检查，以确保其能够正常运行。此外，建筑的消防安全责任落实不到位会影响消防安全工作的开展，因此，在管理过程中要加强对企业消防安全责任制的落实工作，确保责任能够得到明确划分。

8. 推动消防技术革新

（1）加强消防设备智能化技术的研发和应用。通过引入人工智能、物联网和大数据等技术，可以实现消防设备的智能化管理和自动化控制。例如，在火灾预警方面，可以利用智能传感器和无线通信技术，实时监测火灾风险指标，如温度、烟雾浓度和气体浓度等，准确预测火灾发生概率，并及时触发报警系统。此外，通过智能消防设备的联动控制，可以自动切断电源、启动喷水系统等，有效控制火势蔓延，提高灭火效果。这些智能化技术的应用，不仅可以提升消防设备的自动化水平和反应速度，还可以减轻人力资源压力，降低人为失误的可能性。

（2）发展新型消防材料和装备。传统的消防材料和装备在性能和效果方面存在一定的局限性，因此需要不断研发和应用新型的消防材料和装备。例如，利用纳米材料和阻燃材料的技术，可以开发出更加耐高温、阻燃性能更好的建筑材料，提高建筑物的整体防火性能。另外，还可以发展新型的灭火装备，如冷激光灭火器、超声波灭火器等，通过创新的工作原理和设计，提高灭火速度和效果，减少对环境和人体健康的影响。这些新型消防材料和装备的研发和推广应用，将为城市消防安全带来新的突破和进步[①]。

总体来说，要想进一步确保人民群众的生命财产安全，务必强化对消防的建设管理，借助大量现代化的信息技术与高科技系统优化消防建设现状，增强对建筑火灾的防护能力并提高救援速度。并且，各消防单位还应持续健全该单位的消防安全与监督管理措施，强化对本辖区居民的消防观念养成与消防基础设施的优化，在充分落实消防建设工作后才可以推动我国消防的全面发展[②]。

二、消防安全重点单位防火监督与管理

在社会经济快速增长的背景下，高层建筑拔地而起，综合类建筑与日俱增，建筑功能日益复杂，增加了火灾危险性和危害性，这也就意味着消防监督工作容易出现新情况和新问题，如何解决这些问题是需要思考的话题，也是最为紧迫的任务之一。

（一）消防安全重点单位防火监督与管理现状问题

（1）思想上不重视。经过长时间各级消防救援机构的宣传工作，有些重点单位的消防安全管理有了实质上的提升和飞跃，增强了主动性和自觉性，但是仍然有相当一部分的消防单位在思想上和认知上存在一些问题。他们认为消防工作仅仅是说起来重要看起来重要，但是在实际生活中并不常用，对其重要性的认知有所欠缺。还有一些企业和单位受到经济利益的影响，认为过度投入消防安全管理容易浪费资金，影响经济效益，因此在生产和经营的过程中并不注重消防安全，也没有对单位的消防设施和消防器材及时维护保养。有一些设施已经过期损坏，却没有及时保养更新，有些重点单位已经存在着被消防机构

① 赵雪飞．城市消防安全监督管理存在的问题与完善对策 [J]. 国际援助，2023（30）：34-36.

② 王学健．消防安全管理现状与消防监督管理模式创新研究 [J]. 汽车博览，2023（6）：170-172.

检查出来的要求整改的火灾隐患，然而却并没有立马整改，尤其是一些需要花费大量金钱的消防器材设施一拖再拖，无法及时消除安全隐患。这就说明了有些重点单位只顾眼前的经济利益却不注重长远的消防安全，还有些单位缺乏对员工的安全培训和消防知识宣讲，没有做好消防安全检查和巡查工作，导致问题频出。

（2）制度上不健全。根据我国消防安全法律法规的规定可以发现，有关单位必须按照国家和组织的有关规定，结合本单位的实际情况，对各项消防安全制度和消防保障制度予以建立健全，展开规范性的操作。但是在实际工作中不难发现，有很多重点单位的消防安全管理在制度建设上存在不健全的情况。比如，法律法规规定了消防安全重点单位必须每日展开消防安全巡查，并且对巡查的内容和频率提出明确要求，但是经过观察可以发现，有些单位根本没有落实消防安全巡查工作，即使坚持了每日巡查，但是检查的形式也是浮于表面流于形式，内容记录不够详尽。消防重点单位按照规定应当开展多种形式的、经常性的消防安全宣讲，尤其是针对新上岗和新入职的员工要做好消防安全岗前培训，每位员工至少每年接受一次到两次的消防安全培训。反观现状，很多消防安全重点单位并没有固定的消防知识宣传场所，也没有按照要求定期、定阶段展开宣传，导致员工的消防安全意识无法得到快速提高，存在极大的安全隐患。

（3）业务上不熟悉。很多消防重点单位对消防安全工作的重视不够，缺乏对消防安全管理人员相关消防安全知识和业务技能的培训，导致消防安全专业素质较低。在有些重点消防单位的内部过分重视经济利益，未能较好地平衡消防工作的位置。同时部分消防安全管理岗位的相关人员存在专业技能不够、综合素质不足等情况，不了解消防设备的实际操作方法和使用性能，为了节省开支，单位也不会对这部分人员开展专业化培训，导致单位虽然有人管消防工作，但管理效果却不佳的现状。有些单位员工流动性比较大，队伍不稳定，甚至每隔一个月就可能来一次人员大换血，新上岗或新到位的接替者同样没有接受过专业化的培训和教育，更有甚者竟然无法掌握常见灭火器的使用方式，遇到火情不知道该如何处理，这部分的人员被安排在消防管理工作岗位上是对单位管理的不负责，也是对生命财产安全的不负责，同样给消防监督管理带来了困难和挑战。

（二）消防安全重点单位防火监督与管理问题成因

（1）消防安全知识过于宽泛或过于专业。如果消防安全知识的普及过于宽泛或过于专业，就会导致重点消防单位的管理人和责任人无法进行全面的理解。在社会经济不断发展的背景之下，人民群众越来越认识到了消防工作的重要意义和消防安全的重要性，有关重点单位希望能够得到一些通俗易懂易操作的消防安全知识和安全措施，但是对于社会普通大众和没有消防专业背景的人员来说，消防安全知识和专业操作方法讲解得过于深奥、过于专业是不合适的。消防安全本身就是一个较为宽泛的知识集合，社会大众和社会单位容易缺乏对消防标准和消防知识的正确解读，有些单位虽然存在安全隐患，但是在现实生活中可能这些隐患存在于死角或盲区，如果不彻底检查很难发现，即便发现也很难整改，有些消防整改措施让单位难以直接操作，尤其是一些缺乏经济效益的企业，更不会在较为难懂的消防知识上下功夫。

（2）消防外部监督力度不足。从社会意义的角度来看，重点单位的消防安全管理还有赖于外部监督。如果消防监督管理存在人力不足或监督力量不足的问题，就会导致整个消防安全管理处于被动的局面中，这部分问题主要体现在以下两个方面：首先缺乏消防监督执法人员，管理任务和监管工作较为繁重，二者之间的冲突和矛盾无法在短时间内得到平衡，这显示出社会执法力量较为薄弱。除了日常的消防监督和管理之外，消防监督员还要承担较为繁重的专项治理任务和火灾调查任务，同时还要出席各种大型消防安全活动，处理突发性消防安全事件，分身乏术。其次，有些地区的消防监督管理一直处在被动的地位之中，缺乏管控能力，还有一些单位领导在思想层面上就没有把消防监管放在议事日程，配置的消防监督力量没有发挥实际的作用。

（3）执法责任落实不到位。首先地方政府和职能部门所处不同的位置，也担负不一样的职责，他们的思维方式、工作目标和工作方法等方面存在一定的差异，这也就导致了地方领导认为行政执法和经济发展的环境管理并不是统一的，对于一些明显违反了消防法规或者存在重大火灾隐患的单位无法做到限期整改，责令关停。除此之外，消防监督管理执法在制度、分工和执行等各个方面还存在一些问题，导致执法监督和执法制约无法得到有效的落实。

（三）消防安全重点单位防火监督与管理建议与策略

（1）加强对重点单位的人员培训工作。根据我国消防法规的相关要求需要从多方面和多角度明确消防安全重点单位的职责和消防义务，消防监督机构要加强针对消防重点单位有关人员的培训和宣讲工作，让有关人员能够对消防安全知识有充分的、正确的了解，掌握履行消防安全职责的方法，包括定期开展防火巡查和应急演练，这一系列的工作都是为了火灾预防和应急救援工作做好准备。同时消防机构可以根据消防安全相关知识的特点，比如科技性较强、专业性内容较多、涉及面广等，根据岗位操作的流程和操作技术把消防科普知识和消防安全技能知识相互结合，对有关单位的操作人员展开集中化培训，让他们的消防安全技术达标，操作较为规范。消防监督机构也要要求重点岗位的相关人员具有专业资质并进行专业考核，统一发放合格证书才能持证上岗。要注意的是消防监督和消防管理从来都不是一成不变的，它是处于不断变化之中的，某一次的火灾消防隐患被及时消除并不意味着万事大吉、一劳永逸，只有每天或定期展开安全巡查和防火检查才能达到防患于未然的目的，把火灾发生的危险扼杀在摇篮之外。因此消防监督机构还要按照法律法规的指导和要求对相关重点单位展开检查和培训，帮助有关单位更好的消除火灾安全隐患。

（2）做好安全责任意识的培养。目前我国消防安全重点单位已经在不断的监督和管理之下确定了各级工作人员的管理职责，但是在实践工作之中，管理人员在思想和意识上对防火工作还缺乏正确的认知和重视，简单而言说得多做得少，有些单位未把防火工作列上议事日程，这也就说明我国消防监督安全检查机构还要加大巡查力度，强化重点单位自身的安全责任意识，让单位本身成为消防安全工作的负责主体。同时安全重点单位要把消防工作当作本单位的重点事项，齐抓齐管，列入全年或全季度的工作议事日程，在思想上树立安全第一、效益第二的思想观念，消防监督机构需要督促重点单位建立健全消防安全责任管理制度，重点单位也要根据本单位各个部门的实际情况和可调配的资源，确定管理职责和管理工作范围，让各个部门的负责人作为消防安全责任区的负责人，增强责任意识，能够让消防重点单位展开科学的防火巡查和防火管理，尤其是对于本单位的领导来说，针对消防安全更应该采取行之有效的措施和更加科学的管理方案。

（3）以人为本，提高单位管理效能。消防重点单位需要保持着以人为本的思想要旨，不断提高单位的消防管理效率，对以往的火灾事故经验进行总结，吸取教训、总结经验。火灾发生的原因是多种多样的，但是很大一部分是由于管理者和职工缺乏思想重视、疏于管理、监督松散等方面的因素导致的，不懂得建立消防安全制度和初期火灾的正确扑救方式，这些单位平时缺乏应急疏散演习和消防安全培训，一旦发生意外火灾，有些员工缺乏基础的安全常识，手忙脚乱容易不知所措，甚至不会自我逃生，以至于引发火灾事故的扩大，形成大面积的人员伤亡和财产损失。因此消防安全重点单位的监督管理要落实到每个人身上，而不是只局限于领导层或管理层。对于领导者来说，要在心中和脑海中牢固树立消防安全责任意识，开展人员培训和模拟演练，坚决落实消防安全责任制度，将以人为本作为管理的思想要旨，不断巩固消防监督机构对消防重点单位的管理地位，争取把火灾隐患发生的可能性降到最低。消防安全监督管理机构和重点单位都必须秉持着认真工作、齐抓共管的思想，让每个工作人员都能够树立良好的消防安全意识和思想观念，每时每刻都要谨记防止火灾隐患，全面提高重点单位的消防管理水平。

（4）充分借助外部监督的力量，发挥社会职责。若要提高消防安全重点单位的消防管理力度和管理效能，只依靠自身的监管是不够的，还要让消防工作变成一项社会化的监管工作，督促消防安全重点单位建立管理自主、隐患自除的长效发展机制，同时引导社会各界力量的参与，让消防管理工作能够纵向渗透发展，让群众全员参与其中，形成消防社会化的治理新格局和安全治理网络。各地的消防中队可以组织消防人员前去消防安全重点单位展开实地调研，或者组织灭火救援演练，促进消防安全单位的领导和员工注重本部门的日常消防工作，全面增强自身消防安全意识，让消防工作齐抓共管，责任大家负，有事大家处理，打造良好的安全管理链条和管理环境。除此之外在社会的不断发展之下，各种类型的新媒体层出不穷，可以通过广播、网络、电视等各种各样的宣传载体展开社会化的消防知识宣讲，让群众增强消防安全意识，从小事做起，把消防隐患消除在摇篮之中。

综上所述，消防安全重点单位要做好防火监督和管理工作，加强思想认识，做好人员培训工作，建设责任安全意识，以人为本，提高单位的管理效能，此外还要充分借助外部监督的力量，履行社会职责[①]。

三、大型城市综合体消防安全监督管理

目前，全国现有3万 m^2以上的大型城市综合体6 000余家，5万 m^2以上的4 000余家，30万 m^2以上的200余家。大型城市综合体集高层住宅、办公、酒店和购物中心等功能融为一体，从城市的发展角度而言，高效化、节约化地解决了土地稀缺问题，极大解决了人们吃、穿、住、娱乐等一站式服务的需求。但从消防安全的角度而言，由于大型城市综合体面积大、人员密集、用电量大、建筑功能布局多样、业态多，导致各自为营，管理难，消防性能化设计面广、量大，建筑密闭性强、通风不畅，一旦发生火灾，火灾蔓延迅速，极易引起人员恐慌混乱，造成重大火灾事故。由于涉及面广，指挥要求高，扑救工作十分

① 蓝强．分析消防安全重点单位防火监督与管理 [J]. 国际援助，2023（27）：58-60.

困难。因此，在这种情况下加强对大型城市综合体消防安全深入研究是任务所需，职责所在。

（一）大型城市综合体安全风险及救援难点

（1）建筑结构复杂，疏散救援难。具有现代化城市的所有功能，集会议、商务、餐饮、娱乐、居住等为一体，体量巨大，内部纵深长达数百米，同时多处于城市中心，与城市交通干道相联系，将地下层、地下夹层、天桥等有机融合，形成立体交通网，给火灾扑救工作带来了极大的挑战性。大型城市综合体体量巨大，内部纵深长，营业商铺多，商品种类繁杂，经营的棉、毛、化纤织物、塑料制品，使用的大量的装修材料，电线、电缆等燃烧，会产生大量的烟气。大型城市综合体空间相对密闭，建筑外部均安装广告牌和电子屏，破拆困难，机械防排烟系统一旦失灵，自然排烟不畅，极易造成大量浓烟聚积，内部灭火困难，疏散救人困难。

（2）烟囱效应，排烟困难，人员密集。大型城市综合体因功能布局的需要，多为实体墙或玻璃幕墙，难以实施自然排烟，虽然设置机械防排烟系统，但因前期设计缺陷、中期施工质量不高、后期管理不到位，发生火灾不能有效发挥作用。大型城市综合体建筑空间大，上下贯通极易产生烟囱效应，并且在热辐射和热对流的作用下，火灾一般沿着柜台、用电设备等物品水平方向蔓延，同时，还会沿着电缆井、弱电井、通风管道井、自动上下扶梯、敞开式楼梯间、中庭、垂直客梯、建筑外墙等开口部位形同一座高耸的“烟囱”，强大的抽拔力将使火沿着竖向通道迅速向上蔓延形成立体式燃烧。作为城市的一站式家庭购物、娱乐、聚会、办公场所，其人员成分复杂，流动性大，人员密度高。一旦发生火灾，烟雾较浓，极易造成人员中毒、迷失方向，导致相互拥挤、踩踏等重大人员伤亡事件发生。

（3）主体责任不落实，火灾现场供水难。由于单位消防责任不落实、消防安全意识淡薄等，在建设施工等环节往往改变火灾模拟中的场景状况，破坏原有性能化设计的火灾防控条件，在运营管理中管理不到位，管理人员不懂业务，消防检测，维保单位弄虚作假，造成火灾条件下“亚安全区”不安全、疏散通道不可靠、超大空间分隔不到位、固定消防设施不“牢靠”，给灭火救援工作带来极大困难。大型城市综合体发生火灾时，实际根据建筑设计规范标准消防供水量和消防供水设施难以满足火灾现场的实际需求，同时，大型城市综合体一般设置在城市繁华地带，周围环境复杂，消防车停靠难，建筑内部纵深长，柜台、货架林立，外墙相对封闭，水枪、水炮难以发挥最大灭火效能，供水流失严重，火场用水量大，供水难度大。

（二）大型城市综合体消防安全存在的主要问题

（1）先天性火灾危险性高。为了解决消防设计的难题，往往会突破现有国家消防技术标准，通过性能化或专家评审的方式确定一些消防设计。但在实际使用过程中，因为后期改造、设施设备维护不到位等原因，导致建筑实际使用时的条件与原设计设定的条件出现偏差，存在严重的消防隐患。例如部分大型综合体为解决防火分区的问题，往往将室内步行街设计成亚安全区，两侧商铺均包含防火分隔设施，但在实际使用过程中，两侧商铺的防火分隔设施经常被破坏，甚至于在步行街的公共区域设置店铺摊位，游乐设施等，失去了亚安全区域的实际意义。还有部分大型综合体为了解决人员疏散的问题，把共用的疏散楼梯以及通往相邻防火分区的防火门设计成疏散出口，这就对疏散线路的安全性和畅通性有了更高的要求，但在实际使用过程中，安全出口被占用，疏散通道被杂物堵塞，疏散指示标志被遮挡、损坏时有发生，造成严重的消防隐患。

（2）消防安全责任不明确。大型城市综合体作为城市地产项目，前期销售和后期管理不一致，产权单位与使用单位不一致，建设单位与管理单位不一致，过分依托物业进行管理，导致消防安全责任不明确。建设单位在开发大型城市综合体的时候，为了更好完成销售任务，在设计之初采用高层高、高挑空等手段，默许业主搭建夹层、占用公共疏散走道等行为，给后期管理带来了极大的困难。大型城市综合体的消防设施多为公用设施，往往由物业管理，但是部分业主单位和使用单位并未明确自身安全责任，法律意识淡薄，并未与物业等单位签订合同明确责任划分，加之部分物业履职不到位导致消防设施无人管理，丧失应有功能。

（3）消防安全主体责任落实不到位。部分城市综合体中的消防管理者在利益面前，没有高度重视消防安全，缺少安全意识。在消防管理上只做表面功夫，只是为了应对相关检查，并没有从本质上解决消防管理出现的问题。部分商家为了追求结构上的美观，忽略消防安全相关措施，消防设施被装饰装修物遮挡覆盖，不能发挥自身用途。消防值班人员责任心不强，防火巡查检查流于形式，甚至时有脱岗现象发生。同时消防责任没有严格落实，没有明确的管理制度。一旦发生火灾，很多岗位将会人员空缺，导致不能及时救援，造成严重的损失。消防技术服务机构维修保养服务不到位，未按规范要求制定年度、季度、月计划表；制定了计划表但并未严格落实执行，不能及时发现隐患并整改到位，造成部分消防设施故障运行，不能起到保护作用。

（4）未经审批擅自改动现象普遍存在。城市综合体使用之后，商户会经常性地进行装修改造，商场也会根据经营情况对城市综合体进行局部改造。比如擅自改变防火防烟分区，使用可燃装修材料，遮挡甚至停用、拆除消防设施，边营业边装修等。特别是消防设计审查验收职能移交后，住建部门对消防设计审查验收方面的违法行为查处力度明显下降，大型城市综合体内部分单位普遍存在未批先建、未验先用等现象，存在结构性火灾隐患，整改难度大，更有甚者影响其他单位消防安全。

（5）管理体系欠缺，监管力量不足。大型城市综合体体量大，涉及单位多，涉及业态广，管理形势复杂。但目前为止，我们尚未探索出新的管理体系，行业部门及属地街道、派出所对大型综合体的消防安全管理力度还不够，仅靠消防救援队一家执法力量，难以形成持续性监管。随着“双随机、一公开”系统的应用，大型城市综合体作为消防安全重点单位在“双随机”库中每月随机抽取，但检查范围依旧不明确，每次随机抽取两名执法监督员，在面对几十万平方米的大型城市综合体时，也难以做到全方位、无死角检查。

（三）大型城市综合体消防安全对策

大型城市综合体数量越来越多、体量越来越大，该类场所建筑规模大、单体空间大、功能业态丰富、装修装饰复杂、流动人员众多，一些建筑在安全疏散、防火分区划分等方面突破现有国家消防技术标准，这些特点决定了其一旦发生火灾，火灾危险性极大，因此抓好此类建筑消防安全工作意义重大[①]。

（1）严格消防监督执法，压实单位消防安全主体责任。要加大监督执法力度，加强对大型城市综合体的监督抽查，严格按照《大型商业综合体消防安全管理规则》、督促单位按照《大型商业综合体火灾风险指南》的要求认真辨识火灾风险点，落实重点管控措施。如步行街、中庭等位置严禁设置店铺摊位、游乐设施及堆放可燃物，严禁在用餐场所使用明火，各主体营业时间不一致时确保各场所人员安全疏散的措施，强化消防设施运行管理情况的监测等，特别是对经过专家评审并投入使用的大型城市综合体，督促落实特殊防范措施。

（2）加快“智慧消防”建设，提升信息化监管手段。目前大型城市综合体的监管主要还是依靠“双随机、一公开”或专项整治时，消防监督干部通过现场检查的形式进行监管，虽然我们在此次专项整治时尝试通过政府购买服务的形式请第三方机构开展电气和消防设施检测评估，但还是不能随时掌握大型城市综合体的消防安全状况。目前长沙地区正在加快建设“智慧消防”系统，将通过物联网远程监控和消防安全巡查系统及时了解单位安全状况，通过积分制管理调整执法检查频次和执法力度，将有效促进单位主体责任的落实。

（3）强化地方立法，促进单位自我管理能力提升。目前大型城市综合体的消防安全自我管理能力差的原因主要在于单位的消防安全管理人员自身素质

---

① 王鹏成．浅谈大型城市综合体消防安全监督管理 [J]. 中国科技期刊数据库 工业 A，2023（6）：84-86.

不达标，虽然《大型商业综合体消防安全管理规则》中也要求大型城市综合体的消防安全管理人应当取得注册消防工程师的资格，但是法律没有对这一规定给予强制的设定，也没有相应的法则。即便是《中华人民共和国消防法》规定消防控制室的值班操作人员需要取得国家的相应准入资格，但是违反这一规定的处罚力度十分不够。目前消防法律法规对单位自身开展消防安全巡查的人员，甚至是单位自己配备的消防设施的日常管理维护人员没有提出相应资格要求。目前新修订的《青海省消防条例》对消控室值班人员和值班情况的处理措施进行了进一步明确，消防救援机构应当加大监督执法力度，一定程度上能够提高消防控制室的有效处置作用。

（4）落实行业监管，加强消防安全源头把关。积极汇报协调，将目前大型城市体违法施工未得到有效监管的问题提交政府研究，督促住建部门严格落实行业监管责任，严把源头，做好大型城市综合体的消防设计审查验收工作。严格专家评审范围，禁止运用专家评审规避国家标准规定，对于适用专家评审的项目，也应严禁采用管理类措施替代建筑防火技术要求。要督促住建部门依法查处大型城市综合体违法装修改造行为，督促业主先审查后施工、先验收后使用，对不落实行业监管责任的要依法予以追究责任。消防救援部门在对大型城市综合体开展公众聚集场所消防安全检查这项行政许可时也应当严格按照国家消防技术标准和管理规定实施，杜绝潜在的安全隐患和管理不足。

（5）强化大型城市综合体建筑火灾初期火灾处置。大型城市综合体建筑发生火灾之初，必须树立“首战即决战”的战术思想，在充分发挥微型消防站的基础上，按专业队编成调集优势兵力于火场，做到快速控制、打早灭小。充分发挥建筑内固定消防防排烟系统的作用，如开启穹顶等排烟，降低烟气浓度、温度、蔓延速度；根据现场情况利用卷帘门及时进行防火分隔，将烟气缩小在一定的范围内，阻止扩散的速度；使用无人机、强臂破拆车、长臂吊车、钩机、破玻高钻球等装备进行破拆，实施自然排烟；要利用大型移动排烟设备排烟，如离心式负压排烟车、排烟机器人、水驱动排烟机，在上风方向正压送风补风，下风方向负压排烟，排烟口位于上方，补风口位于下方，使空气形成对流，增加建筑现场内的疏散能见度，减少烟气毒气对被困人员和现场救援人员的身体伤害，提高灭火和救人的效率。疏散救人时，应将核实人员信息贯穿于灭火救援全过程。充分利用消防应急广播系统、消防电梯、防烟楼梯间、封闭楼梯间、室外疏散楼梯、专用救援窗口、举高消防车等途径和手段，组织实施疏散救人。对一时无法转移至安全区域的人员，可视情况转移至楼顶天台及毗邻建筑后伺机救助；应划分片区、合理编组、逐层实施，充分利用热成像仪等装备，合理运用联线、扫描等搜救技术，搜寻遇险和被困人员，做到全覆盖、无遗漏；对已确认搜索完毕的区域、楼层和房间，应在醒目位置进行统一标识，避免重复搜救。

第二节　社会单位消防宣传与教育培训

消防工作，宣传系于一半。消防宣传工作是一项社会化的基础工程，与各行各业、千家万户息息相关，消防宣传是传播消防安全常识，指导、发动社会各界开展消防工作，推进消防工作社会化的一个重要手段，对保障社会经济建设和人民生命财产安全，预防和减少火灾的发生有着不可或缺的重要意义。但是，近年来众多火灾事故直接暴露出公众消防安全意识薄弱的问题，当前消防宣传教育工作也存在形式单一、覆盖面窄、普及率低等问题。因此，加强社会消防宣传教育工作，提高全民消防安全常识知晓率和自防自救能力，是防范火灾事故、降低火灾损失的根本途径。

一、新时代消防宣传工作重要性分析

（1）有助于树立消防救援队伍良好形象。近年来特别是消防救援队伍改制以来，我们在消防自身形象宣传上做了大量工作，通过天津滨海大爆炸“最

美逆行者”、凉山森林火灾扑救等一系列宣传报道，树立了消防救援队伍为党和政府分忧、为广大人民群众排难，勇于承担急难险重任务的良好形象。

（2）有助于倒逼消防宣传能力提升。随着新媒体的发展，群众的关注点和接受宣传的方式、方法都在发生着日新月异的变化。如何综合利用报纸、电台、电视等传统媒体和网络、微博、微信和客户端，全方位、全时段、多渠道、多形式地开展消防宣传工作，使宣传内容让群众可读、可听、可视，身临其境，入脑入心，对消防宣传工作顺势而为、精准发力都提出新的更高要求。

（3）有利于消防救援工作正常开展。近年来，“消防炫富”“消防救援不力”“火灾死亡人数受质疑”等涉及消防救援队伍的负面动态舆情也越来越多，极易混淆视听、误导群众，不仅严重损害消防救援队伍的良好形象，而且由于传播速度的加快，往往消防队伍还没有到达火灾或救援事故现场就已经在网络上引起了大量报道，给灭火救援和事后火灾调查工作带来了很大的被动，极易给事故处置工作造成不良影响。

二、加强消防安全重点单位消防宣传工作的重要作用

（1）消防工作规范作用。消防安全工作是惠及国计民生的重要基础，“致富千日功，火烧当日穷”，由于人们普遍对消防工作认识不足，特别是很多没有切身体会的群体缺乏防火意识，因而向全社会进行消防宣传有着极为重要的意义。通过提升群体意识，促进消防安全工作朝着制度化、安全化、规范化方向发展，能够让消防安全重点单位更加积极主动地参与到消防工作当中，有意识地进行自我检查和监督，促进消防安全制度的规范化落实，对保护公私财产免受危害，为公民创造一个良好的生活、工作环境和生产秩序，保障人们安居乐业，都具有重要作用。

（2）推进消防工作落实与开展。目前，社会群体对于消防工作的普遍认知，就是充斥于网络的各种救人、助人的场景，在某种程度上提升了社会对消防群体的认识，但却忽略了消防工作最重要的是救火和防火。这与群众自身消

防安全意识薄弱，消防安全单位落实消防安全制度不到位等有关。加强消防安全单位的消防宣传，能够提升单位领导及各级负责人的责任意识，让他们能够对照职责抓好工作落实，推动消防工作的落实与开展。思想是行为的先导，只有消防意识建立起来，才能够在行动上有所体现。同时，还要加强全民消防安全自救知识的宣传，增强群众自救意识，因为当发生灾害时，只有保持冷静，机智运用火场自救逃生知识，才有极大可能拯救自己，甚至他人的生命和财产。

三、现阶段消防宣传工作存在的问题

（1）消防宣传教育缺乏针对性和持续性。虽然，每年消防救援队伍在消防宣传上有较大投入，有些活动也举办得轰轰烈烈，但宣传的实际效果不是十分理想。消防宣传方式较为老套路，如搞培训、发传单、推短信、搭展台及消防演练，忽视受众需求，盲目施教，宣传形式单调、表面化，难以吸引群众眼球。每年的119消防宣传月活动，大家挖空心思在启动仪式上求创新、抓亮点，但是“热闹”维持不了多久就冷场了，像一阵风吹过，缺乏持续性，宣传效果大打折扣。部分基层队站对消防宣传工作的重视程度不够，上级专门出台相关宣传方案文件，部分基层队站难以贯彻落实，一味地将问题抛出而不提出解决方案，导致实施方案最终不了了之。各级职能部门疲于应付消防宣传任务。

（2）消防宣传形式和方法单一。宣传方式单一化，基层消防宣传工作仍然沿用传统宣传方式，新时代背景下人们生活节奏加快，接收信息的方式也由传统纸媒向新媒体过渡，传统纸媒在技术方面存在局限性，缺乏与地方融媒体深度融合，其中包括内容、信息、渠道、科学管理等。随着科学技术的快速发展，群众在信息接收方面已经产生巨大差异。当下的人们接收信息，习惯浏览微信、微博，但是我们当下的消防宣传还是将大部分精力放在拉横幅、发资料、搞咨询、办讲座、做展板等灌输式宣传形式上，与社会发展需要不太匹配，也使群众产生视觉、听觉疲劳，甚至是厌恶情绪，很难达到良好的宣传效果。

（3）消防宣传队伍专业能力不足。消防教育培训的对象有多种不同的分类方式，从其与消防工作的关系来分，主要分为两类：即专业人士与社会人士。专业人士，主要指当前在国家消防行业专职部门从事防灭火工作的有关人员。社会人士，主要指消防专业人履职中打交道的对象，是消防工作贯彻落实的社会主体。消防宣传工作是一项长期可持续性发展工作，对宣传教育队伍整体的素质要求偏高，当前基层消防队站都成立相应的宣传教育中心，但是宣传教育中心人员专业能力不足，不具备长期从事宣传教育的能力。消防宣传主要依赖各支大队消防监督人员、消防文员等人员，长此以往，对支大队其他各项工作开展造成不利因素。同时对消防宣传工作自身产生影响，不利于消防宣传的普及。虽然队伍通过建设全媒体中心，从社会上吸纳了大量专业人才，但是基层宣传教育员往往由消防指战员、合同制消防员、消防文员担任，未配备一定数量的专业人才，而且消防指战员、合同制消防员还担负着灭火救援的重任，很难把全部精力投入消防宣传教育工作中来，宣传教育站的工作也疲于应对，宣传教育工作无亮点、少实效。

（4）缺乏社会化主动参与。消防救援人员能有效利用大型商圈进行实地网络直播活动宣传，这样虽然看似社会化消防宣传已经崭露头角、遍地开花，但是真正全面具体的消防宣传格局尚未完全形成，消防宣传部门独自运筹、设计、实施、开展，这种唱“独角戏”的局面并未真正改变。且缺乏社会化主动参与，没有与相关的公安、基层社区组织相联动、相配合，更没有真正地充分发动广大群众主动参与，群众更多的是带着社区任务、带着高校要求的压力被动接受。主动参与与被动接受带来的消防宣传效果以及传播度必然是不同的，不仅受限于受传者（被动接受者）心理层面抵触化情绪的影响使传播效果大打折扣，还会造成主动传播者的消防宣传工作只流于匆忙完成工作任务的形式层次，也就是只做好了表面文章，无法由表及里、深入推进，这也就使得传播效果难以在真正意义层面上与社会化接轨。与地方媒体契合度不够，消防宣传与地方融媒体有着不可分割的联系，消防宣传需要借助地方融媒体的影响力和时效性等优先条件，及时将救援事件掌握的第一手素材进行甄选推送。而现阶段大部分消防宣传对口仍停留在内部消化，外界对很多已发生的消防救援事件并不了解。

四、新时代做好消防宣传工作的对策

（1）加大消防宣传教育人才引进与培育。支队层面，充分依托全媒体中心，从社会上吸纳大量新闻采编、新媒体运营、视频制作、教育培养等方面的专业人才。大队层面，结合政府专职消防员招录引进一批专业人才，鼓励返聘优秀消防宣传教育人才回队服务，建立一支从支队到基层队站，能随时“拉得出、写得了”的宣传队伍。采取互动交流的方式，重点开展宣传策划、新闻通信、视频采编、新媒体运营等专业培训。加强与新闻单位、地方高校的战略协作，选派基层通信员到省媒、市媒等新闻单位或支队全媒体中心跟班见学，鼓励参加新闻传播相关专业的在职教育培训，全面提高宣传人员业务素质。

（2）有针对性地开展消防宣传教育。采取“请进来、走出去”的方式，积极邀请幼儿园孩子及中小学生到消防科普教育馆、消防队站等进行参观体验；青少年可以通过体验火场疏散逃生、模拟灭火来学习消防知识；成年人可使用微信、微博、抖音号等新媒体进行宣传教育，或集中组织开展技能培训；老年人群体可以通过报纸、电视、广播等载体进行宣传教育，针对孤寡老人这一特殊群体可进行入户宣传。也可以采取“线上＋线下”的宣传方式，线上即利用微博、微信、抖音号、视频号等自媒体广泛普及消防安全知识，或采取线上发布消防安全公益广告、开设专题课堂、网络直播等形式科普消防知识。线下开展集知识性、趣味性和互动性为一体的宣传活动，如消防亲子活动、消防趣味运动会等，使群众在寓教于乐的氛围中学习并掌握防、灭火技能。

（3）拓宽消防“四会”技能实操实训覆盖面。针对农村地域广袤、人口基数大的现状，要充分发挥各地政府专职队员的作用，联合当地公安派出所民警、村干部等人员开展上门培训，或利用新时代文明实践中心（站）集中组织开展消防培训。也可以采取先培训农村网格员，以点带面，逐步覆盖农村偏远地区，从而充实壮大农村火灾防控力量。为最大限度节约培训成本，推动“一警六员”实操实训工作制度化和规范化。凡通过考核人员由消防救援机构发放相应证书，证书不仅可作为上岗凭证，还能准确掌握已参训对象的流动方向，避免二次甚至多次重复培训。

（4）做好舆情应对。新媒体已成为民众情绪表达的主要途径。在事情发生后，要尽量在第一时间公布事实、明确观点、疏导情绪，把“我们想说的”和“群众想听的”统一起来，在新媒体时代，虚假信息一旦产生很容易被拆穿，严重损害公信力。突发事件宣传工作必须遵循客观真实的规律，特别是作为政府官方权威发布，决不能在客观事实上有“硬伤”，来不得半点谬误。在对突发事件进行报道时要坚持“早讲事实、详讲措施、重讲态度、慎讲结论”，对每一条新闻素材都要理性思考、认真核实，确保真实准确。在首发信息后，接续发布相关信息，让社会公众看到事情全貌，让不实谣言、片面和极端言论不攻自破。在日常工作、训练以及灭火救援行动中，不断提升攻坚打赢能力，进一步推进执法、执勤正规化建设。

（5）创新消防宣传教育的内容和形式。聚焦不同人群的特点和需要，体现以人为本的宣传理念，提供针对性强的宣传教育服务。深化社区消防宣传大使推选活动，制定居民防火公约，倡导家庭火灾隐患自查和疏散逃生演练计划，发动每个家庭定期进行消防安全检查评估，每年开展1次火灾逃生演练。高度关注老龄化社会消防安全问题，积极开展老年人消防安全签约结对关爱活动，点对点传播消防平安文化，开发适合养老机构普及、适合老年人使用的智能化消防宣传产品。进一步规范各地消防博物馆和消防体验馆开放工作，开发消防体验场馆网上预约服务系统，方便公民参观体验。协调教育部门将中小学校、幼儿园消防安全教学纳入安全管理和素质教学内容，大、中学军训新生全员接受消防教育培训。总结提炼影院消防安全“三提示”工作经验，制定出台本市人员密集场所消防安全“三提示”地方标准，通过张贴安全疏散指示图、广播语音提示、标牌提示、LED 飞屏字幕提示等方式，形成适应超大型城市特点的消防标志标识宣传氛围。

（6）加强消防宣传教育的机构和力量建设。建立党委会、行政办公会定期研究消防宣传工作机制，切实把宣传工作摆到“不是中心事关中心，不是全局影响全局”的位置，主要领导亲自抓，党委成员共同抓，做到职责明确、目标明确、任务明确、措施到位。改革宣传组织机构，建立总队、支队两级消防宣传教育中心，统筹外宣、内宣工作，下设宣传策划、媒体联络、影视制作、新媒体、科普教育等工作室。同时，在整合内部人力和设备资源基础上，采取在编和聘用相结合的方法配足工作力量，成立总队、支队两级全媒体中心，统一承担社会消防知识宣传和消防救援队伍形象宣传任务。加强宣传岗位专兼职人员的培训，为专兼职消防宣传人员培训、进修和提高综合素质创造条件，培养一批适应分众化、差异化融媒体传播趋势，熟练运用现代传媒新手段、新方法的消防宣传专家。

（7）落实消防宣传教育的保障措施。宣传经费预算单列供应，并根据需要逐年递增，专款专用。努力争取政府消防宣传专项资金，接受合法社会捐赠，满足社会化消防宣传的需要。重视消防宣传器材装备建设，总队层面立足现有影视演播室，更新部分电视采编设备，配备采访用车。支队、大队、救援站分别配齐数码摄像、照相器材和新媒体装备。宣传装备器材纳入消防救援队伍器材装备配备标准。建立消防宣传媒体资源数字管理系统，将本市火灾和重大抢险救援、大型消防活动的音像、图片、文字等资料收集整理、归档，并规范管理。支队、大队、救援站建立消防宣传档案库，将本辖区火灾、抢险救援和消防活动的影像、图片等资料建档，其归档、管理情况纳入消防宣传教育工作考评内容。

社会消防宣传教育是一项长期的、艰巨的工作，大力加强消防宣传教育工作，提升全民消防安全素质，从根本上遏制各类火灾事故的发生，需要全社会的共同关注和积极参与，不断建立和完善消防宣传教育机制，进而为防范化解重大消防安全风险奠定坚实的群众基础[①]。

五、加强消防安全重点单位消防宣传工作的策略

（1）消防安全宣传多样性。针对消防安全重点单位人员集中、灾后经济损失大、有一定的政治影响力等特点，其消防宣传工作必须有针对性兼具多样性的特征。一是传统模式。即利用宣传板、宣传栏、条幅、标语等方式，营造良好的消防安全环境，时刻警示人们，提醒大家自觉树立防火意识，同时，在消防安全重点单位定期组织消防知识讲座、消防安全实战演习等活动，让理论知识与消防安全实践结合，深化群众消防意识。二是网络模式。依托高度发达的互联网智能终端进行渗透，采取构建网络宣传平台宣传防火知识，将重点单位主要负责人纳到防火群中，定期进行消防警示和宣传，从而提升他们的思想认识。针对普通群众，可以通过公众号、微博等互联网平台，向大家普及消防安全知识，回答公众提问，从而实现宣传力度的最大化、最广化。

（2）认清消防工作的重要地位。选取典型的消防安全事故，并深刻剖析其发生原因以及惨痛的教训，用事实教育全体人员认清消防工作的重要地位，特别是消防安全重点单位主要领导及相关负责人，他们作为重点单位防火安全的第一负责人，必须具备良好的消防安全意识和技能，能够处理各种突发事件的能力。要加强环境建设，在全社会营造消防安全氛围，形成全民消防良好环境。加强群众消防宣传引导，让他们主动成为宣传员、引导员，能够督促社会防火氛围的形成，从而更好地发挥出群体性防火功能，能够有效消除各类消防安全隐患。

（3）综合利用媒介宣传消防知识。所谓的综合媒介是基于当前媒介多样化视角设置的宣传方式。要立足现有条件，加大宣传工作的指导力度。一是全民消防。在人员密集场所、公共环境当中，设置显著的防火标语，用“轰炸式”

① 冰措.浅谈新时代背景下开展消防宣传工作的策略[J].中文科技期刊数据库(全文版)社会科学，2023（10）：68-71.

的宣传去影响大家。二是平台宣传。消防部门要建立专属的网络平台，在平台上显示出当前的各类消防法规、防火常识及处理技巧等内容。三是案例巡展。从防火宣传工作来看，没有比直观的案例解析更具有震撼性，很多案例能够直击灵魂深处。

（4）通过建立人才培养队伍提高宣传水平。当前，防火工作已经不单是消防部门的工作与责任，而是全社会共同的责任，因而需要大量懂消防和逃生技能的宣传人才。消防部门要定期组织培训，主要是针对重点单位领导及负责人、社会志愿消防队员等，让这些有宣传意识的群体参与到消防宣传当中，从而提升全社会的消防综合预防能力。消防部门可以与培养对象所在单位建立联防关系，由消防部门指定专人进行培训，确保宣传群体能够得到补充与扩展。

（5）创新消防宣传形式。消防安全重点单位的设置主要是针对可能造成重大人员伤亡，财产损失巨大的单位，只要抓住消防安全的重心，加大消防知识宣传力度，完善并落实消防安全制度，加强重点区域的监控，不断地消除各类消防安全隐患，就能够有效控制和预防火灾。基于当前“智慧化”“数据化”发展趋势，要不断创新消防宣传形式。一是以问题为导向。消防安全部门必须将“解决问题”作为工作的核心，在持续不断地发现和解决问题中，加大防火宣传力度以及提升全民消防安全意识。二是以标准为基础。消防安全工作不允许出现打折扣现象，将严格执行安全消防制度作为消防安全工作者的考核标准，任何工作必须亲自上线并按规定完成，因此必须提升消防工作标准。

综上所述，针对消防安全重点单位的防火工作，宣传是重中之重，是所有消防安全问题的关键所在，只有把握关键才能够从根本上解决存在的突出问题，才能够有效控制各类火灾的发生。加强消防安全宣传工作应注重以下几点：一是认清形势，将宣传工作作为预防重点。加强消防工作是全社会共同的责任，必须通过带动和引导社会群体参与模式，让全社会都树立起“防火工作人人有责”的思想。二是加强融合，将新媒体作为主要宣传途径。随着新媒体的不断创新，消防工作也必须随之变化，在保持传承宣传力度和模式的前提下，不断推陈出新，确保对年轻群体产生积极的教育效果。三是积极拓展，将持续性作为宣传工作的要求。宣传工作不是一蹴而就的，而是需要通过持之以恒长久的努力，才能够达到预期的宣传效果[①]。

第三节　应急预案编制与演练

一、术语和定义

（1）灭火和应急疏散预案：机关、团体、企业、事业单位根据本单位的人员、组织机构和消防设施等基本情况，在发生火灾时能够迅速、有序地开展初期灭火和应急疏散，并为消防救援人员提供相关信息支持和支援所制定的行动方案[②]。

（2）应急响应：针对发生的火灾事故，有关组织或人员采取的应急行动。

（3）消防工作归口职能部门：单位拟订消防工作计划和消防安全制度组织防火检查和巡查、管理消防控制室和专职或兼职消防队等工作的内设机构。

（4）应急演练：针对可能发生的事故情况，依据应急预案而模拟开展的应急活动。

（5）综合演练：针对灭火和应急疏散预案中多项或全部应急响应要素开展的演练活动。

（6）区域联防：按照位置相邻、互助共赢的原则，在一定区域范围内的社会单位消防力量，联合组织开展消防安全互查、初期火灾处置等活动的消防安全工作机制。

---

① 刘丽英．加强消防安全重点单位消防宣传工作的重要性 [J]. 今日消防，2018（11）：53-54.

② 董文旭．安全生产应急准备与评估方法研究 [D]. 青岛：青岛科技大学，2019.

二、预案分级与分类

（一）预案编制原则

预案编制应遵循以人为本，依法依规、符合实际、注重实效的原则，明确应急职责、规范应急程序、细化保障措施。

（二）预案分级

根据设定火灾的严重程度和场所的危险性，从低到高依次分为以下五级。

（1）一级预案是针对可能发生无人员伤亡或被困，燃烧面积小的普通建筑火灾的预案。

（2）二级预案是针对可能发生3人以下伤亡或被困，燃烧面积大的普通建筑火灾、燃烧面积较小的高层建筑、地下建筑、人员密集场所、易燃易爆危险品场所、重要场所等特殊场所火灾的预案。

（3）三级预案是针对可能发生3人以上10人以下伤亡或被困，燃烧面积小的高层建筑、地下建筑、人员密集场所、易燃易爆危险品场所、重要场所等特殊场所火灾的预案。

（4）四级预案是针对可能发生10人以上30人以下伤亡或被困，燃烧面积较大的高层建筑、地下建筑、人员密集场所、易燃易爆危险品场所、重要场所等特殊场所火灾的预案。

（5）五级预案是针对可能发生30人以上伤亡或被困，燃烧面积大的高层建筑地下建筑、人员密集场所、易燃易爆危险品场所、重要场所等特殊场所火灾的预案。

（三）预案分类

按照单位规模大小、功能及业态划分、管理层次等要素，可分为总预案、分预案和专项预案三类。

（四）预案实施原则

预案的实施应遵循分级负责综合协调、动态管理的原则，全员学习培训、定期实战演练、不断修订完善。

三、应急预案的编制

（1）预案应针对可能发生的各种火灾事故和影响范围分级分类编制，科学编写预案文本，明确应急机构人员组成及工作职责、火灾事故的处置程序以及预案的培训和演练要求等。

（2）集团性、连锁性企业应制定预案编制指导意见，对所属下级单位提出明确要求，下级单位应编制符合本单位实际的预案。

（3）单位应编制总预案，单位内部各部门应结合岗位火灾危险性编写分预案，消防安全重点部位应编写专项预案。

（4）分班作业的单位或场所应针对不同的班组，分别制订预案和组织演练。

（5）经营单位应针对营业和非营业等不同时间段，分别制定编写预案和组织演练。

（6）多产权、多家使用单位应委托统一消防安全管理的部门编制总预案，各单位、业主应根据自身实际制定分预案。

（7）鼓励单位应用建筑信息化管理（BIM）、大数据、移动通信等信息技术，制定数字化预案及应急处置辅助信息系统。

（8）预案评审通过后，由本单位主要负责人签署发布，以正式文本的形式发放给每一名员工。

四、应急预案的内容

预案的主要内容包括：编制目的、编制依据、适用范围、应急工作原则、单位基本情况、火灾情况设定、组织机构及职责、应急响应、应急保障、应急响应结束、后期处置等内容。

（一）单位基本情况

（1）说明单位名称、地址、使用功能、建筑面积、建筑结构及主要人员等情况，还应包括单位总平面图、立面图、剖面图、疏散示意图等。

（2）说明单位的火灾危险源情况，包括火灾危险源的位置、性质和可能发生的事故，明确危险源区域的操作人员和防护手段，危险品的仓储位置、形式和数量等。

（3）说明单位的消防设施情况，包括设施类型、数量、性能、参数、联动逻辑关系以及产品的规格、型号、生产企业和具体参数等内容。

（4）生产加工企业还应说明生产的主要产品、主要原材料、生产能力、主要生产工艺及处置流程、主要生产设施及装备等内容。

（5）涉及危险化学品的单位还应说明工艺处置技术小组人员情况、危险化学品的品名、性质、数量、存放位置及方式、防护及处置措施，运输车辆情况及主要的运输产品、运量、运地、行车路线和处理危险化学品物质存放处等内容，明确标注不能用水扑救或用水扑救后产生有毒有害物质的危险化学品。

（二）火灾情况设定

（1）预案应设定和分析可能发生的火灾事故情况，包括常见引火源、可燃物的性质、危及范围、爆炸可能性、泄漏可能性以及蔓延可能性等内容。

（2）预案应明确最有可能发生火灾事故的情况列表，表中含有着火地点、火灾事故性质以及火灾事故影响人员的状况等。

（3）预案应考虑天气因素，分析在大风、雷电、暴雨、高温、寒冬等恶劣气候条件下对生产工艺、生产设施设备、消防设施设备、人员疏散造成的影响，并制定针对性措施。

（4）对外服务的场所设定火灾事故情况，应将外来人员不熟悉本单位疏散路径的最不利情形考虑在内。

（5）中小学校、幼儿园、托儿所、早教中心、医院、养老院、福利院设定火灾事故情况，应将服务对象人群行动不便的最不利情形考虑在内。

（三）组织机构及职责

说明应急组织体系的组织形式、构成部门或人员，并以结构图的形式展现。

1. 组织机构

（1）预案应明确单位的组织机构，消防安全责任人任总指挥，消防安全管理人任副总指挥，消防工作归口职能部门负责人参加并具体组织实施。

（2）预案宜建立在单位消防安全责任人或者消防安全管理人不在位的情况下，由当班的单位负责人或第三人替代指挥的梯次指挥体系。

（3）预案应明确通信联络组、灭火行动组、疏散引导组、防护救护组、安全保卫组、后勤保障组等行动机构。

2. 岗位职责

预案应明确每个组织机构及其成员在应急行动中的角色和职责。

（1）指挥机构由总指挥、副总指挥、消防归口职能部门负责人组成，负责人员、资源配置、应急队伍指挥调动，协调事故现场等有关工作，批准预案的启动和终止，组织应急预案的演练，组织保护事故现场，收集整理相关数据、资料，对预案实施情况进行总结讲评。

（2）通信联络组由现场工作人员及消防控制室值班人员组成，负责与指挥机构和当地消防部门、区域联防单位及其他应急行动涉及人员的通信、联络。

（3）灭火行动组由自动灭火系统操作员、指定的一线岗位人员和专职或志愿消防员组成，负责在发生火灾后立即利用消防设施、器材就地扑救初起火灾。

（4）疏散引导组由指定的一线岗位人员和专职或志愿消防员组成，负责引导人员正确疏散、逃生。

（5）防护救护组由指定的具有医护知识的人员组成，负责协助抢救、护送受伤人员。

（6）安全保卫组由保安人员组成，负责阻止与场所无关人员进入现场，保护火灾现场、协助消防部门开展火灾调查。

（7）后勤保障组由相关物资保管人员组成，负责抢险物资、器材器具的供应及后勤保障。

每个行动机构承担任务的人员数量，按照最危险情况下灭火疏散需要足量确定。

岗位人员应实行动态管理，按当日当班在位人员明确相同角色的人员分工，保证不因本人所在岗位轮班换岗造成在应急行动中无人负责。

3. 应急指挥部设置

应急指挥部一般应设在消防控制室，对消防控制室空间较小、没有现场视频传输、未设消防控制室或属室外火灾的，应急指挥部设置应考虑通风条件、足够的安全距离和良好的观察视线。

（四）应急响应

1. 响应措施

单位制定的各级预案应与辖区消防机构预案密切配合、无缝衔接，可根据现场火情变化及时变更火警等级，响应措施如下。

（1）一级预案应明确由单位值班带班负责人到场指挥，拨打“119”报告一级火情，组织单位志愿消防队和微型消防站值班人员到场处置，采取有效措施控制火灾扩大。

（2）二级预案应明确由消防安全管理人到场指挥，拨打“119”报告二级火情，调集单位志愿消防队、微型消防站和专业消防力量到场处置，组织疏散人员、扑救初起火灾、抢救伤员、保护财产，控制火势扩大蔓延。

（3）三级以上预案应明确由消防安全责任人到场指挥，拨打“119”报告相应等级火警，同时调集单位所有消防力量到场处置，组织疏散人员、扑救初起火灾、抢救伤员、保护财产，有效控制火灾蔓延扩大，请求周边区域联防单位到场支援。。

2. 指挥调度

（1）预案应明确统一通信方式、统一通信器材，鼓励统一使用对讲系统。

（2）预案应统一规定灭火疏散行动中各种可能的通信用语，通信用语应清晰、简洁，指令、反馈表述完整、准确。

（3）预案应设计各种火灾处置场景下的指令、反馈环节，确定不同情况下下达的指令和做出的反馈。

（4）预案应要求指挥机构在了解现场火情的情况下，科学下达指令，使到达一线参与灭火行动的人员位置、数量、构成符合灭火行动需要。

（5）预案应要求指挥机构了解起火部位、危及部位、受威胁人员分布及数量，科学下达疏散引导行动指令，使到达一线参与疏散引导行动的人员位置、数量、构成符合灭火行动需要。

3. 通信联络

（1）预案应将应急联络工作中涉及的相关人员、单位的电话号码详列成表，便于使用。

（2）预案应明确要求通信联络组承担任务人员做好信息传递，及时传达各项指令和反馈现场信息。

（3）预案应对通信联络组承担任务人员进行分工，满足各项通知任务同时进行的要求。

（4）预案应明确通信联络组承担任务人员向总指挥、副总指挥、消防部门、区域联防单位等报告火情的基本规范，保证准确传递下列火灾情况信息：起火单位、详细地址；起火建筑结构，起火物，有无存储易燃易爆危险品；起火部位或楼层；人员受困情况；火情大小、火势蔓延情况、水源情况等其他信息。

4. 灭火行动

（1）设有自动消防设施的单位，预案应要求自动消防设施设置在自动状态，保证一旦发生火灾立即动作。确有特殊原因需要设置在手动状态的，消防控制室值班人员应在火灾确认后立即将其调整到自动状态，并确认设备启动。

（2）预案应规定各类自动消防设施启动的基本原则，明确不同区域启动自动消防设施的先后顺序、启动时机、方法、步骤，提高应急行动的有效性。

（3）预案应明确保障一线灭火行动人员安全的原则，在本单位火灾类别范围内，规定灭火行动组一线人员进入现场扑救的范围、撤离火灾现场的条件、撤离信号和安全防护措施。

（4）预案应根据承担灭火行动任务人员岗位经常位置，规定灭火行动组在接到通知或指令后立即到达现场的时间要求。

（5）预案应规定不同性质的场所火灾所使用的灭火方法，并明确一线灭火行动可使用的灭火器、消火栓等消防设施、器材，指出迅速找到消防设施器材的途径和方法。

（6）预案应明确易燃易爆危险品场所的人员救护、工艺操作、事故控制、灭火等方面的应急处置措施。

（7）对完成灭火任务的，预案应要求一线灭火行动人员检查确认后通过通信器材向指挥机构报告。

5. 疏散引导

（1）疏散引导行动应与灭火行动同时进行。

（2）预案应明确事故现场人员清点、撤离的方式、方法，非事故现场人员紧急疏散的方式、方法，周边区域的单位、社区人员疏散的方式、方法，疏散引导组完成任务后的报告。对外服务的场所的预案应预见疏散的顾客自行离开的情形，规定有效的清点措施和记录方法。

（3）预案应对同时启用应急广播疏散、智能疏散系统引导疏散等多种疏散引导方法提出要求。

（4）有应急广播系统的单位，预案应对启动应急广播的时机、播音内容、语调语速、选用语种等作出规定。

（5）设置有智能应急照明和疏散逃生引导系统的，预案应明确根据火灾现场所处方位调整疏散指示标志的引导方向。

（6）预案应根据疏散引导组人员岗位经常位置，规定疏散引导组在接到通知或指令后立即到达现场的时间要求。

（7）预案应对疏散引导组人员的站位原则作出规定，对现场指挥疏散的用语情况进行规范列举，明确需要佩戴、携带的防毒面具、湿毛巾等防护用品，保证疏散引导秩序井然。

（8）预案应对疏散人员导入的安全区域和每个小组完成疏散任务后的站位作出规定。

6. 防护救护

（1）预案应明确对事故现场受伤人员进行救护救治的方式、方法，并要求及时拨打急救电话“120”，联系医务人员赶赴现场进行救护。

（2）预案应明确实施紧急救护的场地。

（3）预案应对危险区的隔离作出规定，包括危险区的设定，事故现场隔离区的划定方式、方法，事故现场隔离方法等。

五、应急预案的实施

（一）预案的培训

（1）预案培训的主要内容是预案的全部内容、职责、个人角色及其意义，应急演练及灭火疏散行动中的注意事项，防火、灭火常识，灭火基本技能，常见消防设施的原理、性能及操作使用方法。

（2）对培训效果进行考核和评估，保存相关记录，培训周期不低于1年。

（二）应急演练

1. 演练的组织

（1）消防安全重点单位应至少每半年组织一次演练，火灾高危单位应至少每季度组织一次演练，其他单位应至少每年组织一次演练。单位内的有关部门应结合实际适时组织专项演练，宜每月组织开展一次疏散演练。演练应按照《生产安全事故应急演练基本规范》（AQ/T 9007—2019）的规定组织实施。

（2）地铁、建筑高度超过100 m的多功能建筑，应适时与消防部门组织联合演练。

2. 演练的准备

（1）可以通知单位员工组织演练的大概时间，但不应告知员工具体的演练时间，实施突击演练，实地检验员工处置突发事件的能力。

（2）小学、幼儿园、医院、养老院、福利院等应直接确定每个引导人员的服务对象。

3. 演练的实施

（1）演练应设定现场发现火情和系统发现火情分别实施，并按照下列要求及时处置：①由人员现场发现的火情，发现火情的人员应立即通过火灾报警按钮或通信器材向消防控制室或值班室报告火警，使用现场灭火器材进行扑救。②消防控制室值班人员通过火灾自动报警系统或视频监控系统发现火情的，应立即通过通信器材通知一线岗位人员到现场，值班人员应立即拨打“119”报警，并向单位应急指挥部报告，同时启动应急程序。

（2）应急指挥部负责人接到报警后，应按照下列要求及时处理：①准确做出判断，根据火情，启动相应级别应急预案。②通知各行动机构按照职责分工实施灭火和应急疏散行动。③将发生火灾情况通知在场所有人员。④通知相关人员切断发生火灾部位的非消防电源、燃气阀门，停止通风空调，启动消防应急照明和疏散指示系统、消防水泵和防烟排烟风机等一切有利于火灾扑救及人员疏散的设施设备。

4. 总结报告

总结报告应包括以下内容：①通过演练发现的主要问题。②对演练准备情况的评价。③对预案有关程序、内容的建议和改进意见。④对训练、器材设备方面的改进意见。⑤演练的最佳顺序和时间建议。⑥对演练情况设置的意见。⑦对演练指挥机构的意见等。

第四节 施工消防安全管理

一、建筑工程施工现场消防安全管理

放眼全球，我国的经济发展可谓是突飞猛进，到了让其他国家瞠目结舌的程度，在此发展背景下，我国人民的整体生活水平也在大幅度提升，对于建筑领域的要求也在不断提高。虽然建筑工程建设规模在进一步扩大，但是近些年施工现场发生火灾事故的概率在进一步增加，这不仅有损建筑企业的良好形象，还会损害到人们的生命权益。所以当务之急就是要采取切实有效的消防安全管理措施，来保障施工安全，消除所有的安全隐患，才能从根本上促进建筑行业可持续发展。

近年来，伴随我国城镇化建设进度的不断推进，高层建筑物施工数量不断增加，在此大环境下，则为施工现场消防及安全管理带来了巨大压力。为充分保障人们的人身安全，施工单位必须做好各项管理工作。而在施工过程中，施工现场消防及安全管理工作的开展，在一定程度上直接决定着工程施工能否实现高效、高质量的实施。因此，施工单位应安排高素质管理人才实施管理工作，要求其运用可行措施来最大限度避免火灾事故的发生，消除各类安全隐患。由此可见，对建筑工程施工现场消防及安全管理进行深入研究，具有十分重要的现实意义。

（一）建筑工程施工现场消防安全管理概述及基本原则

所谓建筑工程施工现场消防安全管理，我们站在宏观角度来分析，可以明确其是保障整体建筑工程项目顺利生产和运行的最重要保障。通过这一工作的高效开展，不仅可以降低财务和环境的损失，还能避免人员伤亡。站在消防

安全的角度，就是所有可能避免消防隐患的一系列方针和具体措施的总和。

（1）预防为主、防消结合。对于消防安全管理工作而言，不论何时，都要以预防为主，因为等到灾害真正发生时，再来考虑消防工作，已经为时过晚。所以，必须将预防作为主要内容，与此同时，将消防这两者有机结合在一起，才能保证安全管理实效。在具体进行安全管理过程中，不仅仅局限于火灾事故的救援，以及对于火灾事故的后续处理，而是要在整个施工进展过程中，从具体工程角度出发，明确当下的施工特点，针对各种各样的生产因素，采取积极有效的管理措施，找到各种不安全因素，然后进行积极控制，这样才能从根本上杜绝火灾事故。

（2）管生产同时管消防安全。在建筑工程消防安全管理的过程中，毫不夸张地说，安全和生产这两者必须兼得，而且要彼此之间相互辅助，才能奠定好基础。不仅仅是建筑工程领域，对于其他领域而言，安全也同样是基础，实现可持续生产和发展的目标。所以，在开展消防安全管理工作的过程中，各个层级的管理人员，都必须全面投入进来，对自身工作认真负责，而且所有参建人员都必须参与其中，并承担起自身的管理责任，齐心协力，才能为建筑工程消防安全管理工作保驾护航。

（3）坚持消防安全动态管理。对于消防安全管理工作而言，并非制定一成不变的制度，并且定性实施，而是要开展动态化的管理。在具体管理过程中，不仅要考虑到工程实际情况，还要结合具体工程进度，对不同时间段可能会出现的一些危险因素进行积极调整，改变管理方针。从最开始的施工，到最后的竣工，都必须开展全方位的动态化消防管理，才能满足现实要求。

（4）围绕管理目的全面控制。在开展消防安全管理工作的过程中，需要明确整个施工过程中，人员和环境可能带来的诸多影响，更要对物品进行管理。严格遵循相关管理标准和要求，针对一些不安全的问题，及时消除隐患，达到保护所有人员生命安全的目的。

（二）建筑工程施工现场消防安全管理实施现状

（1）未编制《建筑工程施工现场消防安全专项方案》。在建筑工程具体施工过程中，为了能够保证工程施工质量，对施工现场消防专项方案管理提出了较高要求，只有其具备优异的方案编制水平及管理水平，方可从源头上预防和减少施工现场火灾事故，为施工现场防火能力提供必要的技术支撑，满足施工现场消防安全要求。因此，在审查施工单位现场消防安全管控的能力水平时，需重点对施工技术水平及专项方案做出严格审查。然而，就目前审查工作实施现状来看，通常忽略了科学编制现场消防安全专项方案事宜。鉴于此，在工程施工期间，工程管理人员综合素养薄弱、施工人员专业技能较差、施工工艺随意更改、施工过程违章施工等现象比比皆是，这样一来，则难以确保工程施工的安全，为现场消防安全预埋下巨大的隐患，从而威胁现场人员的生命及财产安全。

（2）对施工现场消防工程安全的重视程度不够。现阶段，大多数施工单位并未深刻意识到施工现场消防安全的重要性，因为施工单位缺少对现场消防安全管理的重视程度，只是粗略计算了施工成本，导致后续施工极易出现造价超预算情况，这时一些施工单位为了节省资金的投入，常常会降低现场临时消防设施的标准，这样将会大幅度增加现场消防安全风险，为整个建筑施工预埋下较大的安全隐患。另外，通过大量调查不难发现，在建筑消防工程施工阶段，大多数施工单位均疏于管理，并未安排专业管理人员来对施工全过程进行严格的监督与管理，这则无法及时发现施工中潜在的质量、安全隐患，从而加大安全事故发生的概率，阻碍到后续项目建设的顺利、正常开展，让施工单位遭受严重的经济损失。

（3）施工单位忽视施工安全管理。现阶段，就我国建筑工程施工管理工作开展现状来看，大多数施工单位及管理人员均没有明确认识到施工安全管理工作的重要性，一味将管理侧重点放在施工成本、施工质量、施工效率等方面。因此并未紧跟社会发展步伐，积极制定与落实、完善安全生产责任制度，在此情况下，则会加大施工安全事故出现的可能性，威胁现场人员的生命财产安全。同时，还有部分施工单位并未配备专门的安全员，从而导致施工安全监督管理力度极为薄弱，难以在第一时间内发现工程中潜在的安全隐患问题。另外，很少有施工单位定期组织一线施工人员参加到安全教育培训活动之中，使得大多数施工人员的安全施工意识较差，在实际施工期间，常常出现不佩戴安全帽、不系安全带、不按技术交底实施作业等情况，进而加大安全事故发生概率，阻碍到建筑工程施工安全、顺利、高效地开展。

（4）施工现场未配备消防设施。从现实角度出发，对于大部分的建筑企业而言，都存在鼠目寸光的问题，也就是说，过于重视眼前的经济效益，而没有站在可持续发展的角度，去将施工现场的消防安全管理工作放在首要位置。我们进一步深入施工现场之中，可以发现基本未将消防设施配备进来，虽然极少数的施工现场将消防设施配备了进来，但是这些灭火器材不是过期了，就是失去了效用，一旦遇到真实的火灾，根本无法正常应用。此外，还有很多建筑工地还存在这样的问题，就是没有将一些临时水源落实到具体工地之中，一般都是到周围的市政消防栓位置进行临时应用。而且这些消防栓与施工现场的距离非常远，一旦出现突发性火灾，无法第一时间控制火灾蔓延，进一步增加安全隐患。

（5）施工人员不按照规范用电。从现实角度出发，由于建筑工程本身就具备一定的特殊性，涉及内容相对繁杂，所以在施工现场，难免会将一些电焊或者是气割等设备应用进来。而在具体操作过程中，相关负责施工人员由于自身消防安全意识不足，也没有系统地学习和掌握这些消防安全知识，这就给整体建筑工程埋下了非常大的安全隐患。首先，就是在开展焊割作业的过程中，受到高温的影响作用，会产生金属火星，并且四处飞溅，一旦火星沾染到易燃物质，就极其容易引发火灾。但是施工人员一般都存在侥幸心理，认为这么小小的火星掀不起大的波浪，所以在焊割之前，并没有对施工现场进行认真的清理，更没有对周围环境进行仔细的检查，进一步加大火灾发生概率。其次，就是施工人员在施工作业的过程中，根本没有站在消防安全管理的角度，去控制用电设备的应用，而是随意增加用电设备，也没有严格遵循用电规律大小，将相对应的电线规格选用进来，那么一旦出现超负荷的情况，就会引发严重的火灾。最后，就是现场施工人员存在随意乱拉电线的情况，没有严格遵循规范和要求，进行科学用电，这就导致电线很容易出现短路问题，进而引发火灾。

（6）缺乏完善的消防安全管理责任制度。从现实角度出发，对于大部分的施工企业和施工单位而言，在具体开展现场施工的过程中，都存在这样一个观点，就是针对现场的安全工作和一些实际安全问题，可以全部转接到第三方手中。第三方也就是监理单位，但是监理单位在实际开展工作的过程中，会将更多的注意力放在建筑工程质量和进度层面上，因此对于消防安全工作并未重视。在这样的思想引导下，消防安全管理工作不过是空喊口号。不仅如此，很多施工单位会针对具体工程，采取层层分包的方式，认为整个工程都已经承包出去，只需要等着验收就够了，也没有将消防安全责任制度建立进来，更没有站在现实角度进行持续性的完善，那么分包单位也只是重视自身的利益，又缺乏有力的制度约束，那么整体施工自然就是睁一只眼闭一只眼，无法保障消防安全。更不会深入施工现场之中，开展定期的消防安全培训和演习，导致消防安全管理形同虚设，根本无法发挥出实际效用。

（7）管理人员和施工人员缺乏消防安全意识。在具体建筑施工过程中，由于工程较大，仅依靠原有的施工人员无法满足施工要求，所以就要深入当地，进行临时施工人员的招募，而在这些人之中，基本没有经过专业的培训，自身缺乏消防安全意识。大部分管理人员都是将施工进度放在首要位置上，而没有考虑到消防安全管理工作，自身也不具备消防安全意识，针对一些没有证书，或者是施工经验不够丰富的焊工以及电工人员，都没有约束，而是直接允许其进入施工现场施工，也没有严格遵循相关规定，进行审批手续的办理。对于施工人员而言，也缺乏消防安全管理意识。那么一旦发生火灾，由于管理人员和施工人员都缺乏必备的消防安全技能，那么就会措手不及，并缺乏自救的能力，增加人员伤亡概率，这对于建筑企业的未来发展而言，是极为不利的。

（三）优化建筑工程施工现场消防安全管理的有效对策

1. 加大施工现场专项方案审查力度

建筑工程施工现场消防安全专项方案编制工作环节，可能会存在部分缺陷和遗漏，这就需要后期工程管理人员能够及时提出，并督促设计人员根据工程实际情况，对专项方案进行科学变更，以此来为后续消防工程施工作业的顺利开展，提供有力参考。因此，相关工作人员在图纸审查环节，要充分了解项目安装工程的全部内容。首先，要考虑工程施工外部环境影响因素，因为部分施工环境可能会造成管道冲突及设备冲突，如果不考虑全面，则可能出现施工错误或无法施工情况。其次，对于设计图纸中所应用的材料与工艺要进行严格审查，如果材料应用过于落后，使用效果相对较差，则可建议更换新型产品，以进一步提高消防工程质量效果。此外，很多设计图纸中不同专业可能会存在冲突，工程管理人员需要协调多个专业展开共同分析，以规避各专业施工过程中冲突现象，进一步提升建筑工程施工的整体质量。现场消防安全工作的开展主要依托于专项方案的指导，一旦专项方案存在问题，那么必然会严重影响现场施工安全，鉴于此，施工单位需要着重培养工作人员的审图、用图及方案编制能力，以便为施工现场安全管理能力的提升，提供更多保障。

2. 加大施工现场临时消防设施施工质量监管力度

施工现场临时消防设施需要展开严格的验收管理，在具体验收阶段，相关管理人员需要依据国家规范文件来对验收过程进行质量控制，从而保证临时消防设施质量合格。在施工过程中，工程管理人员要保证工程质量受到合理监督，应用可行的监督管理措施来消除影响工程质量的不良因素，合理控制工程施工进度、安全以及质量效果。一旦发现工程中存在质量问题时，要第一时间分析问题出现的原因，找出解决问题的有效办法，对问题进行妥善解决。同时，工程管理人员必须严格监督好每一道工序的施工质量，严禁携带问题开展下一道工序作业，并禁止出现以工序掩盖问题的行为，如果发现此种恶劣行为，必须要求返工整改，以排除临时消防设施的质量风险因素。另外，在消防安全监督管理实施环节，要从前期规划开始介入，贯穿设计到竣工的全过程管理阶段，如此便可保证消防设施在细节管控方面更加合理，进一步降低施工现场安全管理的风险。

3. 提升材料与设备的质量

在建筑工程施工中会应用到大量消防产品，消防产品的质量在一定程度上直接决定着最终的施工质量。因此，为提升消防施工质量，施工单位必须做好材料与设备的管理工作，定期对材料与设备进行检查与维护，以杜绝性能不达标的材料或带有故障问题的设备投入生产应用。在具体检测过程中工作人员需注意，必须严格依据国家行业标准实施检测，如此可确保最终检测结果的真实性，使消防施工实现正常、顺利开展。另外，针对石灰、水泥、砂石等装修材料，工作人员须对其进行统一存放，在保证施工现场环境干净整洁的同时，防止因受潮而使材料性能降低，为消防工程埋下安全隐患。

（四）优化建筑工程施工现场消防安全管理工作的有效对策

1. 加大施工安全管理力度

在建筑工程施工安全管理工作开展过程中，须控制好管理力度，如果管理人员对此项工作过于轻视、疏忽，则极易导致安全事故的发生。首先，相关负责人需要制定一套完善的安全管理体系，为安全管理人员的工作，指出正确方向，并约束施工人员作业行为，如此便可让整个施工过程更加规范、系统。其次，在购买各种材料设施时，应对其进行严格的安全监测，尤其是涉及高危作业的材料设施，如需要吊装的装配式构件、钢筋、模板等，一旦材料安全系数不足，中途出现断裂、坠落现象，将造成严重的人员伤亡情况，使施工单位受到巨大的经济损失。最后，施工单位要定期或不定期的组织施工人员参加安全教育培训活动，提升施工人员的责任意识与安全意识，使其在具体施工建设时，认真、负责地执行每一项工作任务，减少施工期间安全事故发生的概率，保护施工人员的人身安全。此外，特殊分部工程施工环节，安全管理人员必须做好监督管理工作，积极采取旁站监理措施进行现场指导与巡查，减少施工人员的错误操作，避免因施工人员理解能力不足而造成的安全问题，以保证工程施工过程足够安全、可靠。另外，对工地宿舍安全也不能掉以轻心，主要是加大巡查和管理力度，制止工人使用大功率电器、在床上抽烟和私拉乱接电线等违章行为。

2. 科学开展安全事故调查与处理工作

在工程施工安全管理工作具体开展时，如果出现了安全事故，必须做好事故发生后的调查和处理，以避免后续施工再次出现类似安全事故。在建筑行业这种高危工作环境中，有些事故发生不可避免，一旦发生安全事故，身为一个合格的安全管理人员，要能够应用正确方法将事故损失降到最低。首先，在安全事故发生阶段，安全管理人员必须秉承认真、严谨的处置态度，在事故发生地点的特定范围内进行处理，在此阶段工作人员需注意，在防止事态进一步恶化的同时，也要保护好自身安全。其次，如果安全事故导致人员出现重大伤亡情况，工作人员应积极调查事故发生原因，分析并总结此次安全事故经验，以便为后期安全管理提供更多有力保障。在安全事故分析环节，如果涉及相关责任人，必须反复确认好证据及事实，确保事故评价的公平性与公正性，切勿牵连无关人员，也不能遗漏任何一个犯有错误的管理人员。此外，如果事故规模相对较大，需要及时报备相关部门，并要求安全管理工作人员积极配合，以对安全事故做出妥善处理。

3. 有效实施安全教育培训活动

现阶段，在我国建筑工程施工管理工作中，安全管理排在首位。因此，在工程实际施工环节，要将这一目标贯彻落实，全面做好安全预防工作。但是就目前工程施工安全管理工作开展现状来看，大部分企业及施工方的安全意识较为薄弱，在管理工作具体开展阶段，常常将管理重点放在工程进度及施工成本的管理方面，从而严重忽视了安全管理工作的开展，这将会加大安全事故出现的概率，威胁现场人员的生命安全。在此情况下，施工单位需不断提高安全管理人员的思想认知，使其深刻意识到安全管理工作的重要性，能够以认真负责的态度开展安全管理工作，及时发现施工中潜在的安全隐患，并采取可行措施加以有效解决。鉴于此，施工单位应组织管理人员参加到教育培训活动中，在培训活动中，向他们讲述安全管理工作开展的重要性，并传授当下全新的安全管理意识及管理方法，使其形成良好的安全管理意识，以便在日后工作中快速找出安全问题，降低安全事故的发生。此外，在每日班前教育中，需要重点讲述施工现场的易燃、易爆等材料设施的存放及使用方法，以及在上述区域施工时的注意事项，让施工人员有足够的预防意识和处理能力，一旦发生安全事故，可立即应用相应措施加以处理，如此一来，便可将安全隐患扼杀在摇篮里，确保建筑施工实现安全、顺利地开展。

从现实角度出发，不论是具体的建筑施工单位，还是实际的监理单位，又或者是消防部门等，都有义务深入施工现场之中，开展多角度的消防安全工作，进一步保障现场所有人员的生命安全。为了达到这样的目的，相关建筑企业必须深入施工现场之中，对各种消防安全制度和安全规范进行全面宣传，并开展培训工作，确保所有管理人员都可以掌握，并且进行系统的学习，提高自身的消防安全知识掌握水平。对于施工人员而言，在具体宣传教育的过程中，则要遵循通俗易懂的原则，也就是说，将一些消防宣传片播放进来，又或者是展示一些安全事故背后带来的人员伤亡以及经济损失等，通过这样的方式，激发每一位施工人员的消防安全意识，并认识到消防安全的重要性。还要对火灾案例进行针对性讲解，确保所有施工人员都可以掌握必备的逃生技能等。此外，在整个施工现场之中，还可以将宣传栏和墙壁等应用进来，进行消防知识的大范围宣传，这样管理人员和施工人员才能在潜移默化中深化消防安全意识。此外，在不影响施工进展的情况下，还要开展火灾逃生演习等，这样才能让施工人员在演习过程中，明确各种疏散方法，以及找到自救的方法，一旦遇到真正的火灾时，才能救自身和他人于火海之中。

4. 加强施工现场宏观安全规划效果

为保证建筑工程安全施工，提高施工安全管理水平，需要工作人员提前对施工现场进行科学、合理的布置与规划，并在施工现场中进行各种警示标语、安全防护、宣传海报的设立，以提升施工现场的安全管理效果。在具体落实施工现场布置与规划工作时，首先，工作人员要严格根据建筑的整体建设范围及建设高度，确认好围挡的设计要求，如果建筑区域处于城市中心，要加高围挡高度，而临近车道区域，不可在拐角处设立遮挡车辆视野的围挡，以避免给人们的出行安全带来不利影响。其次，在围挡交接处尽可能设立两处大门，这样一来，一旦有安全事故的发生，可有利于现场人员的疏散与逃离，其中，两处大门可以在施工场地中形成进出循环路线，避免内部车辆掉头、错车等安全事故的频繁产生。最后，根据建筑高度及建设需求，合理设计塔吊，尽可能避免塔吊与邻近高压线、建筑物、街道等区域产生关联，以防止塔吊作业期间发生碰撞事故。此外，在规划整体厂区道路时，要预留出足够宽度，尤其是涉及消防车道部分，必须满足4 m，并在合理区域内设置消防车辆驻地，以在事故发生时，相关部门第一时间入场救援。

5. 建立施工现场细部安全规划

在施工现场细部安全管理规划过程中，需要在入口处设立厂区施工平面图，为施工人员提供一定的安全指导，并根据木料区域及易燃材料区，设立足够的消防设施，如消火栓、灭火器、沙池等。如果施工过程中需要进场一些危险性较大的施工材料，则必须设立专门的危险品仓库，在此环节需注意：仓库与建筑之间有一定的距离。同时，工程管理人员还要做好仓库管理，记录好物品领用信息，避免因材料长时间储存而使其性能降低，从而引发安全事故的出现。此外，在施工现场布置规划过程中，相关工作人员要对施工方案和施工工艺进行综合考虑，如装配式施工技术、大体积混凝土施工技术、钢结构施工技术等，由于技术实施对外部环境的需求各不相同，因此要对施工现场进行针对性布置，以最大限度减少施工安全事故发生的概率。

具体来说，首先，就是要深入施工现场之中的各大消防通道之中，应严格排查各种阻塞物，将其全面清理，确保消防通道可以完全畅通无阻。对于消防通道而言，应严格避免堆积任何的物品，针对随意乱堆放物品的人员，一旦发现，必须严肃处理，避免在消防通道的下部分开展施工作业。针对消防通道，应设置醒目标识。这样做的目的，就是为了一旦发生火灾，所有消防人员可以迅速找到消防通道和出口，并且内部没有任何阻碍，可以让所有人员迅速逃生，提高消防救援效果，降低人员伤亡概率。其次，就是要在具体施工建设的过程中，应尽可能地将不易燃的材料应用进来，开展施工建设，而且对于不同的建筑和建筑之间，必须预留出充足的防火间距，这样一旦发生火灾，可以给人们更多的逃生机会。最后，就是在整个施工现场之中，相关消防安全管理人员应站在宏观的角度，对整个施工现场的平面布置情况进行分析，然后对不同的作业区进行科学合理地划分，这样就可以保证不同作业按部就班进展，保证施工的协调性，避免过于慌乱复杂而增加消防隐患。

6. 高度重视施工安全管理工作

在建筑工程施工中，施工单位必须对安全管理工作做到足够重视，以避免安全事故的发生。但受诸多因素影响，目前部分施工单位缺少对安全管理的重视度，使安全管理工作过于表面化，长期搁置安全管理任务，并未安排具体的人员实施各项管理任务，如此则很有可能引发各种安全事故的出现，阻碍建筑工程的顺利施工。鉴于此，施工单位应积极转变自身的安全管理意识，将安全管理工作落到实处。首先，要改变静态安全管理思维，使安全管理工作不断向着动态管理进行转变，将安全管理工作划分到个人身上，并定期对工程管理人员进行严格考核，以使工程管理人员更为认真地开展自身工作。其次，工程管理人员要对施工现场进行认真巡查，一旦发现有违章作业的危险行为，要及时制止，并要求施工人员对其进行科学整改，如果遇到蓄意危险作业行为，则要对其进行严厉批评教育，必要的情况下可下停工令，避免出现安全事故。此外，施工单位要定期更新安全管理制度。由于施工作业内容不断转变，长期以同一种管理模式进行实施，必然会存在一定问题。因此需要针对施工作业内容的变动，动态调整安全管理方案，以进一步提升施工安全管理工作的整体质量。此外，安全管理方案及应急预案中应包含应急演练内容，演练要贴合实际，要按规定时间段组织消防应急演练活动，每半年内至少组织一次，在具体组织阶段要保证安全开展、全员参加、正确指导。同时，演练活动要做好总结记录，并指出演练过程中存在的缺陷与不足，并要求相关人员积极改正，如此方可为工程安全开展提供更多保障。

7. 配备完善的消防安全设施和消防器材

在整个施工现场，必须将消防水源设施配备进来。举例来讲，需要将临时消防给水系统和水源构建进来，而且要完全在工地内部，不能距离施工现场过远。如果在施工的过程中，整体建筑高度已经超过的24 m，那么就要将临时的消防竖管安装进来，为消防安全管理奠定坚实基础。与此同时，在整个现场中，若还没有将消防给水系统正式投入应用进来，那么绝对不能对任何的临时消防设施进行拆除或者是破坏。针对消防器材方面，也要进行科学配备，应确保不影响正常施工的情况下，随处都可以看到消防器材，实际配备的消防器材应确保可以发挥出功效，还要进行定期的检查，保证消防安全管理质量。

8. 构建完善的消防管理体系

对于建筑单位而言，必须在开展施工之前，进行消防安全管理责任书的签订，相应的施工单位也要同步签订，也就是说，通过这一责任书，来明确主体责任，并且全面落实。此外，对于建筑单位而言，还需要将专门的消防安全管理负责人安排进来，深入整个施工进展中，全面负责整体消防安全管理工作，还要针对近阶段开展的消防安全管理工作情况，进行汇总并向上级汇报。

此外，还要全面建立科学且完善的消防管理体系和制度，并在原有的基础上，进行持续性的完善。深入施工现场中，加大火灾巡查力度。在施工现场中，安排专业的负责人员，对施工现场各种明火源均进行筛查，加大监督管理力度，不论如何都要做到人走火灭，不可留下任何的火灾隐患。在施工现场中，所有从事电工或者是电焊的专业人员，都必须具备相关资格证书，才能上岗。与此同时，针对这些相关管理人员还要定期开展培训工作。在施工现场应严抓严打一些随意乱接电气线路的现象，必须加大惩处力度。对于一些易燃易爆的物品，必须将其放在专门的保管位置，安排专人进行看护，避免引发火灾。

9. 加快完善相关法律法规

我国在建筑工程施工现场的消防安全管理工作层面，应加大重视力度。当地政府应对历年来各个建筑工地产生火灾的诸多原因，进行系统分析和总结，认真吸取其中的教训，全面总结经验，找到共通之处，然后全面完善现有不足之处，确保其可以发挥出更大的约束作用。对于施工单位和建设单位而言，政府层面应对其消防安全责任进行进一步明确，确保其可以高效开展工作，保证消防安全管理质量。

总而言之，在建筑工程施工中，做好消防施工管理及施工安全管理工作极为重要，这不仅能够最大限度减少安全事故出现的可能性，保障人们的人身安全，同时还可使各参建单位通过项目建设而实现最大化施工效益，提升其市场竞争能力，推动建筑业的持续健康发展。因此，为了能够进一步提升消防工程管理及施工安全管理质量，以上先对消防工程管理工作进行了具体研究，提出了加大消防工程施工质量监管力度、提升材料及设备质量等措施，随后从科学开展安全事故调查与处理工作、有效实施安全教育培训活动等方面，对如何做好施工安全管理工作进行了具体分析①。

在如今社会发展过程中，保证社会安定和和谐发展是最为首要的任务。

① 贺高．建筑工程施工现场消防及安全管理研究 [J]. 中国房地产业，2023（30）：162-165.

其中建筑行业作为重要的支柱型产业，在实际现场施工的过程中，存在诸多消防安全隐患，若不采取有效的应对措施，就会严重威胁到社会的和谐稳定发展。所以，当务之急就是要从企业角度出发，重视消防安全管理工作，深入现场管理人员和施工人员内部，加强安全教育工作，提高每个人的思想认识，还要开展系统的消防安全演习工作，让每个人都能通过演习掌握必备的逃生技能。此外，国家政府层面也需要加大重视力度，对于消防安全管理的相关法律法规，进行持续性的完善和健全，才能在整个施工现场形成强有力的约束。相关施工单位应在施工现场之中配备完善的安全设施和消防器材，真正地为消防安全管理工作高效开展保驾护航，促进建筑行业的可持续发展[①]。

二、消防工程施工安全管理

现代化建筑在保障人们基本居住、办公使用需求外，需要对潜在安全风险进行评估、检测，并根据相应需求，针对性建设相应安全设施。而消防工程作为保障建筑基本安全的重要工程，提高消防工程的施工质量以及开展相应的安全管理工作，能够有效提高建筑的安全性能。2022年全年，我国消防火灾救援队伍接报高层建筑火灾1.7万起，亡260人，伤252人，同比2021年，高层建筑火灾起数上涨276%，亡人数增加44.4%，触目惊心的数字，无一不在提醒我们，必须提高建筑消防工程的施工质量及安全管理工作质量，为社会的整体稳定发展保障基本条件。

（一）消防工程施工期间的施工质量问题

1. 消防给水管网问题

消防工程中对水的要求极为严格，水、沙、消防器材等条件，是发生消防安全事故时，开展应急消防处理的基本条件，而消防给水管网作为保障消防工程用水的基本设施，若其施工存在不合理因素，会严重影响消防用水效果，

① 苏成龙．建筑工程施工现场消防安全管理研究 [J]. 建筑 • 建材 • 装饰，2023（12）：22-24.

进而导致火灾事故失控的问题。

消防给水管网存在的施工质量问题主要包括两个方面。

（1）设计不合理。在当前的各类建筑使用中，根据相关的建筑施工标准规定和消防标准规定，水压需要保持在0.1 MPa 左右，当发生较大火灾事故时，0.1 MPa 的水压难以满足消防供水需求。

（2）检测不到位。消防给水网是建筑使用人员的安全保障，但火灾等安全事故的低频率特性，导致大量的建筑内消防系统长期处于不适用状态，若检测工作不到位，会使施工期间的质量问题一直成为建筑的安全隐患，一旦发生事故，后果不堪设想。

2. 自动喷水灭火系统施工不合理

在消防工程的建设施工中，自动喷水灭火系统是一种基于现代化科学技术而建设的建筑火灾应急处置方式，通过烟雾检测报警装置对建筑物内的烟雾进行全天候检测，在达到目标条件后自动触发喷淋装置进行灭火，是现代化建筑中常见的消防设施。但在自动喷水灭火系统的实际施工中，存在有各种问题，严重影响自动喷水灭火系统的实际使用效果，主要包括以下3点。

（1）喷淋系统的覆盖面积有限，若走廊、室内空间等喷淋安放位置，其直径或宽度大于1.2 m，且喷淋的安装位置不合理，会出现喷淋死角，严重影响自动喷水灭火系统的应用效果。

（2）在自动喷水灭火系统的施工中，必须对末端喷水设施进行检测，若未安装末端洒水装置，会导致系统管网最不利点喷淋处的喷淋效果处于失控状态，难以保证其功能性。

（3）水力警铃是自动喷水灭火系统中的警报装置，当自动喷水灭火系统被触发后，水力警铃在流水的作用下会发出持续警报。若在建设施工的过程中，将水力警铃的位置安放在离消防值班室较远的位置，会导致发生火灾事故时的处置不及时问题。

3. 应急疏散系统规划混乱

应急疏散系统包括消防通道、消防应急指示灯等，其规划、施工问题主要体现在两个方面。

（1）消防通道的规划不合理。消防通道是建筑发生火灾事故时，人们在无法使用电梯情况下的逃生通道，但在当前的应急疏散系统结构中，因现代建筑多为高层建筑的原因，现代建筑的楼梯多为双跑楼梯，又分为双跑直上、双跑曲折、双跑对折等各种形式，建筑使用人员在发生火灾的情况下极易因慌乱或不熟悉楼梯而跑错楼梯，导致人身安全受损的问题。

（2）消防应急指示灯是人们在火灾烟雾条件下辨别求生道路的主要条件，消防应急指示灯根据其指示方向的不同分为两种，若安装错误，会导致人们在火灾下误判逃生方向，造成悲剧。

4. 防排烟系统的设计过于理想化

建筑的防排烟系统主要包括排风管道、管径、防火阀、门开关设备等组成，通过防排烟系统能够将建筑内因火灾而产生的大量有毒有害气体排出室外，为建筑室内人员争取逃生条件。但在消防工程的实际施工中，对排风管道的设计过于理想化，会导致部分地区的建筑排风因风压过大而降低排烟效果。

（二）消防工程施工期间存在的安全管理问题

1. 施工人员安全意识薄弱

在消防工程的施工中，需要水、电、设备安装等各种人员参与配合，这也导致在施工期间的不规范操作会给施工人员带来巨大的安全隐患。施工人员的安全意识薄弱可以归纳为以下两点。

（1）追求便利而忽视安全。在实际的施工过程中，施工、检测等工序都需要电力的支持，而施工现场的电源条件有限，在不满足施工条件的情况下，需要通过连接插排等方式保障施工用电，若施工现场同时存在多项用电施工，且每个施工人员都在使用插排连接电源，甚至出现插排接插排的情况，会导致施工现场的误触电或因电压过大而导致施工现场安全事故。

（2）不负责心理。在进行消防工程的现场施工中，施工人员的不负责心理也是导致安全事故发生的主要因素。安全管理是平衡施工条件和施工需要的管理工作，若施工人员不负责任心理过于严重，会导致施工现场的安全条件处于失控状态，为施工现场埋下安全隐患。

2. 缺乏完善的现场安全管理制度

随着我国经济的快速发展，建筑工程乘着城市化发展的东风也井喷式增长，在不断开展的工程项目中，施工现场的安全管理规定也在逐渐完善，但部分建筑工程的安全管理仍处于缺位状态，主要原因便在于施工单位缺乏适合本单位开展施工建设的安全管理制度。

国家有关单位根据对过往开展建筑项目期间的安全事故问题进行分析和研究，对相关工作的标准提出明确规定，但标准是施工的标准，在施工期间可能出现的各种问题会因项目的施工地域气候、施工地理条件以及施工地的民俗而不同。因此，制定符合当前项目的现场安全管理制度并不简单，需要施工单位的责任管理人进行综合分析后，才能够制定本单位、本项目需要的安全管理制度。

3. 现场安全管理不到位

影响施工现场安全管理工作质量的主要因素便是施工现场的一线管理人员，而管理人员的问题又分为以下两点。

（1）管理人员的自身能力问题。安全管理是一项需要一线管理人员具备“敏锐的眼睛”的工作，需要管理人员能够根据经验以及一定的联想能力，对当前的情况进行快速推演，而后分析安全风险。但由于建筑行业的发展过于迅猛，大部分的施工单位一线管理人员均是“临时”提拔任职的，其自身的管理能力并不能满足安全管理的要求，从而影响施工现场的安全管理质量。

（2）施工单位的侧重点。我国开展建筑生产时历来主张“安全生产”的基本理念，但在市场经济社会的驱使下，大部分的施工单位以施工质量和施工效率为施工考察标准，在这之后才会考虑施工安全问题，因此，施工单位对建筑项目施工质量和施工效率的过度关注，也是导致当前建筑消防工程施工现场存在安全问题的主要因素。

（三）提高消防工程施工质量的有效措施

1. 保证消防工程设计的合理性

合理的施工规划是成功开展消防工程施工的基本条件。合理的施工规划包括：自动喷水灭火系统的设计、防排烟系统的设计、消防给水管网的设计等，通过合理的施工能够有效保障各项设施的使用效果，减少因设计问题而导致的各种设施效果不理想的问题。

为保证消防工程的设计合理性，在进行设计之前，设计人员必须对建筑的消防需要、建筑的地域特点等条件进行全面的调查检测和分析。例如：在大风地区的建筑物，若其排风口的设置地不合理，会导致排风口的风压过大，极大降低防排烟系统的排风效果。通过对地域气候特点的监测和分析，能够掌握风向、湿度、降雨量等数据，并根据数据对排风口等设施进行针对性处理，从而保障消防工程的实际应用效果。

2. 开展全过程施工质量管理

消防工程的施工质量直接关系建筑的安全性能。因此，为有效提高消防工程的施工质量，必须开展消防工程的全过程质量管理，内容包括以下3点。

（1）施工技术管理。消防工程施工是一项以人力技术为基本条件的生产任务，施工人员的技术能力便是消防工程施工质量的保证，通过在正式施工开始前的施工人员技术能力检测，能够保证施工人员的技术能力符合消防工程的施工要求。

（2）全面技术交底。技术交底是保障消防工程施工质量的关键工作，通过技术交底环节，设计人员能够全面向施工人员讲述消防工程施工期间的工作难点，并提供针对性解决方案，通过技术交底环节，能够进一步提高消防工作的施工质量。

（3）施工干预。在施工期间一线管理工作人员要全面跟进各个环节的施工进度，通过施工干预能够使一线管理工作人员进一步掌握施工状态，从而有效控制消防工程施工期间的施工质量。

3. 重视检测和验收

除施工期间的施工质量管理外，消防工程施工后的检测、验收环节也是保证消防工程整体施工质量的关键工作。

（1）在每个阶段性的施工完毕后，都要针对当前阶段的消防工程进行施工质量检测，并着重检测消防工程中的重难点工作项目，如消防供水管网的供水压力、消防疏散通道的施工质量、防排烟风口的合理性等。

（2）在消防工程全面施工完毕后，需要对消防工程进行全面验收，秉承“早发现，早处理”的基本原则，检查所有可能存在的施工问题，从而避免施工质量问题被带到建筑使用阶段的可能。

（四）提高消防工程施工安全管理质量的办法

1. 制定完善的现场安全管理制度

安全管理制度是开展消防工程施工期间安全管理的基本依据，完善的施工现场安全管理制度，能够为一线管理人员开展安全管理提供标准。但当前大部分消防工程施工单位的安全管理制度都不符合实际施工需要，导致安全管理制度形同虚设。为保障安全管理工作的质量，必须制定完善的施工现场安全管理规定。

施工现场安全管理制度的制定可以根据有关部门的规定进行，但在制定安全管理制度时，必须考虑本单位的实际情况和施工现场的民风民俗，在实际实施安全管理制度前，也应参考一线管理工作人员的管理经验，从而制定完善的安全管理制度。

2. 开展贯穿工期始终的安全培训

工程项目的建设施工是一项不断优化的过程，通过施工技术的应用与调整，将设计图纸中的工程设计建设成实际的建筑物，安全管理工作的性质与工程项目的建设性质基本一致。因此，为保证消防工程的安全生产目的，应开展贯穿消防工程施工始终的安全培训。

安全培训根据目的性的不同，可以分为两个部分。

（1）对管理人员的安全培训。一线管理工作人员是开展安全管理工作的主要力量，通过对管理人员的管理能力培训和安全知识培训，能够进一步提高消防工程施工现场的安全管理质量。

（2）对施工人员的安全培训。对施工人员进行安全知识的培训，能够有效提升施工人员的安全意识，降低消防工程施工期间安全管理工作的难度。

综上所述，消防工程作为保障建筑安全性能的重要设施，提升消防工程的施工质量，能够保护建筑使用人员的生命财产安全。通过消防工程施工及安全管理研究，能够保证消防工程施工期间的施工质量，并实现“安全生产”的根本目的，相关管理人员应积极采用针对性策略，减少施工质量问题和安全事故的发生[①]。

第五节　大型群众性活动消防安全管理

近年来，受经济、政治、宗教、文化娱乐等因素的影响，全国乃至世界各地举办的大型群众性活动数量、规模急剧增长，除了有组织、有规划的大型群众性活动外，还存在大量自发聚集的群众活动，而且群众参与人数，活动类型也出现多样化趋势。这些大型群众性活动一旦存在诸如预警预案重视不够，安保人员派出不足，人流控制和疏导不力，通道设置不合理，现场管理不到位，

① 殷燕燕．消防工程施工及安全管理研究 [J]. 大科技，2023（29）：10-12.

参与者中有人不合作、不自控、情绪激动，场地内风险隐患未排除，突发事件应急处置机制不完善和处置方式不当等，就会存在发生拥挤踩踏的风险。如何组织和实施大型群众性活动消防安全保卫工作，制定消防安保等级方案，明确举办单位的主体责任，是当前部队消防工作的挑战。

一、大型群众性活动概述

（一）大型群众性活动的定义

2007年10月1日起施行的《大型群众性活动安全管理条例》（国务院令第505号）总则第二条规定，本条例所称大型群众性活动，是指法人或者其他组织面向社会公众举办的每场次预计参加人数达到1 000人以上的下列活动：①体育比赛活动；②演唱会、音乐会等文艺演出活动；③展览、展销等活动；④游园、灯会、庙会、花会、焰火晚会等活动；⑤人才招聘会、现场开奖的彩票销售等活动。影剧院、音乐厅、公园、娱乐场所等在其日常业务范围内举办的活动，不适用本条例的规定。由此可以看出，此规定不仅在参与人数、举办形式上对大型群众性活动进行了明确，还对大型群众性活动的活动方式进行了列举，是对大型群众性活动比较全面、客观的诠释，具有一定的指导意义。

（二）大型群众性活动突发事件典型案例

据不完全统计，1950年以来，全球举办大型群众性活动时发生特大伤亡的拥挤踩踏事件共有28起。其中，2005年8月，伊拉克首都巴格达什叶派穆斯林聚集所引发的踩踏事件造成上千人死亡。2010年11月22日，柬埔寨传统送水节严重踩踏事件造成900余人伤亡。2016年4月10日，印度西南部喀拉拉邦科拉姆地区一寺庙在举办烟花展时引发火灾和爆炸，造成112人死亡，390余人受伤。发生在1990年的麦加踩踏事件更是造成1 426名朝觐者死亡，成为已知伤亡人数最多的踩踏事件。从国内看，1960—2010年共发生各类拥挤踩踏事件66起。其中，1991年9月24日，在太原市迎泽公园举办的“煤海之光”灯展上，观灯群众被挤死105人、挤伤108人。2004年2月5日的北京密云灯展共造成37人死亡、15人受伤。2014年12月31日，上海外滩陈毅广场跨年庆典现场东南角通往黄浦江观景平台的人行通道阶梯处发生拥挤踩踏，造成36人死亡，49人受伤。

（三）做好大型群众性活动消防安全管理工作的现实意义

《中华人民共和国消防法》第二十条规定，举办大型群众性活动，承办人应当依法向公安机关申请安全许可，制定灭火和应急疏散预案并组织演练，明确消防安全责任分工，确定消防安全管理人员，保持消防设施和消防器材配置齐全、完好有效，保证疏散通道、安全出口、疏散指示标志、应急照明和消防车通道符合消防技术标准和管理规定。《中华人民共和国消防法》规定了举办大型群众性活动应当符合消防技术标准和管理规定，同时，也对大型群众性活动消防安全管理工作的组织与实施提出了要求，消防安全组织和实施大型群众性活动消防安全管理工作也具有了法律上的支持。

二、大型群众性活动事故的原因与特点

（一）大型群众性活动事故的原因

综合分析国内外发生事故的大型群众性活动，主要有环境、人流、管理和公众素质等方面因素，或者是这些因素相互叠加影响形成的后果。

1. 环境因素

环境因素是大型群众性活动发生事故的客观因素，主要是指举办大型活动的场所硬件设施不合理、不完善，自身存在的缺陷加剧事故的发生。从事故发生的具体位置来看，一般都在活动举办场所的看台、出入口、疏散通道、楼梯、桥梁及隧道等处。疏散通道设计不当，设施不坚固；路面不平整、摩擦系数小或者设计成斜坡、台阶等，都会导致事故的发生。1994年辽宁省阜新市“艺苑”歌舞厅火灾造成234人死亡，其中约200人死在歌舞厅唯一的出口处。导致如此惨烈后果的重要原因就是歌舞厅从舞池到出口，必须经过三级台阶和一段

仅有80 cm 宽的曲折通道，阻碍了人员逃生。

2. 人流因素

大型群众性活动的一个重要特点就是人数众多、区域内人口密度大。群体动力学研究表明，人群行进速度并不取决于个体平均行进速度，而是取决于群体人口密度，群体人口密度越大，行进速度越低；当区域内人口密度达到一定极限时，就会由于拥挤过度而不能前进，进而引发推挤或被动移动。在这种情况下，一旦出现人员跌倒，就会迅速产生连锁反应。由于参与人员对周围环境缺乏足够的了解或是根本不了解，只能根据眼前场景做出评估和判断，面对可能或者实际存在的危险，就会产生不安、恐慌甚至绝望，本能的求生欲望会驱使其立即采取措施迅速离开，导致拥挤加剧，进而引发区域动乱或者踩踏等事故。2004年2月北京密云密虹公园迎春灯展上发生拥挤、踩踏，造成37人死亡、37人受伤的特大伤亡事故，原因之一就是在人流量上出现误判，活动管理人预计只有3 000多人参加，实际上确有超万人参加，由于误判致使管理责任没落实到位。

3. 管理因素

主要是指管理机制不健全、应急预案不完善、管理人员不足导致管理方面出现失误、混乱。从实践方面来看，大型群众性活动因管理因素发生事故主要体现在三个方面。

（1）参与人数估计不足。此种因素主要包括场地人员容量测算、人员峰值、人员密集点、持续时间预算、人员数量控制、人流引导与疏散、信息的及时发布、动乱人群的管理等。

（2）应急机制不健全。在突发事件发生后，管理人员还有一定的时间采取有效措施予以补救，但是如果应急准备不足，应急指挥不力，处置措施不当，不能充分利用有限时间迅速采取有效措施进行补救控制，也会造成事故的加剧和恶化。

（3）舆论导向不明确。突发事故出现后，管理人员未及时传达或者传达错误、不完整的信息，或者没有及时制止错误信息的传播等，出现舆论导向错误，致使与活动现场人员之间产生信息障碍，都可能引发人群盲目流动，加剧混乱和事故。

4. 公众素质因素

主要是指公众紧急避险知识储备不足、安全意识差、自我防护能力弱、自救方式不灵活等。由于个体对突发事故自救常识了解不足或者知之甚少，在遇到突发事故时，不能准确判断周围可能存在的危险系数，不能正确评估危险性质和等级，不能运用平时掌握的安全避险知识和自我保护技能远离危险，或者采取正确的措施保护自己和他人，而是惊恐万分、急躁冒进，不但不能进行自救，而且还会引导缺乏安全救护或避险常识的人跟风骚动，也可能加剧现场的混乱，导致事故更加恶化。

（二）大型群众性活动事故的特点

（1）场所不固定。由于大型群众性活动的活动方式和举办形式的多元性，决定了大型群众性活动的举办场所也呈现出了多样性的特点，但综合分析也可以看出，体育场、中小学校、商场、宗教场所、演唱会、展会现场、公共娱乐场所等是大型群众性活动事故的多发地点。

（2）事故发生突然。大型群众性活动发生事故时大多是由于突然发生某种情况造成混乱而引发的，导致事故实际发生的时间、地点具有一定的不可预见性，总是在意想不到的时间和地点发生，并造成预料之外、令人触目惊心的灾难性后果。比如场所建筑某个构件损坏、现场人群突然出现情绪高涨或群情激奋，或者由于其他外力或外界因素引发局部人群动荡进而导致大范围人群动荡，产生多米诺效应引发事故。

（3）涉及人员众多。大型群众性活动自身的一个重要特点就是参与人数众多，区域内人口密度大。因此一旦发生事故，如果没有能够及时采取有效措施进行控制或补救，就会造成现场混乱，导致人员相互拥挤，并迅速产生连锁反应，甚至发生踩踏，极易造成群死群伤等恶性事故。除了造成直接的人员伤亡和物质损毁外，还需耗费巨大的应急处置、善后处理、原因调查的人力物力财力。

（4）社会影响严重。大型群众性活动事故往往会导致巨大的人员伤亡、财产损失进而造成广泛的社会影响。人员伤亡和财产损失不仅会使受害者面临家破人亡的悲惨现实，而且信息时代会通过各种传播途径以及各种社会关系使事故发生地以及周边的社会公众遭受沉重的心理冲击。这种心理冲击如果处理不好，很容易导致负面情绪的蔓延，甚至引发其他影响公共安全与公共秩序稳定的事件[①]。

三、大型群众性活动消防安全

（一）大型群众性活动场所火灾发生的可能性

由于大型群众性活动周边环境复杂、人杂，因此在大型群众性活动中存在很多的不安全因素。大型群众性活动周边火灾的发生率也较高。从实际情况来分析，大型群众性活动场所发生火灾除了是不法分子刻意造成的还有以下几种可能性。

（1）电气引起火灾。在火灾的引发原因中，中少数引发火灾的原因都是电气原因，电气火灾形成的原因多数是照明灯具引起的，当照明灯具出现故障燃烧时，灯具周围的一切可燃性物体都会随之燃烧，引发火灾。其次电路短路，电线产生火花，引燃周围易燃物体等这些都属于电气引起的火灾。在大型群众性活动场所中，活动场所面积大，因此电气设备数量多，引发火灾的可能性相对较大。

（2）吸烟不慎引起火灾。大型群众性活动场所中人数众多，吸烟人数所

---

① 肖锋，余辉．浅谈大型群众性活动消防安全保卫的组织与实施 [J]. 中国科技纵横，2016（17）：182-184.

占比例相对较大，由于环境的繁杂不能够监督到每个吸烟者，部分吸烟者会将抽过的烟头直接扔进垃圾桶中，如果烟头未熄灭并且垃圾桶中有纸屑，这些都会造成火灾。

（3）放烟花引起火灾。受中国传统的影响，多数大型群众性活动中都会布置燃放烟花这一项目，燃放烟花能够达到活跃气氛的目的。但是在燃放烟花时，烟花未燃尽的废屑很容易引发火灾，目前由燃放烟花造成的火灾现象众多。

（二）大型活动场所消防安全检查的重点内容

1. 活动场所的合法性

在举办大型群众性活动之前，要对活动场所进行仔细排查，检查活动场所内的建筑物消防方面的手续是否齐全。通过审查大型群众性活动承办单位提供的申报材料，检查大型室内活动使用的建筑物（场所）是否依法通过消防验收或者进行消防竣工验收备案。如果使用公众聚集场所举办大型群众性活动，还应检查该场所是否通过了使用、营业前的消防安全检查。如果室内活动场所没有依法通过消防验收或者进行消防竣工验收备案，或没有依法通过使用、营业前的消防安全检查，该场所就不具备举办大型群众性活动的合法条件。

2. 临时建筑的安全性

对于为举办活动而临时搭建的建筑，主要检查其与相邻建筑之间的防火间距是否符合消防安全要求。检查临时建筑的防火性能即建筑承重构件、建筑围护结构、建筑屋面材料等的燃烧性能和耐火等级是否符合消防技术标准的要求。检查临时建筑采用的装饰装修材料的燃烧性能，对有阻燃性能的材料应检查其消防检测报告。检查活动临时舞台、临时看台的消防安全情况。

3. 安全疏散的可靠性

（1）对依法通过消防验收和消防安全检查的室内活动场所主要检查安全疏散通道、安全出口是否畅通。抽查封闭楼梯间、防烟楼梯及前室的防火门常闭状态及自闭功能情况。平时需要控制人员随意出入的疏散门不用任何工具能否从内部开启，是否有明显标识和使用提示。常开防火门的启闭状态在控制室的显示情况。检查带有电子门禁系统的安全疏散门在火灾报警状态和失电状态下自动释放的情况。在不同楼层或防火分区抽查疏散指示标志、应急照明是否完好有效。

（2）对搭建的临时活动场所或室外活动场所主要检查是否设置安全出口、安全通道，其数量、宽度和距离是否符合消防安全的要求，是否设置疏散指示标志和应急照明。

4. 消防设施的有效性

对室内活动场所，主要检查建筑消防设施运行情况，对室外活动场所，主要检查室外消火栓和灭火器材的配置情况。

（1）检查火灾自动报警系统。选择不同楼层或不同的防火分区，至少抽查三个探测器进行火灾报警、故障报警、火灾优先报警功能试验，抽查手动报警按钮进行报警测试。核查控制设备对火灾报警、故障报警信号的反馈情况，联动控制设备动作的显示情况。

（2）检查室内消火栓系统。在最不利点处抽查室内消防栓进行放水试验，检查水压和流量情况，并按下启泵按钮，核查消防控制室启泵信号显示情况和消防水泵的远程控制启动情况。

5. 安全管理的严密性

（1）检查消防安全制度制定情况。主要是检查活动场所和活动承办单位是否建立了用火、用电、用油、用气安全管理制度，防火检查、巡查制度，消防设施、器材维护管理制度，电器线路、燃气管路维护保养、检测制度，工作人员消防安全教育培训制度，灭火和应急疏散预案演练制度等。

（2）检查消防安全管理人确定情况。主要检查活动场所和活动承办单位消防安全管理人是否明确，是否履行消防安全管理工作的职责。

（3）检查消防安全责任制落实情况。主要检查活动场所和活动承办单位是否建立了消防安全组织机构，是否明确各相关单位、相关部门的消防安全工作责任。

（4）检查消防安全措施落实情况。主要检查活动场所和活动承办单位是否结合活动的时间、空间、规模、人员等特点采取了有针对性消防安全措施，包括加强消防安全值班巡逻措施，加强消防器材配置措施，应急事件的处置措施等。

6. 应急预案的针对性

（1）查阅资料。在开展大型活动之前，对场地内部的灭火装置进行详细检查，保证应急疏散措施的完善，并且调查活动场所是否配有安全组织机构，消防人员是否坚守岗位，安全救助程序是否完善，应急疏散队伍是否专业等。

（2）询问人员。检查活动场所和活动承办单位消防安全责任人、消防安全管理人、消防安全员及员工或工作人员对预案的熟悉、掌握程度。

（3）演练抽查。检查灭火和应急疏散预案的组织实施情况、针对性情况，及时发现预案存在的薄弱环节，并在此基础上指导活动场所和活动承办单位修改完善预案。对于大型群众性活动，公安消防机构应在其举办期间进行跟踪监督检查，检查是否落实了相关消防安全制度，是否落实了各项安全措施，是否落实了消防安全岗位人员，特别是重要设备用房或现场重要设备旁边是否有人值守，安全出口、安全通道是否畅通等。对发现存在消防违法行为和不安全现象的，应及时督促指导改正，并依法处理。

在大型群众性活动场所中消防机构必须将消防管理工作做好，消防人员必须坚守岗位，在大型活动举办前将活动场所进行全面排查。通过对活动场所的安全排查，对存在安全隐患的设施进行及时处理，消除火灾的发生，保障人们的安全，提高活动场所的安全性[①]。

---

① 冯建功. 浅析大型群众性活动场所的消防安全检查 [J]. 中国科技投资，2016（29）：260.

第六章　消防设施质量控制

第一节　消防设施安装调试与检测

一、消防设施安装调试

（一）消防设施施工安装现存问题

（1）消防栓系统安装问题。通过一系列消防演习可以发现消防栓方面的施工安装问题主要表现为：室外消防栓变形，消防栓启动阀门失活，或消防栓打开之后没有足够的出水量。究其原因，是由于在安装过程中没有按照具体的消防设施安装标准安装室外消防栓或水泵适配器，或者二者安装方向相反，操作时难以启动；或由于设备安装时没有按照建筑结构、建筑面积等安装室内消防栓，导致室内消防供水压力值难以达标，不能维持正常供水量，所以在使用中就会出现无法出水或出水量不够的问题。

（2）自动喷水灭火系统安装问题。同样通过设备调试和消防演习可以发现喷水系统在使用中出现的问题，如喷头不能及时响应，延误救火时机；喷出的水没有及时排走；发生火情时难以联系到具体的负责人员。究其原因，是由于在安装喷水系统时施工焊接的管道较窄，也没有对消防喷淋支架进行固定，导致消防喷水时受到水压影响而出现灭火效果不理想的情况；同时，没有根据建筑类型而选配正确的洒水喷头，发生火情时感温元器件难以快速响应，无法触发喷头，从而贻误了最佳的灭火时机；而系统中的水不能及时排出的原因则是施工安装时的排水管道设计不合理。

（3）消防供水管网安装问题。消防供水管网作为供给整个消防水系统的供水设备，其在安装方面的问题突出表现为两个方面：一是用一般材质的管材替代规范中要求的专业管材，导致其不耐火、不耐水、不耐腐蚀，加之日常维护、巡检不到位，对于发现的跑冒滴漏情况没有及时处理，等到开启消防设施时会出现水压不稳或难以供水的情况；二是在安装管道时直接将型号不一致的管材连接在一起，或连接位置没有选用匹配的接头和套管，一旦启动消防设施，高强度水压极容易冲破连接不牢固位置，导致水压接续不利甚至直接供水中断。

（二）消防设施的施工安装

1. 自动喷水灭火系统

自动喷水灭火系统是目前应用最为广泛、成本经济合理的消防设施，其在自动探火报警和处理初期火灾中有极好的作用。根据自动喷水灭火系统的不同组成部分，需要按照严格的消防设施安装标准进行施工。

（1）管网、组件安装。管网和管网组件在安装时应当首选法兰配件，具体操作时首先确保法兰配件连接端口整齐、干净，采用符合不同法兰配件尺寸标准的橡胶垫片、螺栓进行固定，从最易发生脱落危险的关键节点进行紧固，并依次完成对称连接，而接口应该留置在较易拆装的位置，方便后期更换配件或检修。水泵配管在安装时首先要根据水泵的位置进行位置标配并进行加固。水泵设备由于其核心作用不应该存在受力点，在具体安装时应当依照逆止阀—水泵配管—法兰等顺序。而消防喷水支管应当铺设在自动喷水灭火系统的外侧，利用相关组件进行加固处理定位，支架、吊架、喷头等预留合乎标准的距离。

（2）喷头安装。喷头的安装顺序应该放在整个管网进行调试、冲洗之后，安装过程中不可以对喷头进行私自拆装、改动、喷涂，安装中如发现喷头的整体框架或附属设备出现变形等问题需要进行替换，要保证替换喷头与配水主管、过滤器等型号相一致。

（3）报警阀门安装。报警阀门系统由水源控制阀门和报警阀门组合，应当先安装前者再安装后者，然后再铺设与报警阀门相关联的一系列辅助通道。

为使得水源控制阀门不会出现误报情况，还应当为其安装水流指示器，同样在管道设备调试、冲洗之后进行施工，保持与水流在同一方向之中，且尽量使信号阀门靠近该指示器的前端，后期可以通过测试进行距离的调整。

2. 火灾自动报警系统

火灾自动报警系统由探测和报警两部分组成，主要监控安装设备周围场地是否有火灾隐患，当发现初期火情时会通过声光同步报警发出信号、通知值班负责人员，自动联动启动消防设施，实现有火灾警情即触发设备。

（1）探测器安装。在安装火灾探测器时应当考虑到建筑面积，具体安装要求是配备合理数量和位置的探测器。前期可利用工具测量方法确定探测器安装的水平线、角度，探测器与下方物体的距离，探测器与出风口、墙体或其他遮挡物的距离。安装预设结束后可通过目测方式，根据现场环境分析探测器安装的密度或与其他物体之间的距离关系。

（2）控制器安装。火灾控制器安装主要考虑到以下几方面问题：一是安装距离；二是安装牢固度；三是安装醒目度；四是安装外接导线的安全度。即要保障控制器可操作，与地面、楼梯等的安装距离合乎标准；且安装牢固，不存在倾斜角度并处在醒目位置且有明显标识。在外界导线处理方面要使得主电源与消防电源相连接，不配备插头，采用合乎消防标准的绝缘电线或电缆，埋入墙体部分应当确保电线有保护层或保护管，避免可能发生腐蚀或虫蚁啃咬问题。

3. 其他需注意的施工安装问题

除针对特定消防设施的施工技术和施工安装问题之外，在整个消防管网的施工安装中还需要注意以下问题：首先就是各施工建筑单位必须严格按照施工标准、消防设施安装标准进行操作，从源头上杜绝安全问题和可能发生的一切隐患。并要做到具体的施工要求、施工责任落实到个人，按照具体施工图纸和监理标准施工作业。其次，需要消防等职能部门对于具体施工项目和设备安装情况进行监管，从消防设施施工建筑单位的安装体系、人员负责制度、安装流程、安装标准等方面进行严格检查，一旦发现问题必须严肃处理。同时，为避免施工测试中目测法或设备反馈法不能够全面反映可能出现的各种消防设施施工安装问题，施工甲方、乙方都有权利聘请专业的第三方机构，利用更加全面的消防设施检测工具进行专业测试，并得出专业检测报告，用该报告使得建筑工程特点、消防设施特点之间的适配性用数据展现出来，使得可能存在的消防施工问题用曲线图等标注出来，更具说服力，也更方便进行安装系统、设备的整改。另外，为保证消防设施安装的质量，还需要对施工单位人员开展专业的培训，既让其了解不同消防设施的安装要点、安装难点、安装标准，又要其对整个安装工程具有责任意识和安全施工意识。

4. 设备的安装调试

安装调试既发生在整个系统完工运行之前，也可以发生在整个系统某一关键位置的设备安装之后，目的是通过调试确定下一步工序是否如期开展，避免不易更改的设备设施统一安装之后再发现问题难以处理。安装调试主要有以下几方面。

（1）在喷水灭火系统全部安装结束之前对整个管网的供水压力进行测试，看管网之中是否存在跑冒滴漏的情况，是否存在管道待冲洗、待疏通的情况，并对一系列压力测试表、阀门的工作运行情况进行测试。

（2）对火灾报警系统及其他联动设备进行测试，主要测试该系统是否在发生火情时可以及时报警，是否可以启动联动设备，相关负责人员是否可以及时到场并应用火灾预警方案处理问题，设备是否会发生无故报警、或错报、或反馈信号位置不正确等相关情况。

（3）对整个消防管网外部联动设备设施进行测试，如线路、电源、电压、联动柜、手动控制功能、报警回路等。并要对整个测试结果进行记录，看是否有需要进一步完善或调整的位置①。

① 王娜．消防设施的施工安装与日常维护措施 [J]. 科海故事博览，2022（26）：40-42.

二、消防设施检测

近年来，火灾事故的频发给企业和人员的安全带来了巨大威胁，加强企业消防设施的建设和管理成为当务之急。作为防火的第一道防线，消防设施的有效性和可靠性直接关系到火灾的扑灭效果和人员疏散的安全性。在这方面，消防设施的检测技术起着关键作用，它确保这些设施能够正常运行并发挥应有的作用。随着科技的不断进步和发展，消防设施检测技术也得到了长足的发展。先进的传感器、监测装置和自动化系统被广泛应用于企业消防设施中，较大提高了消防设施的检测精度和响应速度，有效预防和控制火灾事故的发生。这些技术能够实时监测火灾风险因素，如烟雾、温度和火焰，并及时发出警报，提醒人员采取适当的应对措施。对企业消防设施检测技术进行深入研究和分析具有重要意义。通过研究不同的检测技术及其应用范围，可以更好地了解其性能和优势，为企业选择适合的技术方案提供指导。这将有助于提高消防安全水平，保障人员的生命安全和财产安全。随着消防安全意识的提高和法规要求的加强，企业对消防设施检测技术的需求不断增加。研究和应用消防设施检测技术的目标是提高设施的可靠性，减少误报率，提高检测的灵敏度和准确性，以更好地应对火灾风险。通过不断地研究和创新，可以不断改进和完善消防设施检测技术，使其更加适应各种复杂的消防环境和需求。

消防设备的检验是政府委托具有相应资格的消防设备技术部门进行的一项任务，目的是通过特定的方法检查已建造的消防设备系统是否符合规范和相关要求。发展消防设施检测机构，加强消防设施检测行业的监督管理，加强单位消防监督管理，是推进消防工作社会化行政的需要。

（一）消防设施检测相关概述

现阶段，各类消防设施如火灾自动报警系统、自动喷灌系统、消火栓密封玻璃等在工程建设项目中应用越来越普遍，对消防安全发挥着重要作用。常见的灭火系统有气体灭火系统、泡沫灭火系统、干粉灭火系统、防烟系统、安全疏散系统等。虽然建筑消防设备的检查主要集中在建筑消防设备的测试过程中，在实际检测过程中，严格按照国家各项规定进行，可以有效地消除各种安全风险，在发生火灾时，可以迅速采取行动，尽量减少损失，确保生命的安全。

1. 消防设施检测

建筑物内的消防工作直接关系到建筑物本身的安全与稳定，也关系到人的安全。使用特殊的方法和手段对该建筑的各种相关系统进行消防安装测试，同时，确定目前的建筑和消防设备的质量是否符合消防技术的标准。它的本质在于预防问题，做好对建筑物内各类消防设施的检查和检测工作，可以为消防安全工作的后续进展提供关键保障。在开展建筑消防设施检测工作中，要发现安全隐患，采取有针对性的措施及时处理，防止安全隐患进一步扩大。因此，在实际的检验过程中，要充分了解每个细节，才能保证建筑物消防设施的检验结果准确可靠。

2. 消防设施检测的特点分析

为了更好地开展建筑物消防设施的检查工作，有必要提高有关人员对建筑物消防设施检查特点的认识。

（1）必须及时澄清建筑物消防系统中被调查对象的具体特征。尽管将实施不同形式的控制，但工作的总体目标是相同的，都是为了确保建筑的安全和可靠性。在对建筑物内消防设施进行检查工作时，有必要保证不同消防设施之间的连接，以提高检查工作的质量。

（2）对城市的建筑消防设施检测，有一定的探测环境的差异，例如，在购物中心和人员密集场所，消防设施的设置数量比较大，消防安全水平的要求也相对较高。因此，当在现场进行消防测试时，需要对建筑物的物理状态和人流密度等因素进行分析和处理。

（3）在建筑消防设施检测过程中，需要检测的仪器是没有固定的。虽然需要检查不同类型的消防设备，但测试的最终目的总体上是一致的，即确保建筑物消防设备的测试是完全准确的。

3. 消防设施检测的重要性和作用

消防设施是指企业用于预防、控制和扑灭火灾的各种设备、装置和系统，旨在确保建筑物、场所或区域内的火灾安全。消防设施检测的重要性在于确保设施的正常运行、提高火灾应对能力、保障人员安全、遵守法律法规，并提高消防设施的可靠性。它是预防火灾和保护生命财产安全的重要措施之一。消防设施检测可以通过定期检查和测试，确保各种消防设施处于正常工作状态，预防潜在的火灾隐患。例如，定期检测火灾报警系统的探测器、喷水灭火系统的喷头和管道、气体灭火系统的泄漏监测装置等，以确保这些设施能够在需要时有效地发挥作用。通过消防设施的定期检测，可以及时发现和修复设施中的故障和损坏，确保其在火灾发生时能够正常运行。这有助于提高应对火灾的能力，减少火灾对人员和财产的危害。消防设施检测不仅可以确保设施的正常工作，还可以帮助发现安全隐患，提供有效的预警和保护措施。例如，定期检测疏散指示标志和紧急照明系统，确保人员在火灾发生时能够及时、安全地撤离。根据相关法律法规和建筑规范，企业需要定期对消防设施进行检测和维护，并保持相应的检测记录，这有助于企业遵守法律法规的要求，避免可能的法律责任。通过定期的检测和维护，可以及时发现和处理消防设施中的故障和损坏，提高其可靠性和持久性。这有助于延长设施的使用寿命，减少维修和更换的频率。

（二）消防设施检测技术

1. 火灾报警系统检测技术

火灾报警系统是企业消防设施的核心部分，其检测技术主要包括烟雾探测器、温度探测器、火焰探测器等。烟雾探测器是最常见的火灾报警系统探测器之一，它通过感测空气中的烟雾颗粒，当烟雾浓度超过预设阈值时，会触发警报器发出声音和光信号，以提醒人员火灾的发生。温度探测器用于监测环境温度的变化，当环境温度超过设定的阈值时，温度探测器会发出警报信号。它可以检测到火灾引起的温度上升，较早发现火灾风险。火焰探测器主要通过光学、红外、紫外等技术来检测火焰的存在。一旦探测到火焰，火焰探测器会发出警报信号，以便及早采取灭火措施。某些火灾会产生有害气体或可燃气体，如一氧化碳（CO）、甲烷（CH_4）等。气体探测器能够检测到这些气体的存在，并在超过设定的阈值时触发警报。这些火灾报警系统的探测器通常会与中控主机或控制中心相连，形成一个集中监控和控制的系统。当探测器触发报警时，警报信号会被发送到中控主机，然后触发声光报警器、自动喷水系统等其他消防设备的运行。在火灾报警系统的设计和安装过程中，需要根据具体场所和需求，合理选择和布置各种探测器。同时，定期的检测和维护是确保火灾报警系统正常工作的关键，以保证系统的可靠性和灵敏度。这些火灾报警系统的检测技术可以帮助及早发现火灾风险，迅速采取措施，最大限度地减少火灾对人员和财产的损害。

2. 自动喷水灭火系统检测技术

自动喷水灭火系统是企业消防设施的重要组成部分，其检测技术主要包括水压监测、水流监测、水泵监测技术和喷头状态监测等。水压监测是自动喷水灭火系统中的重要检测技术之一，通过安装压力传感器或压力开关，监测喷水系统中的水压变化。当水压低于或超过设定的阈值时，系统会发出警报信号，以指示水源问题或管道泄漏等异常情况。水流监测用于检测喷水系统中水流的存在和流量的变化。一般通过安装流量传感器或流量开关来实现。当系统中的水流量超过或低于设定的阈值时，会触发警报信号，提示可能存在的故障或异常情况。喷头是自动喷水灭火系统中水流喷射的出口部分，其状态的正常与否直接影响到系统的工作效果。喷头状态监测可以通过安装喷头监测器，检测喷头是否堵塞、损坏或失效。当喷头异常时，系统会发出警报信号，以及时修复或更换故障喷头。自动喷水灭火系统中的水泵是提供水源和维持水压的关键部件。水泵监测技术可以监测水泵的运行状态、电流、电压、温度等参数。当水泵出现故障或异常时，系统会自动发出警报，并采取相应的措施，如自动切换备用水泵或关闭系统以避免进一步损坏。这些检测技术通过实时监测自动喷水灭火系统的各项参数和状态，确保系统能够在火灾发生时正常运行。通过及时检测和警报，可以提供给消防人员或系统操作员必要的信息，使其能够迅速采取适当的措施，包括通知人员疏散、调度消防车辆等，以有效控制和扑灭火灾。同时，定期的检测和维护也是确保自动喷水灭火系统长期可靠运行的重要环节。

3. 气体灭火系统检测技术

气体灭火系统常用于特定场所，如机房、电气设备房等，其检测技术主要包括气体泄漏监测、温度监测和压力监测等。气体泄漏监测是指气体灭火系统依赖于特定的灭火气体，如二氧化碳（CO_2）等，来抑制和扑灭火灾。因此，气体泄漏监测是至关重要的。通过安装气体泄漏传感器或探测器，可以实时监测气体管道或储存容器中的气体泄漏情况。一旦检测到气体泄漏，系统会立即发出警报，并采取相应的应对措施，如关闭阀门、通知相关人员等。气体灭火系统中的压力监测技术用于确保灭火气体的储存容器或管道中的压力处于正常范围内。通过安装压力传感器或压力开关，可以实时监测压力的变化。如果压力超出设定的范围，系统会发出警报，并采取相应的补救措施，如进行修复或更换储存容器。气体灭火系统的温度监测技术旨在监测被保护区域的温度变化。通过安装温度传感器或温度探测器，可以实时监测区域温度的上升趋势。当温度超过设定的阈值时，系统会发出警报，并触发气体灭火系统进行灭火。温度监测可以提前发现火灾风险，并及时采取措施以避免火灾蔓延。这些检测技术的应用可以确保气体灭火系统的可靠性和安全性。通过实时监测气体泄漏、压力和温度等参数，可以迅速发现异常情况，并及时采取必要的措施以防范火灾的发生。同时，定期的检测和维护也是确保气体灭火系统长期稳定运行的关键环节。

4. 消防水系统检测技术

消防水系统是企业消防设施的重要组成部分，其检测技术主要包括水压监测、水位监测和管道泄漏监测等。水压监测是消防水系统中的关键技术，通过安装水压传感器或压力开关，可以实时监测水源供应管道或消防设备的水压情况。水压监测技术能够确保水源供应的稳定性和充足性。一旦水压低于设定的阈值，系统会发出警报，并采取相应的措施，如自动启动增压泵或通知相关人员进行检修。水位监测技术主要应用于消防水池、水箱等储水设施。通过安装水位传感器或液位开关，可以实时监测水位的变化。水位监测技术能够提供关键的信息，确保储水设施的水位在安全范围内。一旦水位过低或过高，系统会发出警报，并采取相应的补救措施，例如自动启动给水系统或排水系统。管道泄漏是消防水系统中常见的问题之一，因此，管道泄漏监测技术至关重要。通过安装泄漏传感器或流量计，可以实时监测管道的漏水情况。管道泄漏监测技术能够及早发现管道泄漏，减少水资源的浪费，并防止管道漏水导致系统无法正常工作。一旦检测到泄漏，系统会发出警报，并采取相应的措施，如关闭阀门或通知相关人员进行修复。这些检测技术的应用可以确保消防水系统的可靠性和有效性。通过实时监测水压、水位和管道泄漏等参数，可以及时发现异常情况，并采取必要的措施以保证消防水系统的正常运行。此外，定期的检测和维护也是确保消防水系统的长期可靠性的重要环节。

5. 火灾控制与联动技术

火灾控制与联动技术是企业消防设施中非常关键的一部分，它通过对火灾现场的检测数据进行分析，并采取相应的控制策略来减小火灾的危害。主要包括以下几个方面的技术应用：火灾检测与报警系统是最基础的火灾控制技术之一。通过安装火灾探测器，如烟雾探测器、温度探测器和火焰探测器等，实时监测火灾的发生，并及时发出警报。火灾报警系统能够快速地提醒人员撤离，并启动其他消防设施的联动控制。自动灭火系统是火灾控制的重要手段之一，通过与火灾检测与报警系统联动，自动灭火系统能够在检测到火灾后自动启动，投入灭火剂进行灭火。例如，自动喷水灭火系统、气体灭火系统和泡沫灭火系统等，能够快速、高效地进行灭火，将火势控制在可控范围内。通风与排烟控制系统在火灾控制中起到重要作用，通过控制通风设备的启停，调节空气流动和温度分布，可以控制火灾的蔓延速度，并帮助疏散烟雾和有毒气体。通风与排烟控制系统与火灾检测与报警系统联动，能够自动关闭通风设备，避免火势扩大和烟雾蔓延，保护人员的生命安全。火灾控制还涉及电气设备的控制与切断，通过与火灾检测与报警系统联动，自动切断火灾区域的电源，避免火灾引发电器设备的进一步危险，减小火灾风险和人员伤亡。通过自动化的联动控制，火灾控制系统能够迅速而准确地判断火灾情况，并启动相应的防护措施，提供更安全的工作环境和生活空间。同时，火灾控制与联动技术的不断发展也为提高火灾应急响应能力和减少人员伤亡提供了有效的手段。

6. 远程监测和数据管理技术

随着物联网和云计算技术的发展，远程监测和数据管理技术在企业消防设施检测中得到应用。利用物联网和互联网技术，消防设施可以实现远程监测和控制。通过传感器和监测设备采集的数据可以通过网络传输到远程监控中心或移动设备上，实现对多个设施的实时监控。监控人员可以随时随地通过远程终端查看设施状态、报警信息以及实时图像和视频。远程监测可以提供即时的数据反馈，加速火灾识别和处理的速度，以及减少人员对现场的依赖性。除了实时监测，远程监控还使得对消防设施的远程操作成为可能。通过远程终端，操作人员可以对设施进行远程控制，如启动或停止消防系统、调节灭火剂喷洒量等。这种远程操作可以极大地提高操作的灵活性和效率，减少人员在现场操作时的风险。消防设施的监测会产生大量的数据，包括传感器数据、监控录像、报警记录等。数据管理技术可以对这些数据进行有效的处理、分析和存储。通过数据处理和分析，可以提取出有用的信息，帮助监测人员进行故障诊断、安全评估和预测分析。同时，数据存储和管理可以确保数据的安全性和完整性，方便后续的回溯和查阅。远程监测和数据管理技术能够提高火灾应急响应的速度和准确性，减少人员在现场的风险，提高整体的消防安全水平。同时，通过对监测数据的综合分析和管理，可以为消防设施的运行维护提供更科学、精细的管理策略和决策依据。

消防设施的检测技术在火灾防控领域的重要性不言而喻。它们不仅可以及时发现火灾风险并发出警报，还能实现自动化的火灾控制策略，最大程度地减小火灾对企业和人员的危害。随着科技的进步和创新，消防设施检测技术不断得到完善和应用，为企业提供了更高效、可靠的消防保障。未来的研究应该继续深入研究各种检测技术的性能和适用范围，这包括对传感器、检测装置和自动化系统的改进和创新，以提高检测的精度、灵敏度和响应速度。此外，还应结合实际应用场景，探索多种技术的组合应用，形成更为综合和可靠的消防设施检测方案①。

（三）消防设施检测存在的问题

（1）消防给水问题。在某些建筑中，操作员会改变消防软管的位置，或者在消防软管安装后没有安装合适的阀门，在安装消防软管后，要及时维护消防软管。在发生火灾时，消防设备无法履行其提供消防水、及时控制和灭火的职责，造成重大的生命损失。另外，在安装过程中，施工人员经常将消防水箱与其他供水水箱混为一谈，忽视了消防水箱不能用于其他供水设施的问题，不符合消防水箱用水规范。

（2）缺少专业人员。消防设施在抢险救灾中起着重要作用，也是预防高层建筑火灾事故的有效措施。为了保证消防设备的效率，必须进行检查，但事实上，在许多方面，消防专家人数是不够的。此外，由于一些测试机构没有足够重视测试工作的过程，并且不清楚他们在测试过程中真实的测试准则和具体要求，忽视过程的测试，导致缺乏证据。同时检验人员也不能掌握检测仪器的相关检测技术和操作方法，对消防设备检测工作的发展带来不利影响。

（3）维护保养混乱。目前，建筑消防设施的维修工作主要由消防设施检

---

① 韦磊．企业消防设施检测技术分析 [J]. 中文科技期刊数据库（全文版）工程技术，2023（7）：48-51.

测人员和建筑消防设施施工单位的职工组成，这两种类型的人员在实际工作中都有流动性和专业技能的问题。此外，审查员的质量决定了施工现场维护的管理水平。如果是新招募的新员工，那么对建筑消防设施的维护内容了解不够，对探测技术的掌握就不好，不了解建筑消防设施维护保养的原理也是建筑消防设施维护保养质量低下的原因之一。

（4）未针对检测机构市场进行统一管理。随着社会经济的快速发展，我国建筑业的发展非常快。为了扑灭建筑业的火灾，需要一个消防检查员的支持，该检查员的规模不断扩大，其不同控制部门之间的市场份额将减少，导致不同控制部门之间的竞争日益激烈。为了提高市场份额，检验机构将无法自行降价以保证消防设施的检验质量。此外，许多检查机构很少到现场对消防设备进行有效的测试，并根据承包商提供的数据和图表起草测试报告。要全面实施消防设备的检查和维护是很困难的，这给实际的消防带来了一系列的安全风险。

（5）消防专业技术人员缺乏相应技术。随着消防设备测试市场的增长和更多消防服务单位的出现，工作量每天都在增加，但专业技术人员相对较少。作者发现，在其研究中，具体测试人员，消防设施的控制领域公司的条约往往是最硬的，但很少，因此工作人员流动性更大了，这可能也会导致质量严重恶化的证据。大多数消防设施检验公司都是合格的，但专门从事消防检验的技术人员往往不是合格的人员。2015年以前，从事消防设施检测工作的人员没有进行全国统一培训或试验。各省市、各地区之间的考试标准都不一样，更不用说统一的登记管理，因此，检测企业的从业人员素质参差不齐，严重制约了建筑消防设施检测行业的发展。

（6）消防检测无法满足规范要求。一般情况下，建筑消防设施的一级负载电源可以满足两种电源的要求，但仍会配置第三种应急负载电源。受条件、资金等因素影响，二级荷载建筑难以满足各项规范要求。一般，在最近的发电站导入由高电压引起的一次线的电。例如，外部消耗超过30 L/s 的设施和仓库，为第2类居民建造的建筑，以及每层建筑面积超过3 000 m^2的小体积建筑，还有二层和三层楼的消防控制室、消防水泵室和水泵大楼的电气设备，以及终极配送箱的自动转换装置，发生火灾或发生紧急情况时，很难确保消防设施的稳定性。

（7）报告形式不符合法定要求。根据《中华人民共和国消防法》和《社会消防技术服务管理规定》及相关技术标准规定，不能满足其要求的检测报告主要包括四类。一是发证机构不符合资质要求，即未取得资质擅自从事建筑消防设施检测活动；代表其他社会消防技术服务部门对建筑物内的消防设施进行检查；超出对建筑物消防设施进行测试的授权范围，或存在分包和分包项目；不再符合资格条件，在修正期间继续从事建筑火灾探测活动；变造，倒卖，出租，出借或者以其他形式非法转让建筑消防设施检验资格证书的。二是报告相关人员不符合资质要求，即出具的验收报告没有技术负责人、项目负责人签字、盖章的；签字人或盖章人不合格；测试报告所涵盖的经批准的消防员同时在两个以上的社会机构工作。三是在其建筑项目最终验收前，已具备对消防设备进行维修检查的资格的建筑工人，应当就消防设备的维修情况起草一份报告。四是消防技术服务机构没有通过资格检验和验收，提交一个报告，实现消防行政审批过程。

（四）消防设施检测质量逐步提升的策略

（1）强化检测机构、检测人员的管理。为有效开展消防工作，要确保建筑消防市场运营的规范性，重视消防设施检测工作，并加强消防检测机构、检测人员的管理力度。主管当局还必须为核查人员提供更多的培训机会，向他们提供消防测试方面的专门知识，并提高他们的专业技能。随着社会经济的快速发展，社会各界对建筑火灾的关注越来越多。许多检测机构为了提高其综合竞争力，会盲目降低价格，不注重服务质量，不能有效提高施工消防工作质量。因此，通过加强检查员的管理，对建筑物进行消防管制，对违反行为进行严厉制裁，并确保消防市场在科学的基础上运作。

（2）加强企业管理与从业人员管理。加强对建筑消防设施检测企业与消防检测人员的管理，是保证建筑消防检测行业良好发展的重要举措。一方面，相关部门需全面掌握各消防设施检测企业的业务状况，以及消防设施检测人员的专业技能水平，约束与规范消防设施检测行为。另一方面，规范消防设施检测市场秩序，严厉打击违法违规行为，营造良好的法治氛围，推动整个行业的良好发展。其次，对消防设施检测报告予以整理归档。消防设施检测企业应严格遵照操作规程与标准规范，编制完整性、合理性、准确性的检测报告，且对检测报告实行存档。在建、构筑物内消防设施建设完毕后，须积极做好深层次的检验工作。另外，对建、构筑物内部的各类消防产品与建设单位提供的检验报告核对，比如现场使用的应急灯具是否与检验报告上的产品一致，检验报告是否在有效期内，需要在消防产品网上进行查询验证。相关部门应建立健全消防保险机制，协调处理消防设施检测单位、保险公司与消防设施监督机构三者的关系。在建、构筑物投保前，保险公司须预先委托资质完备、行业信誉度高的消防设施检测单位对整个建筑消防系统进行检查，且出具检测检查报告。从上可以看出，引入消防保险机制，既可以提高消防救援机构的工作效率，又可以加强消防设施的实用性，具有极大的应用价值。

（3）建立完善的消防保险机制。要使建筑物的防火设施检测工作得到切实的落实，就必须有健全的保险保障体系，以保证与保险公司之间的相互配合。建立健全消防保障体系，能有效地提升整个火灾检验单位的工作效能，保障其全面使用。加强建筑物防火设备使用的重要性，保障人民的基本生命安全。为了有效地测试建筑物的消防设施，有关部门必须建立一个更好的消防保险制度以协调设施测试机构与保险公司之间的关系。在准备建筑物的保险范围时，保险公司应将对消防设施的检查委托给该部门的一个合格的机构，该机构应同时起草有关的检查报告。建立完善的消防保险制度，有效提高消防检测机构的整体效率，保证消防设施的全面应用，提高建筑消防设施的应用价值，从根本上维护人的生命安全。

（4）提升专业人员的技术水平和职能监督。加强部门管制、改进与市场有关的制度、增加罚款和提高防火部门的标准化水平是该部门健康发展的必要条件。首先，建立严格的市场准入制度，以提高工业阈值，并对负责消防测试的机构进行严格的适用性测试，以防止它们不被授权在接到通知后进行消防检查；加强相关服务的管理，通过制定措施快速发现违规行为，执行消防部门的任务，严格遵守相关法律法规，积极进行市场检查；自律委员会，通过建立规范的市场环境，加强行业自律管理，实现行业的消防检测，防止恶性竞争，以确保一个良好的市场环境，促进消防检测产业的良性发展。根据国家立法，消防部门已及时查明是否存在严重问题，如果情况相对严重，必须吊销公司的执照。对于技术服务机构，应积极加强指导，完善消防设施检测的细节，以科学规范市场秩序，稳步提高检测效率。电源、消防电梯存在的问题，重点检查存在的不足，明确在处理有关问题时遇到的困难，有针对性地予以处理。优化消防能源的利用，建立消防电梯的清晰识别，完善消防电梯的配置，使其功能得到充分体现。应根据相应位置科学配置防烟系统，优化相应系统模式，使防烟效果达到标准。

随着建筑行业的不断发展，消防设施检测作为一个新兴产业正在快速发展，受到了社会各界的高度关注，将在未来建筑行业的配套服务中发挥重要作用。建筑物的消防设备具有复杂、系统等特点，检测技术的要求要严格得多。现阶段，我国建筑消防设施的检验工作仍存在许多问题。检测机构需要建立完善的质量保证体系，有效解决各种检测问题，确保消防设施处于安全运行状态[①]。

① 包额日敦 . 解析建筑消防设施检测结果影响因素 [J]. 国际援助，2023（6）：37-39.

第二节　消防设施的维护管理

一、消防系统设施维护措施

（一）建立合格产品供应商名录

（1）评估供应商资质。对潜在供应商进行评估，包括其注册资质、相关证书和资质认证等，确保其具备合法经营和提供高质量产品的能力。

（2）产品质量评估。对供应商提供的产品进行质量评估，包括对产品性能、可靠性、适用性等方面的考察，确保产品符合相关标准和要求。

（3）参考市场口碑和用户评价。了解其他用户对供应商产品和服务的评价，考虑其在市场上的信誉和口碑。

（4）定期审查和更新。定期审查供应商名录，根据实际情况更新和调整名录，确保名录中的供应商持续符合质量要求。

（5）供应链管理。与供应商建立良好的合作关系，确保供应链的稳定性和可靠性，与供应商保持沟通，及时了解产品供应情况和变动，确保及时获取所需产品。

（6）产品性能和技术支持。评估供应商的产品性能和技术支持能力，确保其能够提供技术支持、培训和售后服务，以解决设施运行过程中的问题和需求。

（二）构建质量维保信誉体系

（1）建立信誉评价体系。对维保服务供应商进行信誉评价，包括对服务质量、响应速度、技术能力等方面的考核，形成维保服务供应商的信誉排名。

（2）建立维保服务投诉处理机制。建立投诉处理机制，及时处理用户对维保服务的投诉和反馈，保障用户权益，提升用户满意度。

（3）维保服务质量监控。定期对维保服务进行质量监控，包括现场巡检、服务评估、维保记录审核等，确保维保服务符合质量要求。

（4）建立奖惩机制。对维保服务供应商根据其维保质量进行奖惩，激励优秀供应商提供更好的维保服务，同时对维保质量不达标的供应商采取相应的惩罚措施。

（5）维保合同管理。建立规范的维保合同管理制度，明确维保服务供应商的责任和义务，确保维保工作按合同要求进行，并制定相应的绩效评估指标。

（6）维保培训与考核。对维保服务供应商进行培训，提升其技术能力和专业水平，确保其具备正确的维保方法和操作技能，还要定期进行维保人员的考核和评价，确保其能够胜任维保工作。

（7）数据分析与改进。

对维保过程和结果进行数据分析，发现问题和能够改进的空间，并采取相应的纠正和改进措施，提升维保质量和效率。

（三）确定消防系统设施维护要点

（1）定期检查和测试。制订定期的设施维护计划，包括对消防设备和系统进行定期检查、测试和维护，确保其正常工作和性能稳定。

（2）清洁和保养。定期清洁和保养消防设备和系统，包括清除积灰、检查电池状态、清洗喷头等，保持其正常运行和延长使用寿命。

（3）防护和保护。采取必要的防护和保护措施，如安装防尘罩、防水罩等，防止外界因素对设备和系统的损害。

（4）紧急维修响应。建立紧急维修响应机制，对突发故障和问题进行及时维修和处理，确保设施能够快速恢复正常运行。

（5）系统记录与档案管理。建立健全的系统记录和档案管理机制，记录设施的维护情况、检查报告、维修记录等，形成完整的维护历史和档案，方便追溯和查询。

（6）备品备件管理。建立备品备件管理制度，定期进行备品备件的检查和更新，确保备件的及时可用性，避免设备故障时无法及时更换所需部件。

（7）软件系统维护。对于涉及软件系统的消防设施，包括控制器、监控系统等，进行定期的软件维护和升级，确保系统的稳定性和安全性。

（四）完善维保质量管理制度

（1）编制维保作业标准。制定维保作业标准，明确维保流程、操作规范和技术要求，确保维保工作的一致性和规范性。

（2）培训和培养技术人员。加强技术人员的培训和培养，提高其技术水平和专业素养，确保能够胜任设施维护工作。

（3）维保记录和档案管理。建立健全的维保记录和档案管理制度，记录维保工作的详细过程和结果，为后续的维保工作提供参考和依据。

（4）定期评估和改进。定期对维保质量进行评估和改进，通过数据分析和用户反馈，发现问题和不足，采取相应的改进措施，提升维保质量和用户满意度。

（5）质量审核和评估。建立质量审核和评估机制，定期对维保工作进行内部审核和评估，检查和评估维保工作的执行情况，及时发现问题并采取纠正措施。

（6）风险管理和预防措施。建立风险管理机制，对维保过程中的潜在风险进行评估和管理，同时采取相应的预防措施，防止维保工作中出现事故和意外情况。

（7）供应商管理。建立供应商管理制度，对维保服务供应商进行评估和选择，建立合作关系，并对其维保工作进行监督和管理，确保供应商提供的维保服务符合质量要求。

（8）不良事件管理。建立不良事件管理制度，对维保过程中发生的不良事件进行记录、分析和处理，采取措施防止类似事件再次发生，并改进维保流程和操作规范。

（9）技术支持和信息共享。与相关技术支持机构和行业组织建立合作关系，获取技术支持和信息共享，及时了解最新的维保技术和经验，提升维保质量和水平[①]。

二、消防电气设施维护措施

建筑工程中消防电气投入使用后，还会受到设备、环境等多种因素的影响，因此做好后期的维护与保养工作至关重要，这也是保证建筑工程消防电气正常使用的关键，应当引起相关管理工作人员的高度重视。

（一）报警控制器的检查及维护

火灾报警控制器再经过一段时间使用后，控制器内部会不断积累灰尘，如若灰尘较多堆积到电路板上，就会直接影响电热板散热，引发后续设备火热的问题，如若环境湿度较大，就会直接导致电热板短路，影响火灾报警器的正常使用。因此必须做好定期维护与清理工作，同时也要根据实际情况，设置相应的应急备用电源，当设备出现断电情况后，还能够正常投入使用。通常来讲备用电池的使用寿命能够达到3～5年，不需要频繁地进行维护，每隔半年做好电池损耗情况测试即可。当电池剩余电量不足，或者电池已经损耗完，就要及时地进行更换，为消防供电系统正常使用奠定坚实的基础。在此过程中需要注意的是，控制室引至接地体的接地干线应当选用独芯电缆或绝缘铜线，并且保证一根线线芯截面面积不小于1 616 mm^2，选用共用接地装置时，要保证接地电阻值不大于1 Ω，选用专用接地装置时，要保证接地电阻值不大于4 Ω。

（二）做好定期检查维护

除了工作人员对于建筑工程消防电气设备的日常维护，技术人员还要对整个消防电气系统做好检查与维护工作，严格按照《建筑消防设施检测技术规程》（GA 503—2004）中的相关规定，无论小零件还是大部件，都要进行彻底

① 张艳峰．建筑工程中消防电气的安装与消防设施维护措施探究 [J]. 装饰装修天地，2023（20）：181-183.

的检查维护，并且做好相关记录工作，做到有迹可循，日后出现问题，能够及时找到对应时间节点。

除此之外随着我国综合国力与技术的不断发展，相关规章制度也在随之更新，作为技术人员要及时了解最新规章制度，与已安装的消防电气设备做好对比，如若发现不符合规定，要及时地进行更换。人员在设备维护工作中，通常会将重点放置在设备上，忽略了电源的维护工作，电源在消防电气系统中起着至关重要的作用，应当定期切断电源，检查备用电源是否能够正常运行，在火灾期间维护人民生命财产安全，便于展开消防救援。

（三）检查排烟系统并测试功能

排烟系统维护首先要检测阀体关闭是否严密，如若阀体关闭不够严密，就会直接影响到后续排烟与送风效果，发生火灾时导致大量浓烟堆积在建筑室内。探测器进行联动时应该保证阀体打开非常顺畅，如若不然就要及时进行检修，避免后续火灾发生时阀体不能按照规定角度打开，甚至是无法打开。完成阀体检查维护后，应当仔细核对消防控制室的返回信号，这一信号主要是用来测试联动消防机是否能够正常启动。当消防机处于正常运行状态时，要将相应的防火阀关闭，随后再次核对消防风机是否能够正常停止运行。

（四）消防用水的检查要点

进行消防用水定期维护检查时，要重点排查供水用水不力的区域，消防栓是否能够正常使用，做好防水检查。观察消防水箱或水池的存水量，如若发现存水不足，要根据实际情况及时进行补充。同时要检查消防水管阀门是否能够正常打开，如出现老旧或生锈问题，应及时地进行更换。供水系统是否存在被埋压的情况，有无遮挡，只有维护管理过程中做到细致化检查，才能保证后续火灾发生时，在最快的时间完成灭火工作。

（五）不断规范设备生产源头

即便目前我国能够生产消防设施的厂家较多，但是不同的生产商，所生产的产品质量、专业水平都各不相同，存在一定的差异性。存在个别企业过于追求销售量，所生产产品周期短，但是质量不佳。因此在安装前要保证采购的产品质量，保证所安装的设备质量过硬，避免后期出现质量问题影响正常使用。同时还要调查生产厂家的售后与维护工作，不仅是前期产品质量，后期维护也同样重要，生产厂家是否具有专业的技术人员，能够对购买者予以一定的技术引导与培训，定期对产品做好回访工作。

（六）构建维保质量信誉体系

建筑工程消防电气维护要结合“双随机、一公开”的消防监管工作原则，将消防电气设备维护纳入日常监督管理工作当中。对于不能履行维护职责的单位或人员，又或者是维护敷衍了事的，设备出现故障不能及时进行维修耽误正常使用，要将相关单位向社会公示，公开曝光其违法行为，严重者可以选择纳入诚信档案，要求企业做到诚信经营。与相关部门做好联动协作，加大市场监管力度，在此基础上构建合理的维保质量信誉体系，实现对现有消防设施维保单位的有效监督与管理[①]。

第三节　消防控制室的管理

从现阶段的情况来看，为了最大限度地减少火灾所带来的不良影响，很多建筑物内部都会相应地安装防火卷帘、防排烟系统、火灾自动报警系统、防火门、自动喷水灭火系统等，同时也会配合进行消防通信设备的安装。而对于建筑物内部整体的防火系统来说，其核心就是消防控制室，消防控制室需要全天24 h 对消防设备的工作状态进行监测，保证所有的消防设备均能够正常工作，一旦建筑物内部发生火情，消防控制室内部需要第一时间进行信息汇集，

① 李清彬．建筑工程中消防电气的安装与消防设施维护措施探究 [J]. 门窗，2023（16）：46-48.

并采取有效措施予以处理，最大限度地减少火情所带来的不良影响。但是，在日常监督检查过程中发现，部分社会单位的消防控制室的规范化建设程度不高，日常管理工作依然存在诸多漏洞，操作人员没有获得国家认可的上岗资格，业务水平整体较低的问题依然普遍存在，进而导致火灾发生之后无法得到及时有效的扑救。例如，2013年10月11日，北京某商场的一餐厅发生火灾，当商场内的报警系统发出火灾报警信号之后，消防控制室的值班人员并没有给予足够的注意，而是多次进行消音处理，并未按照规定及时启动灭火设施，进而导致火灾进一步蔓延，导致直接经济损失超过2 000万元，且两名消防员在扑救的过程中牺牲。

一、重点单位消防控制室管理现状

近年来，通过开展消防安全标准化达标活动，积极推进单位消防安全管理从粗放型向精细化转变，单位消防安全管理工作取得了较好成效。但是，单位标准化建设特别是消防控制室规范化建设还存在一些亟待解决的问题和薄弱环节。

（1）单位消防安全主体责任落实不到位。通过调研发现，部分社会单位的消防安全责任人、管理人说不清楚消防安全工作职责以及在实际工作中如何落实，设立的组织机构、制定的应急预案也仅仅是停留在纸面、悬挂在墙面，消防工作几乎全由保安部门负责。除了陪同消防部门检查外，单位消防安全责任人并未深入消防控制室了解具体工作开展情况，而消防安全管理人或消防控制室值班人员除反馈消防部门检查问题外，极少主动向上级汇报日常管理问题。

（2）各种制度标牌只“上墙”未“落地”。消防控制室内密密麻麻悬挂着各种制度标牌、处置流程示意和人员信息公示牌等，经实地检查了解，消控室悬挂的制度标牌最多的多达17块，最少的也有10块，而这些制度牌只是体现在墙上，未真正落地，在检查中发现消控室值班人员根本不掌握相关制度内容，未能按照相关制度要求开展工作。

（3）工作任务重，工作人员不堪重负。大部分单位消防控制室值班人员日常承担值班值守、巡查检查火灾隐患、操作测试消防设施、记录台账档案资料等4项工作，填写6本5表（即消防控制室值班记录、消防控制室交接班记录、建筑消防设施巡查记录、建筑消防设施检修记录、建筑消防设施维护保养记录、建筑消防设施故障维修记录等6项工作记录和每两小时检查表、每日巡查表、每周检查表、每月检查表、每季度检查表等5份表格），部分单位消防控制室值班人员还兼监控、保安、收发、物管、寄存等其他职责。此外，重点单位还使用“社会单位消防安全户籍化管理系统”，部分重点场所还使用“消管通”平台，重复记录每日巡查、每月检查、自我评估、隐患整改、维护保养、报告备案等内容。消防控制室值班人员承担至少4项工作职责、填写6本5表、录入若干消防管理平台信息，很难较好履行岗位职责、如实开展工作，单位消防管理水平难以真实体现。

（4）值班持证人员数量达不到规定要求且业务能力不强。根据《中华人民共和国消防法》《消防控制室规范管理标准》（GB 25506—2010）《中华人民共和国劳动法》的相关规定，消防控制室最少需要6名持证人员交叉值班，才能满足消防控制室实行24 h 值班制度，每班不少于2人的要求。但是，从当前现状来看，大部分单位难以满足6人持证要求。有的值班人员由于文化水平低，无法通过国家组织的相应职业技能考试；也有部分单位领导担心员工在接受了系统化的培训之后，取得了国家相应的职业资格，进而出现离职的情况，不仅不为员工提供必要的培训支持，反而会出现阻挠员工参加培训的情况；而另一方面，虽然有的人员取得了国家认可的职业资格，但是却不能熟练地操作相应的灭火设施，没有依照规范的程序进行应急处置，在发生火情的时候仅限于一些简单的操作，无法及时对火情进行有效处理；有的社会单位为应付检查，临时安排未取得岗位资格证的人员进行值班。

（5）消防控制室值班条件较差。部分单位消防控制室建筑面积小，设施设备布置紧密，操作维修空间小；部分单位消防控制室设置位置不合理，通信信号弱，联动反应慢；几乎所有消防控制室未配套设置休息室、卫生间，也缺乏其他配套生活设施，值班条件较差，无法满足24 h 值班要求。

二、加强消防控制规范化建设的策略

消防控制室作为单位消防安全标准化管理不可忽视的一项核心内容，加大对于消防控制室的管理力度，对消防控制室的相关工作流程进行合理有效的改进，是预防火灾以及减少火灾损失的一种最为重要的手段。

（1）强化督促落实消防安全主体责任。消防部门要大力宣传贯彻《消防安全责任制实施办法》和《海南自由贸易港消防条例》，督促单位落实消防安全主体责任，加大消防监督检查的力度，尤其是对于一些社会单位来说，要能够强化督导检查消防控制室工作的开展情况，指导社会单位消防控制室规范化建设，督促指导不符合要求的单位进行整改。同时，针对一些单位不重视消防整改、对消防控制室值班人员缺乏管理的情况，要能够及时地给予警告，必要的时候给予约谈和曝光，促进整改，对消防安全环境进行全面优化。

（2）消防控制室上墙制度进行完善以及优化。在消防控制室墙面上悬挂《消防控制室日常管理制度》《消防控制室值班人员职责》《消防控制室应急处置程序图示》三块制度牌，其他制度、职责、程序等材料汇编成消防静态档案存档备查。有条件的单位同时备存于值班电脑，编制检索目录供值班人员学习、快速查阅应急处置程序。

（3）制定值班人员工作规程。编制通用明了的消防控制室值班人员工作手册，明确每日、每月工作内容、频次和操作规程，合理整合消防控制室、“消管通”平台和“社会单位消防安全户籍化管理系统”工作记录，鼓励并认可单位多种方式记录日常值班、巡查检查等工作。

（4）实行消防控制室值班人员分级管理。建议采取分级管理模式开展消控室值班人员岗位资格鉴定工作，将消控室值班人员的岗位资格证书分为初级、中级、高级三个等级开展考评鉴定。初级资格人员仅允许具备对消防设施基本了解，会报警、巡检、消音、复位等简单操作，且能够熟悉应急处置程序即可。中、高级资格认定可以进一步要求从业人员对报警系统等各类消防设施的熟悉掌握操作的能力。这样既能降低消防控制室值班人员取证门槛，从而实现全员达标持证上岗，又能实现值班人员严格、高效、专业化管理。

（5）融入职业技能提升行动计划。强化顶层设计，积极主动融入省职业技能提升行动计划。依据《海南省职业技能提升行动实施方案（2019—2021年）》，争取将消防设施操作人员纳入职业培训对象，对参加培训、取得岗位资格证的个人、单位按规定给予补贴。加强职业院校和职业技能鉴定站双向培养机制，鼓励职业院校积极参与社会化职业技能培训，提供智力支持。借鉴旅游部门组织开展的岗位服务技能大赛，加强消防控制室岗位人才交流。

（6）强化提升人员素质能力。对于社会单位来说，要加大针对全体员工的消防安全教育培训力度，在充分考虑本单位现实情况的基础上，定期组织本单位员工进行消防安全知识以及相应的法律知识的学习，对员工的学习情况进行考核，进行相应的奖惩措施的制定，并将考核成绩在全单位进行通报，促使本单位员工能够认识到接受消防安全知识学习的重要意义，督促单位员工重视自身岗位的重要性和必要性。消防部门也需要加大对各单位的消防安全检查力度，针对消防控制室工作人员存在的违规行为以及不履职行为，要能够及时地进行批评教育，深化岗位人员对于岗位职责的认识程度。

（7）规范消防控制室建设。建议政府出台地方性规范性文件，明确规范要求消防控制室建设面积以及相关配套的生活设施，根据单位消防系统设置的规模不同规定消防控制室的最小面积，并配套设置休息室、卫生间等，切实规范消防控制室建设，使消防控制室值班管理更高效便捷。

（8）强化消防控制室标准化管理。按照“试点先行、逐步铺开”原则，分行业、分区域选取各类场所集中精力打造标杆试点，主动服务、主动指导，适时组织召开现场观摩会，以点带面、从线到片全面推进消防控制室管理标准化建设。

（9）重视消防宣传，营造舆论环境。要借助媒体的力量，对于消防控制室规范化建设的作用和价值等进行大力的宣传，以获得社会各界人士及相关部门对于这项建设工作的重视，而针对消防控制室建设过程中，产生严重问题的社会单位来说，还应予以曝光，并对此实施跟踪性报道，从而通过此方式来促进整改策略的贯彻。另外，也应重视宣传一些消防控制室规范化建设效果显著的企业，发挥这些企业的榜样作用，引领其他单位一同强化建设消防控制室。由上述内容可知，务必要重视消防宣传，营造出积极的舆论环境，这样才更利于推进消防控制室规范化建设工作的稳步进行。

总之，提升各单位消防控制室管理的科学性，一方面地区消防单位要能够加大核查力度，另一方面各单位自身也要能够加强自查自纠，对技防措施、物防措施以及人防措施进行完善，提升消防安全管理质量[①]。

---

① 符永祯．对消防控制室规范化建设的几点探究 [J]. 科技创新导报，2021（9）：163-165.

第七章 消防产品监督管理

第一节 现场检查

一、消防产品质量监督管理的目的及重点

（一）目的

近些年，随着社会经济快速发展，社会大众逐渐提高了对消防问题的重视程度，消防产品质量问题愈发凸显。为了能及时、高效地控制火情，最大程度发挥消防产品的作用，应在产品进入流通或使用领域前开展质量检测工作，强化监管部门的主体职责，加大监管力度。当前，应先确定消防产品质量监督管理的目的：加强消防产品质量监督管理，实现高效管控能规范消防产品市场，构建安全、完善的市场发展机制体系，并且还能有效防控火灾，控制火势蔓延、火情加重，将火灾损失降到最低，最终能保障国民生命健康安全，促进其顺利开展日常生产、生活活动，构建社会主义和谐社会，推动经济长期、健康发展。

（二）重点

开展消防产品质量监督管理工作的重点主要分为以下三项。

（1）日常监督检查。在消防产品质量监督管理中，日常监督检查始终处于核心位置，也是非常重要的一项管理内容，能及时发现产品问题并采取解决措施。当前，针对高层建筑等重点项目，消防单位确定了项目责任人，通过定期检查与随时抽查能在火灾初期加强控制，防止其产生较为严重的后果。

（2）日常培训。对于社会大众来说，“火灾” 较为陌生，因此面对火灾时，常处于惊慌、恐慌状态中，既容易发生推挤、踩踏等事故，也容易阻碍火灾救援工作开展。对此，消防单位或监管人员应定期开展培训活动，强化社会大众的火灾防控意识，能正确了解与操控消防产品，为后期开展质量监督管理工作奠定良好基础。

（3）日常宣传教育。发生火灾时，保障人民生命安全始终处于首位。因此，消防单位或监管人员应定期开展宣传教育活动，让大众掌握基础防火、操控消防产品、自救知识等，强化自身生存能力，避免产生人员伤亡或财产严重损失等后果。

二、消防产品质量监督管理的重要性

从市场与人民两个角度阐述消防产品质量监督管理的重要性：一方面，2014—2019年，立足于某省消防产品专项监督抽查结果可知，6年间相关部门将14类消防产品共计2 704个批次送往第三方监测机构进行抽样检查，不合格率高达13.5%，其中灭火器、有衬里消防水带不合格率较高。由此可知，在我国消防产品市场中仍存在不合格、不合规的消防产品，常见消防产品的安全系数不符合市场准入要求，部分企业为了获取最大的经济效益，未选择高质量材料并且技术把关不严，无法保证消防基础设施的品质与安全。因此，加强消防产品质量监督管理，定期检查与随时抽检能提升消防产品质量合格率，加快消防救援速度、保障消防人员的生命安全。另一方面，随着我国城市化建设速度加快，高楼林立，虽然提高了人们的生活水平但是也极易产生爆炸、火灾等事故，人们愈发关注消防产品质量。只有做好消防产品质量监管工作，才能保护人民群众的生命安全与财产安全，将火灾等事故消灭在萌芽阶段，才能让人民群众对我国消防事业委以信任。

三、消防产品质量监督管理工作的现存问题

（1）管理理念问题。当前，我国社会经济水平与人们生活水平直线提升，

各行业快速发展，但是其未树立正确的消防管理意识，重视经济效益，忽视消防管控，未根据我国相关规定、标准等采购消防产品，并且因资金不足而选择低劣产品，非常容易产生消防安全问题并且阻碍消防产品质量监管工作顺利开展。

（2）管理制度问题。根据上文可知，当前，消防安全是各行业及社会大众关注的重点，由此导致消防产品量愈发大、类型愈发多样、性能愈发多元，但是蓬勃发展的消防市场与尚待完善的生产监督管理制度之间存在一定矛盾，由此导致产品质量问题频发。例如，我国消防领域在消防产品准入等方面缺乏严格、合理的监督机制，常出现以次充好、弄虚作假等现象，部分消防产品出厂时就存在质量问题，虽然能正常应用但是未能达到理想效果。

（3）管理人员问题。想要顺利开展消防产品质量监督管理工作，监管人员应具备良好的职业素养与专业技能，能及时发现与处理质量问题，防控安全风险。但在现实工作中，多数监管人员未能掌握专业知识与技能，并且工作经验不足，不能掌握各类消防产品的特性、功能等，也不能及时发现潜在风险，从而诱发火灾事故，产生严重的后果。例如，若监管人员未能严格检查消防产品的生产日期、消防部门未制定统一的监管标准等，会形成敷衍了事、得过且过等监管局面，降低消防产品质量与性能，阻碍消防工作开展。

（4）管理协调问题。消防产品监督管理涉及多个主体、多项内容以及多个领域，需要消防部门、市场监管部门等积极配合与高效合作才能实现监管目标。但现实情况是，如今主要由市场监管局监管产品生产、经销等环节，通过下发营业执照、定期开展监督检测工作等推进监管工作，但是其中涉及着消防部门，若部门之间配合不当，产品生产、经销、管理等环节脱节会出现严重的质量问题，在市场上流通假冒伪类产品。

（5）消防市场问题。开展消防产品质量监督管理工作时，消防市场问题较为突出，部分商家为提高经济效益，未能承担相应的社会责任，选择低劣材料生产消防产品或生产出价格低，质量低的消防产品，导致部分区域消防设施及工作不达标，无法通过质量检测。同时，部分企业缺乏创新意识与技术实力，盲目模仿、急于求成，降低了消防产品质量，导致消防人员不能运用此类产品及时开展消防救援工作，危害人民群众的生命安全并且易产生较为严重的财产损失。

四、解决消防产品质量监督管理工作问题的有效策略

（一）健全法律法规，做好宣传推广工作

当前，我国在消防产品质量监管等领域的法律法规仍有较大完善空间，未能全面、系统地规制消防产品制造、经销与应用等环节，也未能明确划分消防部门、监管部门权责等。对此，应立足于消防市场及产品质量监管现状，明确各部门职责及岗位任务等，要健全法治体系，优化现有法律法规并不断补充新规定，将其落实到消防产品生产、经销、应用等各环节中，制定科学、完善的工作流程，提高管理水平。同时也要制定完善的奖惩措施，定期开展检查与抽查工作，要求运用假冒伪劣产品的场所在规定时期内整改，若未整改应执行罚款、停业处理等处罚。同时，既要利用法律手段规范消防产品生产、经销与应用，积极开展消防产品质量监督管理工作，也要正确运用舆论手段，消防部门、监管部门应利用电视、广播、移动终端以及各类 APP 推送消防产品相关信息，介绍合规产品、最新技术并分享违规案例等，让生产者、经营者以及消费者能正确认识消防产品，了解违法违规制销的后果。

（二）落实责任制度，健全消防产品质量监督管理机制

根据上文可知，消防产品质量监督管理工作涉及多主体、内容以及领域等，想要促进各部门合理分工、协调运行，能按照规定流程等开展监管工作，既要提高对监管工作的重视程度，也要健全相应管理机制，落实责任制度。相关部门应建设产品抽检流程机制，缩短抽检时间，提高抽检质量，若遇到检查结果模糊等问题，应联系专业检测机构进行二次检测。若发现合格产品，应及时通知上级部门，筛选、召回此类不合格产品，撤销产品证书，跟踪已被使用

的消防产品，避免其妨碍消防救援工作；应建设产品信息公告机制，保障公民的监督权与知情权，定期公布消防产品最新信息、质量问题信息、违法违规案例等，要求消防管理部门统计并且保留产品生产、检测、使用等信息。建设联合执法机制、人员管理机制等，保证各项工作、资源等始终处于可控范围内。落实日常监管责任，分配专人管理并且合理规划分工，定期开展巡检工作，避免出现问题时互相推诿责任。

（三）加强人员培训，实施注册消防工程师现场监理制度

想要实现消防产品质量监管目标，取得预期效果与效益，应以监管人员培训为重点。

（1）应针对消防产品行业从业人员开展培训工作，借助舆论力量形成监督氛围，让消防部门、监督部门相关工作人员强化责任意识，掌握消防产品生产、经销等方面的专业知识，还能掌握法律法规、操作先进系统等，提高执法与监管水平。

（2）应积极推行注册消防工程师现场监理制度。监管消防产品使用领域即进行事后监督，既不能有效控制负面影响，也会提高监管成本。对此，应培养专业人员进入产品生产现场等，其可进入建筑工地，监管产品采购、运输、安装等环节，从根源上消除安全风险。

（四）加大监管力度，促进各部门协调配合

我国消防部门、监管部门等应提高对消防产品质量监督管理的重视程度，各部门形成监管合力，积极沟通、高效合作、协同工作，能共享信息资源，定期交接工作，探查并补全管理漏洞，避免不法分子投机取巧、钻漏洞等。

（1）应建立高效合作机制，制订工作任务并进行合理分工，严格管控消防产品生产、营销与管理等环节，通过制定联合执法制度等严厉打击违法违规行为，处罚相关制造、销售或应用企业，共同开展抽查工作，加大联合执法力度，最大程度消除劣质、虚假的消防产品，警示生产商。

（2）应适当扩大监督管理范围，各部门应将产品设计、验收等环节纳入监管范围内，定期 / 不定期抽检，检查生产日期、产品性能等，提高消防产品的质量与安全。

（3）应建立联合响应机制，要求消防部门、监管部门等加快反应和处理速度，在联动机制的支持下快速、高效地传递信息数据，消除执法盲区。通过推进事前预防、事中监管、事后处理，形成监管良性循环，实现全覆盖、零容忍。对于特殊或特定的消防产品，应定期开展专项检查工作，如防火阀、防火涂料等消防产品，由于此类产品质量问题高发，应加大制假售假的监管力度，不让不法商家获得任何机会。消防部门、监督部门等应根据消防产品类型与功能等针对性制定检查制度，落实具体责任，将各企业纳入消防责任事故追责名单中，出现问题后联合惩戒。

（五）使用领域抽检，规范化处理不合格产品

消防产品质量监督管理工作不能长期处于末端环节，应深入生产、经销与使用领域中，运用随机抽查事项清单开展抽查工作，若发现质量问题则追根溯源，促进各监管部门联动，联合监管、惩戒并向社会大众公布处理结果。同时，因消防产品关系着社会公共安全，相关部门应制定不合格产品召回制度，发现不合格产品后将同批次、同类型产品全部召回，从根源上消除安全隐患，维持市场秩序。

（六）规范执法流程，建设社会化监督窗口

当前，随着“双随机、一公开”和消防产品质量监督管理检查工作相融合，能构建高效、严谨的监管模式，提高执法水平与效果。在此背景下，相关部门仍应做好以下几项工作。

（1）应制定随机抽查事项清单，确定检查对象、内容、方法、标准等。

（2）应建设随机抽查对象数据库，依据消防产品合格评定中心建设的产品信息查询系统，将随机抽查之日起一段时间内的产品应用单位归入抽查对象

范围内，同当地住建部门等积极合作，共享信息数据，将经过验收且符合标准的建设工程归入此范围内，同时还要依靠联勤联动台账，将微型消防站也归入此范围中。

（3）应建设执法人员名单库，依据各单位中从事此岗位的工作人员名单，将通过业务考核的人员根据其岗位特性、特长等进行合理分类，随后建设一个专业、合理的专项监督抽查人员库。

（4）应依托信息技术建设执法信息共享平台，通过消防产品流向信息查询系统等，搭建一个集多部门、机构的消防产品监督管理平台，能高效、快速地传递信息数据。

（5）要提高监管执法水平，相关部门应同第三方社会消防技术服务机构合作，提前制定监管规定、标准等，借助消防第三方技术服务机构开展相应监管、检查工作，如消防安全评估、年度检测等，能提高防火监督水平，增强评估结果的科学性与精准性。

（6）相关部门可采取购买服务方式，针对特定应用单位等开展产品质量监督检查工作，建设社会化监督窗口。

综上，随着我国消防领域积极改革升级，消防产品质量监督管理成为重点，既影响消防救援工作效率，也关系着人们的生命安全。对此，应推动各部门联合协作，在相应响应机制、管理机制的推动下，共享信息，联合监管，提高执法水平，严厉打击各类违法违规行为，健全法律体系并做好宣传教育工作，强化监管意识并培养优秀的监管人员，能正确处理不合格产品，增强消防产品行业管控实力，为后续开展消防工作奠定坚实基础①。

五、现场检查

现场检查：是指消防机构在监督检查活动中，依据《消防产品现场检查评

① 甘斌．消防产品质量监督管理工作中的问题及解决策略探析 [J]. 商品与质量，2023（33）：17-20.

判规则》(GA 588—2012),现场对消防产品的市场准入和产品质量进行检查。

(一)检查人员

检查人员应经专业培训并具备相应的能力,熟悉消防产品监督管理的规定、产品标准和本标准的要求,能够熟练使用现场检测器具,独立作出现场检查判定。检查时,检查人员不得少于两人。

(二)检测仪器

产品质量现场检查所使用的计量器具,应符合本标准规定的测量范围和精度要求,并经校准和(或)检定合格,并在校准或计量有效期之内。

(三)样品抽取

样品数量应根据被检查产品的品种、基数合理确定,一般为1~3件,同时抽封相同数量的样品留存备查。抽样方式、样品数量及样品信息应当加以记录,并得到被检查方代表的确认。有下列情况之一的,应送符合法定条件的消防产品检验机构检验。

(1)不适宜进行现场检查判定,对其质量有怀疑。

(2)当事人对消防产品现场检查判定结果有异议。

(四)检查记录

检查时,应按照《消防产品监督管理规定》的要求填写消防产品监督检查记录。检查的项目应逐项记录,不合格情况的描述应清晰明了,语言简洁规范,数据准确可靠。

消防产品监督检查记录应由检查人员、被检查方管理人员签字确认。被检查方管理人员对检查记录有异议或者拒绝签字时,应在检查记录中注明。

(五)检查判定

每类检查最终判定按照《消防产品现场检查评判规则》(GA 588—2012)

的规定进行。检查没有发现不合格时，应在消防产品监督检查记录中注明未发现不合格。对判定为不合格的消防产品，应出具消防产品现场检查判定不合格通知书。

现场检查所依据的标准修订发布并实施的，对在实施日期后生产的消防产品，产品质量现场检查项目应按新修订的标准进行质量判定。

（六）注意事项

（1）现场检查时，检查人员不得少于两人。

（2）现场检查所使用的计量器具，必须周期性经检定合格并在检定有效期之内。

（3）现场检查中产品性能检测的环境条件应当符合产品使用环境的要求。

（4）消防产品现场检查判定不合格通知书应当及时送达被检查单位以及产品的生产单位（或者销售代理商）。

第二节　抽样检查

一、制定抽查方案

抽查方案是实施监督抽查的依据，主要以文件形式发布。抽查方案主要明确以下事项。

（1）产品种类：公安消防机构可统筹规划将一类或几类消防产品列入抽查方案，或根据各类消防产品质量状态将需重点监控的消防产品列入抽查方案。

（2）抽查范围：公安消防机构在使用领域开展消防产品质量监督时，可统一监督抽查范围或明确某类产品监督抽查范围。如明确在在建工程中抽查防火门。

（3）抽查任务：以确定各具体实施抽查的公安消防机构各类消防产品抽查批量的大小。

（4）抽查时间：实施监督抽查的时间范围。

（5）检验机构分工：根据机构的检验能力范围，按消防产品类别给检验机构分配监督检验任务[①]。

二、抽封样品

（1）现场判定。在抽封样品前，应对准备抽查的消防产品进行现场检查判定，检查方法见第一节。根据《消防产品现场检查判定规则》（GA 588—2012），当现场检查判定不合格，被检查单位或生产企业对消防产品现场判定结论有异议时，进入抽样检验程序。

（2）抽封样品。实施消防产品监督抽查时，消防产品已安装的，从已安装的消防产品中随机抽取样品。在拆卸样品时，消防监督人员应当现场监督或在样品上作出标记。消防产品已供货但未安装的，应从工程现场库房中随机抽取；所抽样品应采用随机的方式确定，并适当分散选择样品，保证抽样的代表性和准确性。样品不得由被抽查单位或生产、销售单位指定提供。

所抽样品的数量应满足检验的合理需要，同时不得超过检验的合理需要。有抽查方案的，按照抽查方案执行。抽封样品过程中，应按照有关的产品抽样要求进行抽封样。

抽取样品后，应现场制作《消防产品监督检查抽样单》，并封样。粘贴封条应注意要保证其具备防转移性，同时要防止遮盖产品生产单位、规格型号等相关信息。

三、样品保存和确认

（1）样品保存。样品保管主要涉及检样和备样的保管。检样和备样在未送检测机构检测前，一律由实施抽样的公安消防机构保存。消防产品备样按照

---

① 王毅，程婧园．浅析消防产品使用领域监督抽查 [J]. 中国公共安全（学术版），2020（1）：79-81.

“检样备样分离”的原则进行保存，保存单位应妥善保存备样，严防备样丢失、损坏或调换。公安消防机构应当健全样品保管机制，明确专人管理，设置功能齐全的样品仓库，保证样品储存环境安全，做好样品查验和入库、出库登记。坚决杜绝封样产品被换样行为。

（2）样品确认。在样品抽取后，抽样单位应及时通知产品包装或者铭牌上标称的生产企业，由该生产企业确认样品的真伪。在填写《消防产品质量监督抽查抽样单》中的“标称生产者确认情况”栏时，应由生产企业负责人签名或加盖企业印章，也可由地区销售代理商在代理授权许可条件下抽样单上签字盖章确认，签字人应为销售代理商的法定代表人或相关负责人，并加盖销售代理商单位印章。标称生产企业还可以通过出具加盖企业印章的书面证明文件确认产品。此外，也可以通过供货证明确认产品。能够提供《消防产品供货证明》的，经核查属实后在抽查单上注明，可不经生产单位确认。

四、送检与检验

（一）样品送检

抽样确认后，公安机关消防机构应按方案要求或根据检验机构检验能力，在五日内依照有关规定，将样品送符合法定条件的产品质量检验机构进行监督检验。

送检前需先将《消防产品抽样检验汇总表》报总队进行汇总登记，并及时送检到位，送检应有监督干部全程跟进，生产、销售和使用单位不得擅自送样检测。

送检时，应与检验机构办理样品交接手续，约定检验项目、检验周期等事项，并及时交纳检验费用。

监督抽查所需经费由总队公安消防机构专项经费列支，不得向被抽查单位收取检验费用或让消防产品生产、销售单位承担。

（二）样品检验

检验机构应严格遵照检验标准和抽查方案，在规定或约定的周期内完成检验任务，保证检验工作科学、公正、准确。

（三）检验结果反馈和复检

检验机构应在规定期限内按照有关标准对样品进行检验，出具结论明确的《检验报告》，及时反馈给被监督抽查单位、抽样单位、生产企业、下达任务机构。

被检查人对《检验报告》结论有异议的，可以在收到《检验报告》之日起五日内向实施监督抽查的公安消防机构申请复检，经公安消防机构同意，一般由原检验机构对备样进行复检。被检查人对检验结果逾期未提出异议的，视为接受检验结论。

公安机关消防机构受理复检申请后，应当在五日内将备用样品送检，自收到复检结果之日起三日内，将复检结果告知申请人。复检申请以一次为限。复检合格的，费用列入监督抽查经费；不合格的，费用由申请人承担。

第三节　消防产品执法办案

在当前社会经济发展背景下，消防安全问题越来越受到各界人士的关注。在开展消防救援的过程中，消防产品对于防护火灾、灭火救援以及火灾预防意义重大，而且在发生火灾后可以通过消防产品进行逃生、避难。但目前我国的消防产品质量堪忧，虽然近些年加大对消防领域的改革管理力度，但依然存在较多问题亟待解决。因此，以下从消防改革的环境下，多角度探讨了如何做好消防产品监督管理办法。

一、消防执法权变迁

（一）法律变迁

在20世纪80年代颁布的《中华人民共和国消防条例》中，明确规定了在处罚相关责任人的时候由公安机关执行。到90年代发布的《消防监督检查规定》中，在出具处罚决定书的时候，要由公安机关消防机构的名义做出，这也是对消防部门的主体资格进行了明确。全国人大常委会在2008年公布了《中华人民共和国消防法（草案）》、2009年颁布的《消防监督检查规定》中，对派出所办理消防行政处罚内容进行了删除，为地方消防法治建设奠定了良好的基础。

（二）处罚权力变化

在2008年以前，派出所有消防行政处罚的权力，也有部分地区授权派出所以自己的名义进行罚款或警告，还有公安机关内部授权，有一定的消防管理和交通管理的处罚权力。在2019年之前，各地区的派出所在行消防行政处罚的时候有一定的差别，有些是以消防部门的名义作出处罚，有些是以派出所自己的名义进行处罚。

（三）执法主体变化

在对消防行政处罚案件进行处理的时候，在2019年之前由授权街道或派出所处理，而且具有合法性。但也有部分地区认为派出所不具有实施行政处罚的依据，虽然获得了公安厅文化批示，但与上位法相抵触。比如，辽宁某法院就在2016年撤销了由派出所作出的行政处罚，最后由消防机构进行惩处。

二、当前我国实施消防行政执法的困境

我国对《中华人民共和国消防法》在2019年进行颁布之后，对于派出所的处罚合法性提出了质疑，对街道或派出所的消防行政执法资格是否具备，还需要从不同角度进行分析。

（1）执法权赋予及委托争议较多。在修订的《中华人民共和国消防法》中，对街道或其他部门直接赋予强制权和处罚权是比较有效的一种手段，但随着时间的推移，行政强制权只能由地方性法规和国家法律赋予，委托一词无法实行。虽然可以进行一定的赋权，但实际在执行的过程中出现的难点也是较多的。比如，“赋权”可以基于的法律依据是缺少的，而且派出所是否具备被委托的主体资格也有待考察。因为在颁布的《中华人民共和国行政处罚法》中有非常明确的规定，受委托组织必须是依法成立的事业组织单位。

（2）消防行政处罚程序适用条件。在2018年修订的《公安机关办理行政案件程序规定》中，对与消防相关的内容进行了剔除，所以实施及办理行政处罚的程序出现了一定的缺陷，比如派出所的执法资格主体是具备的，但是否能够办理消防行政处罚还有待商榷，以及在执行的时候是否需要权利义务告知书，受案时限是否局限于24 h 都需要充分考虑。

三、消防执法改革后消防产品监督管理优化对策

（1）建立健全法律法规。在新修订的《中华人民共和国消防法》中，要补充完善相关的法律文书，对消防产品监督执行的相关行为要进行明确和规范，通过自愿性和强制性认证方式，对立案标准及监督检查标准进一步细化和完善。并对各部门的执法范围进行明确，加强各部门之间的协作，对当前的执法难、执法不力的问题进行有效改善。由于我国消防产品种类繁多，可以针对避难逃生、灭火器、报警产品等消防产品的生产、使用等加强监督管理，对每个消防产品环节都要制定严格的监督方案，对问题突出和反映强烈的消防产品，要加强源头管理和不定期开展专项整治工作，杜绝不合格产品流入市场。

（2）完善优化管理机制。我国当前处于市场经济的快速转型发展时期，国家综合实力在近些年实现了飞速增长，但也要加强对消防产品监督管理。特别是随着消防执法改革落实背景下，要基于《关于深化消防执法改革的意见》中的相关要求进行贯彻落实，依据市场发展行为对行业进行规范引导。对市场

准入条件进行适当限制，利用健全的法律法规使消防产品监督管理机制更加完善，使企业的自身管理水平不断得到提升，实现事前对消防产品的管理控制。

（3）建设统一的监管平台。目前以消防救援机构和市场监管部门为主的消防产品的监督管理工作的开展，虽然取得了重大成效，但依然存在较多问题亟待解决，尤其是各个部门的协作不到位。虽然每年会开展一些联合整治活动，但实际取得的效果远远达不到预期目标，还需要进一步加大打击力度和深度。特别是在当前信息化时代背景下，要建立统一的监督管理平台，实现信息和管理共享，这样消防救援机构可以将通报直接传送到平台上，由市场监督管理部门处理函件。尤其是很多生产企业和销售企业在异地，需要利用监管平台和现有的资源，实现消防产品质量信息的共享、共通，实现责任可追、源头可溯、流程可查，确保每个环节都得到有效监管。

（4）建立改进联合执法机制。无论是搭建统一的监管平台，还是建立联合执法机制，最终目的都是为了避免不合格的消防产品流入市场。公安机关、消防救援机构等部门，一定要充分发挥出自身的功能，加大联合执法的力度，建立健全联合执法机制，有效降低不合格消防产品的使用和流通，减少安全隐患的发生。同时，各部门和各行业也要不定期举行联席工作会议，使信息的互通更加顺畅和及时，对消防产品的生产、销售台账定期进行检查更新，使当地区域的消防产品质量监督整治形势更加明确。在年初或年底时，要对本年度的重点工作任务执行情况进行总结部署，对消防产品监督执法进行互相通报，针对存在的问题制定相对应的改进措施，以完善的工作机制，使消防产品质量得到全过程监管。

（5）进一步加强社会监督。随着消防执法改革的推进，对于消防产品的监督管理工作，第三方机构起到的作用越来越重要，相应的机构也变得越来越多。在消防领域应用第三方机构，可以制定更加完善的细则、标准规范，提高消防安全水平，将社会力量充分利用起来，使消防产品的监督检查力量得到进一步扩充。现阶段，已经有部分地区开始利用第三方服务机构为消防产品评估和监督提供了服务，主要采取的政府购买形式，利用社会化监督窗口，提高消防产品监督管理的效果和质量。

（6）不定期开展培训。为了使消防产品监管质量得到提升，推动“双随机、一公开”监管模式的贯彻落实，需要不定期对消防监督执法人员进行培训，让他们对相关的法律法规有充分的了解，不断提升执法队伍的整体素养。实际在落实培训工作时，要采取多样化的途径及手段，主要培训的内容有消防产品的认知能力、专业知识的认识、要点掌握情况、责任意识和道德意识，使消防监督管理人员的综合水平不断得到提升。通过提高监管人员的综合素质，以较好的消防产品监管意识，可以为消防产品知识宣传贡献一份力量，将广大人民群众的力量充分调动起来，营造良好的市场氛围，从根源上解决不合格消防产品的流通。

总而言之，随着时代的发展社会的进步，当前虽然国家逐渐加大了对消防领域的改革力度，并在近些年取得了非常显著的成就，但受到内外界因素的影响，实际的消防产品监督检查效果远远达不到预期目标，还存在较多的消防隐患。在当前消防执法改革背景下，消防产品监督管理一定要不断进行完善优化，紧跟时代发展的潮流，积极转变原有的工作理念和模式，厘清工作界限，加强各部门之间的协作，全方面提升消防产品监督管理质量和效果。并对相关法律法规进行完善，加强事前和事中的监督管理工作，营造良好的消防产品市场环境，进一步提升我国的消防产品质量，为建设和谐社会贡献一份力量①。

---

① 何飞．试论在行消防执法改革后消防产品监督管理办法 [J]. 城市情报，2022（13）：22-24.